유럽 대학의 역사

볼프강 E. J. 베버 지음
김유경 옮김

지은이 볼프강 E. J. 베버(Wolfgang E. J. Weber)

1950년 프라이부르크 생, 아우크스부르크 대학 유럽문화사 연구소장, 19, 20세기 독일 역사학의 사회사 및 문화사, 17세기 유럽 정치사상사 연구.

주저:

· *Priester der Klio: Historisch-sozialwissenschaftliche Studien zur Herkunft und Karriere deutscher Historiker und zur Geschichte der Geschichtswissenschaft 1800-1970* (1980)

· *Prudentia gubernatoria: Studien zur Herrschaftslehre in der deutschen politischen Wissenschaft des 17. Jahrhunderts* (1992)

· *Geschichte der europäischen Universität* (2002, 본 역서)

옮긴이 김유경

1976. 3.-1980. 2. 서울대학교 사범대학 역사교육과 졸업

1982. 9.-1986. 2. 서울대학교 대학원 서양사학과 졸업, 석사학위 취득

1986. 3.-1988. 6. 서울대학교 대학원 서양사학과 박사과정 수료

1988. 10.-1996. 6. 독일 괴팅엔 대학, 중세 및 근대 유럽사, 고대사, 교육학 수학, 중세유럽사를 주제로 박사학위 취득

1997. 3.-현재 경북대학교 인문대학 사학과 재직

유럽 대학의 역사

초판 1쇄 2020년 1월 31일 | **초판 2쇄** 2024년 4월 30일

지은이 볼프강 E. J. 베버 | **옮긴이** 김유경

펴낸이 홍원화 | **펴낸 곳** 경북대학교출판부 | **출판등록** 1973년 10월 10일 ㉔97호

주소 대구광역시 북구 대학로 80 | **전화** 053-950-3830 | **팩스** 053-953-4692

이메일 press@knu.ac.kr | **홈페이지** http://knupress.com

ISBN 978-89-7180-531-2 93900

정가는 뒤표지에 있습니다. 파본은 바꾸어 드립니다.

Geschichte der europäischen Universität
by Wolfgang E. J. Weber

유럽 대학의 역사

볼프강 E. J. 베버 지음
김유경 옮김

History of the European University

경북대학교출판부

서문

대학사는 지금까지 기관의 역사, 교수들의 역사 또는 사회사로서 다루어져 왔다. 이에 반하여 본 개관이 설정한 목표는 각 시기의 **대학이 지식을 다루는 방식의 전제와 형태 그리고 그 귀결**에 각별히 유의하는 것이다. 이러한 강조점이 필요해 보이는 이유는 고급의 복잡한 지식을 다루고 추구하는 바가 대학의 고유한 핵심을 이루며, 따라서 이것의 각별한 고려가 결국 대학의 주된 측면으로 귀착되기 때문에서만은 아니다. 오히려 이러한 접근방식은 다음과 같은 사정에서 더욱 그럴 듯해 보인다. 즉 우리가 사는 현재는 알려진 바와 같이 더욱더 지식과 정보, 그리고 의사소통(커뮤니케이션)에 의존하고 있다. 이미 새로운 양상의 **지식정보화 사회**가 성립되고 있다고들 자주 말한다. 이러한 배경에서 이에 상응하는 방식으로 유럽에서 가장 오래된 공적 지식기관인 대학의 성립과 발달, 그리고 그 현상 형태에 대해 알아보는 것은 매우 긴요한 일이 아닐 수 없다.

이 책의 완성에는 여러 사람이 기여했다. 직접 거론하여 사의를 표하고 싶은 분으로는 라이너 뮐러와 요하네스 부르크하르트, 콜하머 출판사의 바이바 여사, 쉬테판 파울루스 석사, 그리고 아우크스부르크 대학의 비서 레프, 에스만 및 엠플 여사, 또한 나의 여러 학생 보조원들을 들고 싶다. 이 자리를 빌려 이들 모두에게 심심한 감사를 드린다.

라이터스호펜, 2000년 초

볼프강 E. J. 베버

유럽 대학의 역사

목차

1

제1장 중세
기독교 유럽과 스콜라식 교육
1180~1400

2

제2장 **근대 초기**

군주의 대학과 휴머니즘, 종교개혁 및 계몽사상의 도전

1400~1790

유럽 대학의 역사

목차

3

제3장 **근현대**

국가형성, 국가경쟁, 기술 및 자연과학의 발달, 산업사회 시대의 국가대학

1790~1990

그림 목차

일러두기

1. 이 책은 Wolfgang E. J. Weber, *Geschichte der europäischen Universität* (Stuttgart: Kohlhammer, 2002)을 번역하였다.
2. 내용의 이해를 돕고자 역주를 각주의 형태로 첨가하였다.

도입

대학은 비일상적이고, 복잡하며, 학문적인 고급의 사실적·방법적 지식과 방향제시적 지식을 생산하고 전수하는 기관이다. 대학은 이런 지식을 다루는 역량을 갖추고 또한 이를 위해 양성될 수 있는 개인들만을 받아들이며, 또 획득한 지식의 응용은 대개 비교적 높은 사회적 지위의 인수와 결부되어 있다. 그러기에 대학은 동시에 하나의 엘리트 교육기관이기도 하다. 대학은 이 양자를 서로 결합하는 기능을 이미 1200년경부터 수행하였기 때문에 유럽의 형성과 발전, 그리고 유럽이 전 세계에서 고도로 우월한 지위를 확보할 수 있게 했던 가장 중요한 사회·문화적 역량으로 꼽히고 있다. 대학은 원칙적으로 조합적으로 조직되고, 다소간에 자율적이며, 최고급의 지식을 담당하는 공적 기관으로 탄생하여 그 핵심을 오늘에까지 보존해 왔다. 이러한 이유에서 대학은 과장할 나위 없이 유럽이 이룩한 세계사적 성과로 간주될 수 있다.

그러나 더욱 놀랍게도 이러한 업적이 지금까지 유럽인들에게조차도 명백히 충분하게 의식되지 않고 있거니와, 그 역사적 전제도 적절히 알려져 있지 않다. 이러한 사태의 이유로는 명백히 오늘날의 대학이 수행하는 홍보활동이 불충분한 것과 더불어 역사학 일반에서 대학이라는 주제를 경시하는 경향, 그리고 개선이 요구되는 대학사 연구의 상황을 들 수 있으리라.

역사학 일반에 대해서 해당되는 상황은 다음과 같다. 즉 그렇지 않아도 주변적인 지위에 머물러 있는 분야인 세계사 및 보편적인 문명비교

연구, 그리고 이제야 비로소 시작 단계에 있는 역사적 유럽 연구도 대학의 역사와 의미를 지금까지 적절하게 인지하지 못했다는 점이다. 또한 흔히 보이는 개별 국가사의 통시적 개관이나 시대별로 나누어진 각국사도 이 주제는 대개 슬쩍 건드리고 지나갈 따름이다. 이렇게 제약된 상황은 본질적으로 역사가들이 정치사에만 지속적으로 관심을 집중함으로써 야기되었다. 그러나 지각과 인식의 과정 그리고 인간의 행위에서 이러한 것들이 차지하는 의미를 중점적으로 다루는 '신문화사'의 대두도 지금까지 관행된 이러한 사태를 별로 바꾸지 못했다.

역사학 여타 분과영역과 비교해 볼 때 대학사는 제도적으로 훨씬 덜 발달하여, 유럽에서 이 분야의 교수직은 거의 20여 개를 넘지 못하고 있는 것으로 추정되는 실정이다. 게다가 대학사 연구는 예전과 다름없이 개별 대학만을 즐겨 다루고 있을 뿐이다. 대학사가 더 거대한 연구를 수행하거나 그 성과를 출판할 수 있는 것은 본질적으로 대학설립 기념행사를 계기로 하는 재정지원의 기회에 달려 있다. 넓은 시야를 구비한 얼마 안 되는 연구도 주로 하나의 지역이나 국가에 속하는 비교 가능한 몇 개의 대학만을 다루고, 협소한 시간대에 집중되거나, 아니면 일부 선별된 개별적 문제에 매달리고 있을 따름이다. 그리하여 포괄적인 국가별 대학의 통사를 다룬 것도 비교적 근소한 편이다. 전체 유럽에 대해서도 현저하게 중세에 기울어진 몇 개의 단대사적 서술을 제외하면, 단지 하나의 최신 연구만이 제출되어 있다. 이는 공식적으로 유럽 대학 총장 협의회의 발의로 발터 뤼에크가 편집, 총 4권으로 기획한 것인데, 최근에야 비로소 완간되었다.[1]

---

1 Walter Rüegg (ed.), *Geschichte der Universität in Europa*, 4 vols. (München, 1993–2010) 영문판, *A History of The University in Europe*, 4 vols. (Cambridge University Press, 1992–2011). 총편자 발터 뤼에크는 스위스 출신의 고전문헌학자이며 사회학자로서 1965–1970년 프랑크푸르트 대학 총장, 1967–1968년 서독 대학총장 협의회 의장을 역임하였으며, 2015년 사망할 때까지 스위스, 독일, 유럽의 학문조직 및 기관에서 허다한 지도적 역할을 수행하였다.

간과할 수 없는 것은 이러한 상황이 실제적인 난관, 예컨대 광범한 언어지식이 요구되기 때문만이 아니라, 또한 연구의 구상 면에서 대학사가 특정한 연구목표에 집중함으로써도 제약된다는 점이다. 낡은 형태의 대학사 서술은 기관 및 학자들의 역사였다. 이는 현존하는 대학 구성원들에게 그들의 모교가 거둔 외관상의 발전, 그리고 한때 재직했던 다소간 중요한 학자들의 역사에 대한 지식을 공고히 하고 확장한다는 의도에서 이루어졌다. 이와 같은 개별 기관의 역사 지식에서 위대한 전통을 지속하고 천재적인 선학을 모방하거나 심지어 능가하겠다는 의무감이 앙양될 것으로 기대되었던 것이다. 이에 반하여 최근에, 늦어도 1970년경부터 시작된 대학사 연구에서는 대학의 사회사적 역할과 영향이 그 중심에 놓여 있다. 주로 연구된 것은 무엇보다 학생들의 사회적 출신, 대학수학의 사회적 선별효과, 교수집단의 사회적 구성 및 대학 졸업자들의 경력과 같은 주제였다.

두 가지 접근방식에서 공통적인 것은 대학교육 및 학문적 활동의 외적 조건과 결과를 구명하는 것을 그 작업영역으로 본다는 점이다. 이에 반하여 학문적 지식 및 이를 다루는 방식의 역사는 말하자면 내용 및 인지적인 영역의 역사적 연구인데, 하나의 별개 분과, 즉 과학사(학문사)의 과업으로 파악된다. 일반 역사가가 아니라 일차적으로 불가피하게 개별 전문학문의 대표자들이 수행하는 과학사(학문사)는 그러나 일찍부터 재정적으로 더 양호한 지원을 받고 공공에서 더 광범하게 인지되고 있는 자연과학 및 기술사 연구자들의 영향권에 들어가 있었다. 풍부한 부피와 내용, 장정을 갖춘 자연과학 및 기술 계통의 과학사 전문학술지가 허다하게 존재하는 데 반하여, 정신 및 문화과학 분야에서는 이에 상응하는 전문학술지가 거의 없다는 불균형에서 본질적인 문제 상황이 드러나고 있다.

우선 늦어도 산업화 시대부터 자연과학 및 기술적 지식영역에서 이루어진 급속한 진보에 감명을 받아 과학사는 전체적으로 지속적인 인식의 진보로 파악할 수 있으리라는 관념이 지배적이다. 즉 방법적으로 통제하여 획득한 데이터와 논증의 엄격하게 합리적인 추출, 검토 및 가정 그리고 때때로 이루어지는 학설의 폐기는 끊임없는 지식의 축적을 가져온다는 것이다. 둘째로 근대 국가의 물질적 재생산과 경제적 성장을 위한 자연과학 및 기술적 인식의 중요성이 끊임없이 증대함에 따라 과학적 진보의 진흥이 과학사 연구의 진정한 주도시각으로 채택되고 있다. 불가피하게 모든 학문 및 지식 영역에 적용되었고, 또 적용되고 있는 진보의 모델뿐만 아니라 사회·경제적 진보의 지원과 가속화라는 과제설정 역시 그동안 자연과학 및 기술적 분과학문 이외의 분야를 학문사의 관찰 및 작업영역에서 더욱 배제하고, 이 분야가 즐겨 근대, 심지어 현대사적 지향성을 띠게 했다.

개별 분과학문의 차원에서 역사적 전개에 관심을 갖는 학자들이 생산적 분업으로 파악할 수 있었던 것, 즉 각자가 익숙하고, 쉽사리 조망할 수 있는 분야에서 더욱 집중적으로 작업할 수 있는 전문화와 중재 불가능한 것으로 알려져 있지만, 실제로는 역사적으로 구성된 자연과학과 정신과학의 대립에 비추어 불가피한 것으로 감수했던 것이 오늘날에는 점점 더 인식을 방해하는 분과학문적 화석화로 나타나고 있다. 더욱 분명해지는 것은 학문사와 대학사는 다시금 새로운 방식으로 합체되고 서로 결부되어야 한다는 점이다. 대체로 아마 대학들 간의 치열해진 경쟁이 각자의 역사에 좁은 의미의 학문사적 요소도 편입시키려는 경향을 강화하였을 것이다. 알려진 바대로든 실제로든, 위대한 이름들만으로는 한 대학의 의미를 더 이상 입증할 수 없게 되었다. 오히려 이러한 천재들의 구체적인 기여를 그려 내고, 이를 특유한 국지적 맥락의 산물로 입증할 수 있을 뿐이다. 산업사회의 직접적인 가치관심에 덜 포섭된 중세 및 근대 초의 대학·학문사에서는 종종 소박한 사료적 증거의 제시만으로도 이 시기에 대해서는 명백히 부적합한 내적 및 외적 접근이라는 대립성을 포기하도록 한다. 연구의 구상 면에서 보면 이미 1960년대 말부터 미국인 토마스 S. 쿤의 패러다임 이론이 자연과학 및 기술 방면으로 특성화된 과학사 분과의 자기 확신을 뒤흔들어 놓았다. 이 이론이 전제했던 바에 의하면 과학발달은 본질적으로 사회·문화적 체제와 학문공동체의 담론형태에 의해 결정되며, 논증의 검증이나 반증이 결코 독립적이고 순전히 합리적인 과정이라 볼 수 없다.

결국 20세기 말부터 생태학적 문제에 직면하여 자연과학 및 기술문명 전체와 함께 그 과학적 토대도 의문시되었는데, 이에는 결과적으로 대학 및 학문사에까지 미치는 광범한 비판이 수반되었다. 그리하여 오늘날 과학사를 그 외적 구성물의 고려 없이 단지 과학적 지식 자체의 역사로만 취급하는 것이 불가능하듯이, 대학사를 대학이라는 기관에 의해 설치되고 생산된 지식의 연관 없이 단지 외면적 역사로만 서술하는 것도 그 못지않게 비생산적이다.

이러한 시각에 부합하고자 하는 개관적 서술은 다수의 측면을 고려해야 한다. 이러한 여러 측면을 대체로 빠짐없이 파악하여 의미 있게 질서를 잡고 연대기적으로 설득력 있게 서술하는 것은 엄청난 도전이 아닐 수 없다.

이 책의 시도는 비록 강화된 학문사적 시각이 일정한 중점이동을 야기하지만, 연대기적으로는 통상적인 대학사의 시대구분을 따른다. 내용상 본서는 규칙적으로 각기 고찰하는 시기에서 주제와 관련성이 깊은 것으로 평가될 수 있는 역사적 조건에서부터 출발하는데, 이에는 문화적인 것만이 아니라 사회, 정치 및 경제적 차원도 아울러 고려된다. 이와 연결 지어 각기 언급되는 대학의 수, 규모 및 지리적 분포가 제시된다. 더욱이 각 시기에 다양하게 나타나는 대학의 법률적·형식적 제도가 언급되는데, 이는 전 유럽적 유형으로 고찰된다. 즉 각 대학들의 국가별 특징에 대해서는 더 상세하게 다루지 않는다. 방금 언급한 바와 같이 학문에 대해서 각 대학들이 지니는 의미와 맞물려, 사회·문화적 상태도 더 상세하게 다루어질 것이다. 즉 각각의 교수단은 어떻게 구성되었는지, 그들에게는 어떤 이해관계가 걸려 있었는지, 교수단은 일상적으로 어떤 행동양식을 취했는지, 이들은 갖가지 의무에 어떻게 부응했는지, 경우에 따라서 개개의 지식인이나 학자들은 어떤 역할을 수행했는지 등이 그러한 주제들이다. 비슷한 질문이 학생들에 대해서도 제기될 것이다. 경우에 따라서는 대학에서 활동하는 그 외의 집단, 즉 학문적 및 비학문적 보조인력에 대한 암시도 뒤따를 것이다. 더욱이 잊어서는 안 될 사항으로 대학생활의 문화적 시설과 형태, 즉 건축물, 문장(文章), 축제, 연간의 학사력 등이 있다.

각 장에서 두 번째로 서술되는 부분은 일반적으로는 당시의 학문이 취하고 있던 구상과 구조, 그리고 특수하게는 포괄적인 학부와 과목 속에 제도화되어 있던 학문으로 이어진다. 이 문맥에서 혹은 이와 별개로 지식습득, 지식보존, 지식가공, 지식생산(연구) 그리고 지식전수(교수활동)의 각 형태가 다루어진다. 나아가 지식을 취급하는 각각의 매체와 절차, 즉 텍스트와 서적의 이용방식, 도서관과 도서관 작업, 경우에 따라서는 실물 자료 및 표본의 수집과 이를 이용하는 작업, 실험실과 실험실 작업 등등도 관련지어질 것이다. 마찬가지로 언급되어야 할 것은 학문적 의사소통의 복합체이다. 즉 지역 내·외부의 지식인이나 교수집단이 어떤 식으로 상호 자극과 결과를 교환했던가? 당대에 이러한 교환에 영향을 주었던 것은 무엇이며, 이는 어떤 작용을 했던가? 끝으로 각 장의 말미에는 각각의 시대에 대한 간단한 결산이 제시될 것이다.

또한 특수한 세부사항을 대거 포기할 때만이, 비로소 이 까다로운 작업을 제한된 범위에서나마 겨우 달성할 수 있다는 점도 명약관화한 일일 것이다.

그림 1 죠바니 데 레냐노(1383년 사망)의 묘비에 형상화된 학생들의 모습(Bologna, Museo Civico Medievale)

제 1 장

• 유럽 대학의 역사 •

중 세

기독교 유럽과 스콜라식 교육

1180~1400

제1장
중 세

기독교 유럽과 스콜라식 교육
1180-1400

1. 기초와 태동

고전적 정의에 의하면 대학(Universität)은 다소간에 제도화되고, 공공에서 인정된 동등한 권리를 지닌 교사(교수)들의 결속체로 이해된다. 이 결속체는 수학자(학생)들과 함께 하나의 교육공동체를 구성하며, 특정한 자치 및 자결권을 보유하고 또한 그에 상응하는 학위를 부여한다. 이와 같은 법인체(Körperschaft)로서 대학은 1200년경 거의 동시에 남부와 서부 유럽의 두 도시에서 성립하여, 이로부터 1400년경까지 거의 전 유럽에 확산되었다. 물론 이 두 개의 대학, 즉 볼로냐 대학과 파리 대학 중 어느 것이 연대적으로 더 앞섰는지는 사료의 결핍으로 의문의 여지 없이 결정할 수 없다.

볼로냐는 11세기 초부터 교황과 황제의 대결에서 그리고 도시 부르주아들의 해방운동에서 하나의 발화점을 형성하고 있었다. 이러한 갈등과 경향은 무엇보다 법률적 분쟁과 요구로 구체화되고 있었기에, 이미 일찍부터 일부는 교회법(Kanonisches Recht), 일부는 세속군주법, 즉 황제법(Kaiserrecht), 또 다른 일부는 도시 코뮌의 법을 다루는 학교가 형성되었다. 이들 학교에는 이미 세기 중엽에 학생들이 대거 몰려들고 있었다. 이들의 특권은 매우 거대해졌다고 한다. 그래서 알프스 이북에서조차 하나의 법적 해석을 옹호하기 위해 "볼로냐는 이렇게 가르친다(Bononia docet)."라는 경구(警句)가 사용될 수 있었다. 외방의 학생들은 소비자 및 납세자로서, 그리고 볼로냐의 법률지식을 증대시키는 자로서 매우 환영받았지만, 도시의 과두지배 당국이 시행하는 질서유지 및 공안정책의 관점에서는 큰 골칫거리이기도 했다. 도시 당국이 이들의 사회·경제적 처지를 동시에 개선하지 않으면서도—특히 도시의 셋집 주인들에 의한 수탈이 만연했던 것으로 보인다—이들을 통제하고 이들이 몰려오는 것을 규제하는 노력을 강화하자, 소동이 일어났다. 핍박받는 학인들은 황제에게 도움을 구했는데, 지속적으로 황제의 통제에서 벗어나고자 했던 도시 당국에 대한 황제의 반감은 이미 잘 알려진 바 있었다. 그 결과 외방의 학생들은 황제의 보호 아래 들게 되었는데, 구체적으로 이들은 무엇보다 도시의 재판권에 귀속되는 것이 면제되었다. 이 성과는 서로 연대하여 그들의 이해관계를 손수 관철하고자 하는 학인들의 노력을 강화했음이 틀림없다.

볼로냐 출신 학생들에게는 그와 같은 단체적 결속이 필요하지 않았다. 왜냐하면 그들은 토착인으로서 법적으로나 사회적으로나 그 신분이 충분히 보장되어 있었기 때문이다. 이와 달리 여타의 이탈리아 출신 및 이탈리아 외부 출신의 학생들은 이로써 수공업 장인 및 상인 길드 또는 종교적 결사체[1]의 모델에 따라 부분적으로 변동하는 지역 및 동향인 결

1 각종 수도회, 수도원과 같은 경우를 말한다.

사체, 이른바 **국민단**(natio)으로 결속되었다. 그러나 학생들의 국민단 수가 너무 많아져서 공동의 단체활동을 효과적으로 보장할 수 없게 되고, 자신들이 추구하는 지식을 습득하기 위해 영속적인 조직이 필요하게 되자, 추가로 더 포괄적인 결속체를 결성할 필요성이 제기되었다. 이 포괄적인 결속체 역시 서약공동체(coniuratio, universitas)의 형태에 기반을 두었다. 법학도들을 위해서는 이런 방식으로 처음에는 우선 네 개 이상의 단체가, 1250년경부터는 두 개의 거대조직, 즉 하나의 이탈리아 법학도 공동체와 또 하나의 이탈리아 외부 출신 법학도 공동체(universitas legistrarum citramontanorum, universitas legistrarum ultramonanorum)[2]가 결성되었다. 반면 학예학도와 의학도들은 하나의 학예 및 의학도 공동체(universitas artistarum et medicorum)[3]로 결합되었다. 교수요목의 편성, 교사의 충원, 내부 행정 및 외부에 대한 대표권 행사 등 모든 경우에 국민단의 참여는 결정적이었다. 한편 교사들(magister, doctores)도 연합된 학생들의 이해관계에 더 효과적으로 대응하기 위해 일부는 포괄적 직업단체인 교사단(collegium doctorum)으로, 일부는 전공별로 집단을 이루어 결속하였다. 학생들이 그 성격을 규정했던 이 대학의 초창기는 이에 상응하여 복잡하고, 내적 갈등을 안고 있으며, 적응이 요구되는 상태였다.

13세기 초 수십 년간에는 학생과 교사집단 전체가 여러 차례에 걸쳐, 다소간 극적으로 도시를 떠나는 사태가 발생했는데, 이는 주로 예전과 다름없이 도시 당국과의 관계에서 불거진 갈등 때문이었다. 13세기 후반까지 이 문제에 대해서는 단지 개별적인 조정만 강구되었다. 근본적인 타결은 1274년과 1290년에 비로소 이루어졌다. 교황 및 그 대리인 그리고 지역의 대표자 및 도시 당국은 이들 **공동체**(universitas) 및 그 소속인

2 라틴어 표기 'universitas'는 이 시기의 상황과 문맥에 따르면 단순히 공동체를 의미한다. 물론 이 말은 나중에 대학으로 번역될 수 있다.

3 'artist'라는 라틴어 표기는 중세 대학 형성기에 기초과정인 7자유학예(septem artes liberales)를 수학하는 학생 및 그 교사를 의미하였다.

들에게 다양한 고유권한과 특권을 승인했는데, 이는 **학인의 자유**(libertas scholastica, libertas scholarium)라는 개념으로 집약되었다. 학인 공동체는 외인법의 적용 대신에 다시금 기본적으로 토착민의 법에 포섭되는 것이 보장되었고, 형법에서 일정한 특권이 승인되었으며, 학생뿐만 아니라 교사 차원에서도 인적인 자기충원의 권리(향후 학생들을 자립적으로 받아들이며, 새로운 교수들의 선발도 자립적으로 행한다는 것)가 보장되었다. 또한 자치조직과 자치행정의 권리(자체의 규정을 발포하고 적용하는 것, 자체의 위원회와 직책을 구성하고 임명하는 것)가 보장되었고, 교황의 우선적 요구에도 상관없이 교수의 자유를 누리며, 자립적으로 졸업절차를 집행할 권리(시험의 확정과 시행, 대학 학위와 명예의 수여)가 보장되었다. 그 대가로 학생과 교수들은 그들 각자의 단체적 의무를 이행할 것을 보증했다. 도시 당국은 유럽 전역에 위명을 떨치는 학문 및 교육의 중심이 달성하는 학문적 업적과 또 그것이 가져오는 경제적 이익에 가장 직접적으로 관심을 가지고 있었기에 교수들의 급여 책임을 떠맡았다.

이러한 법적 토대를 창출함으로써도 대학을 매개로 하는 사회와 지식의 연맹이 수립되었는데, 이는 교황의 보편권위에 의해 전 유럽에 대해서 특권이 부여되었고, 개별적인 당국자, 학교 및 사회집단의 **특수학교**(studium particulare)와 반대로 모든 개별학문을 포괄하며 모두에게 개방된 **보편학교**(studium generale)였다. 물론 이 학교는 아직도 변동이 심한 집단적 실험에서 확고한 제도로 변모한 것이 결코 아니었지만, 그 내부에서 이러한 발전이 이루어질 수 있었던 틀이 마련되었다. 또한 그 독립성에도 이미 한계가 그어졌다. 교수들을 도시의 관리로 채용하고, 이들에게 급여를 지불하는 것은 결정적인 부분에서 도시 당국에 적어도 간접적인 발언권을 허용하게 되었다. 교황은 자신이 부과한 특정 교수과목의 우위를 경우에 따라서는 검열이라는 수단을 이용해 실현할 수 있었다. 교회도 또한 재정지원에 참여함으로써 일정한 영향력을 행사할 수 있었다.

두 개의 전문적 대학조직[4]이 점진적으로 성장하는 것과, 이들이 하나의 대학연합체(confoederatio universitarum) 안에서 학부(facultas)[5]로 변형되는 것은 실제로 1796년 나폴레옹이 전체 모델을 공식적으로 폐지할 때까지 계속 진전되었는데, 이 문제에 대해서는 이 자리에서 더 상세하게 다루지 않겠다. 반면 언급해야 할 것으로, 볼로냐에서는 1364년에 비로소, 즉 1세기 반 이상이 훨씬 지나서 신학부가 첨가되었다는 점이다. 전공분야의 이러한 확장은 사실상 하나의 등급상승이며 신학자 양성을 대학에 편입, 통합시킨 것이었는데, 이는 이미 오래전부터 걸식교단[6]이 당해 도시에서 수행하던 바였다. 이와 같은 조치는 우선 당해 지역 주교의 노력으로 이루어졌는데, 이로써 주교는 대학에 대해서 직접적인 감독권 행사를 관철시켰다. 교황은 볼로냐 대학에 신학부를 인가하는 것을 처음에는 주저했다. 교황은 전체 교회에 대한 로마의 수위권(首位權)을 위해 중추신경과 같은 지식영역을 소수의 지역에 집중시켜 가능한 한 포괄적으로 통제하려 했기 때문이다.

교황의 입장에서 유럽 신학의 중심 대학이 구축되어야 할 곳은 파리였다. 이곳에는 다수의 교단이 오래전부터 존재했고, 중세 초기의 교육활동이 지속되어 왔다. 또 당해 지역 주교가 광범한 교회정책적 야심을 지니고 있었으며, 지역의 여러 세력이 지난 세기부터 교회개혁과 이단박멸에 결정적으로 참여한 결과, 강력한 신학수학(修學) 및 교수의 전통이 발달해 있었다. 특히 노트르담의 성당학교는 프랑스 전역과 이를 넘어서까지 명성이 높았다. 이에 따라 각종 교회 경력에 유용한 교육에 대한 수요도 증가했고, 이는 다시금 제공되는 교수활동이 더욱 증대되는

4 즉 법학대학과 학예학 대학.
5 대학 내에서 하나의 전공을 대표하는 교수조직, 단위로서 대체로 오늘날의 단과대학 또는 학과에 해당한다. 본서에서는 현대 부분에 이르기까지 일관하여 '학부'라는 명칭을 사용한다.
6 13세기에 도시를 배경으로 등장한 신흥 수도회로서 프란체스코 및 도미니쿠스 교단이 대표적이다. 특히 후자의 경우 신학 연구와 교수에 진력했다.

결과를 초래했다. 늦어도 12세기 중엽부터 노트르담의 상서(尙書, cancellarius)[7]는 신학교의 개설과 운영을 자신이 발급하는 면허에 종속시키려고 애썼다. 이러한 조치는 물론 수미일관한 성과를 거두지는 못했다. 외지 출신의 학생들과 교사들이 늘어나면서 이곳에서도 이들을 먹여 살리고 통제하는 도시의 문제만이 증대한 것이 아니었다. 더욱 위험스럽게 보였던 현상은 여러 가지 신학이론과 해석이 다양하게 등장한 것이었다.

그리하여 1200년경에 교회와 도시의 대표들은 영향력 있는 교사들과 다음과 같은 사항에 합의했다. 즉 이들 교사들 밑에는 기초교육을 담당하는 학예학 교사들이 최대의 집단을 이루고 있었는데, 이들과 함께 분산되어 있던 학교들을 조직적으로 통합해서 하나의 체계적인 학교운영으로 이끈다는 것이었다. 적절한 조직형태로서 선호된 것은 서로 경쟁하는 교사들을 가능한 한 동등권자로서 인정하고, 이 토대 위에 다시금 맹약 공동체(corporatio, sodalitas)를 결성하는 것이었다. 볼로냐와 달리 단지 하나의 공동체(universitas)만이 구성되었다. 그러나 다시금 내부적 위기와 교황, 주교, 도시 및 그 배경에 있는 국왕과의 갈등 등이 역시 학인들이 도시로부터 이주하는 사태를 야기하기도 했는데, 우선 이러한 문제들이 극복되어야 했다. 그 법률적인 타결은 교황이 1235년에 내린 학칙 및 1231년에 발포한 교서와 함께 이루어졌는데, 이들 문서는 향후 유럽 대학의 마그나 카르타와 같은 것으로 여겨진다. 파리의 대학도 법인체로서, 그리고 그 개별적인 구성원을 위해서 볼로냐에서 열거된 재판상의 특권, 자율권 및 자유권을 동일하게 획득했다. 그러나 이 사태는 이제 대학 창설의 주도자이며 주역이었던 교사들에게 더욱 유리한 것이었다. 그리하여 파리는 볼로냐와 달리 명백한 교사대학으로 여겨지고 있다. 또 하나의 공식적 특수성은 1233년에 나타났다. 파리에서 중요하게

---

7 원래 주교의 문서를 담당하는 교회의 직역(職役)으로서, 주교의 명의로 발부되는 각종 증서의 작성과 인증을 담당했다. 그러한 연유에서 나중에는 교육에 관한 각종의 감독 및 인증을 담당했다.

다루어진 지식은 신학이며, 모든 교사들은 성직자였다. 또 새로운 대학(universitas)은 유럽의 중심기관으로서 아직 지원이 필요한 것으로 보였기에, 만국교수면허장(licentia ubique docendi)이라고 불리는 독특한 교황의 특권이 확정되었다. 이는 규정에 합당하게 졸업한 모든 교사(magister)들에게 어디에서든지, 즉 유럽의 모든 대학에서 교수할 권리를 부여하는 것이었다. 결국 파리 대학의 신학적 중점으로 교황의 교수우선요목을 확보할 것이 요구되었다. 이는 교회의 대표를 위한 하나의 독립적인 직책, 즉 대학상서(Universitätskanzler)의 직이 설치됨으로써 실현되었다.

또한 파리는 볼로냐와 달리 처음부터 완전한 학부의 스펙트럼을 갖추고 있었다. 마찬가지로 대학 전체와 학부의 내부적 조직도 일찍부터 형성되었다. 전 대학을 통괄하는 총회(concilium generale)는 다시금 수적으로 가장 강력한 학부, 즉 학예학부의 교사들이 지배하고 있었는데, 이들은 곧 전체 대학을 총괄하는 총장(rector)직의 설치에 동의했고, 이에는 다시금 학예학 교사들이 임명되었다. 나아가 각 학부의 총회(concilia)가 결의하여 학부의 최고직책인 학장(decanus)직이 설치되었고, 기타 필요한 직책과 수단으로 대학이 운영되기에 이르렀다.

두 개의 상이한 장소에 유럽 대학이 성립된 것은 또한 두 개의 상이한 대학전통, 즉 볼로냐식(modus Bononiensis) 전통과 파리식(modus Parisiensis) 전통이 성립된 것과 결부되어 있다. 반면에 두 대학 및 그 일부의 중요한 공통점은 이들이 처음부터 자체의 의식(儀式), 징표 그리고 종교적 연관성 등을 구비하고 있었다는 것이다. 인장, 홀(笏), 학사복, 직책을 나타내는 목걸이, 행렬축전, 특별한 대학 학사력의 도입, 수도원의 모범에 따라 강의시간을 45분으로 확정 지은 것, 졸업의식, 선거 그리고 천상의 보호자로서 성인을 맞이하는 의식, 공동식사, 사망한 구성원을 위한 공동의 추념행사 등이 그 예이다. 이 모든 것이 대학의 부분공동체나 전체공동체(familia universitatis)에 내부적으로는 상징적인 일체성과 결속을, 외부적으로는 대표성과 인정을 창출하는 데 필요한 것으로 보였다. 이에 반하여 건축물로 구현되는 새로운 대학의 일체감 조성이나 자기 양식화의 욕구가 시초에는 아직 구체적인 양상으로 발견되지 않는다. 왜냐하면 이를 위한 재정수단이 결여되어 있었기 때문이다. 볼로냐에서도 파리에서도 강의는 대개 임대한 가옥이나 공간에서 이루어졌다. 다음 소절에서 상세히 다루겠지만, 모임이나 시험은 대개 교회나 수도원에서 개최되었다. 이러한 장소들은 거룩한 진지함을 강조했을 것인데, 무엇보다 이 시기에는 바로 그러한 진지함으로 학문활동이 영위되었던 것이다.

2. 확산과 내적 공고화

초기의 난관에도 불구하고 대학이라는 교수 및 교육조직 모델은 급속히 융성했다. 이미 13세기의 초기 수십 년 사이에 두 대학의 지류가 나타났다. 즉 새로운 공동체의 자발적 창립, 그리고 통치자가 발기한 이른바 이식체가 그것인데, 이러한 종류의 설립에서는 다양한 주도력과 동기가 작용하고 있었다.

파생적 창설의 주요 지역은 다시금 고도로 발달하고 이에 따라 교육을 갈구했던 북부 이탈리아였다. 위에서 언급한 바 있듯이, 볼로냐의 교사와 학생들이 이주한 사태에서 1222년에 파두아에 **스투디움 게네랄레**가 형성되었는데, 처음에는 두 학생대학의 결합으로 생겼다가, 1473년에 비로소 공식적으로 합체되었다. 파두아로부터 이주하여 다시 1228년 베르첼리 대학의 창설이 이루어졌다. 아마도 1215년에 창설된 것으로 보이는 아레초와 시에나(1245)도 볼로냐에 뿌리를 두고 있었다. 일련의 과정은 늘 유사했다. 이주한 교사와 학생들을 인근의 도시 당국이 정착하도록 초치(招致)하는 것이었다. 이러한 방식으로 자주 유리한 조건이 협상

될 수 있었지만, 종종 초치된 자들은 출신 대학에서의 갈등이 해결된 뒤에는 그곳으로 되돌아가기도 했다. 이들은 완전히 새로 출발하는 노고를 들이고 싶지 않았던 것이다. 새로운 창설은 이러한 일을 기화로 종종 위기에 빠지곤 했는데, 이 때문에 부분적으로는 나중에 재건이 필요하기도 했다.

옥스퍼드에는 파리의 교사들이 존재하고 학칙 역시 파리에 의거한 바가 많지만, 그럼에도 불구하고 이는 독립적인 대학 창설로 간주된다. 이곳에 소재하는 국왕의 행정 관서들 주변에 1180년대부터 중요한 법학교가 형성되었다. 1209년 도시와 겪은 갈등으로 교사들은 동맹 파업에 돌입했는데, 이는 1214년 교황의 사절과 도시 당국이 교사들에게 파리 대학과 비견되는 유사한 특권과 고유권을 승인함으로써 비로소 종료되었다. 이 갈등을 계기로 옥스퍼드를 떠났던 소수의 교사들은 1225년에 케임브리지 대학을 세웠다. 몽펠리에는 1220년 교황 사절이 전달한 학칙을 획득했는데, 그 제도는 볼로냐식 요소와 파리식 요소가 결합된 것이었다. 이 대학 역시 이미 소재 지역을 초월하는 중요한 학교로 발전했는데, 의학과 법학이 중심을 이루었다.

통치자가 설립하거나 이식한 대학의 변종으로 대표적인 것은 1218/19년에 카스티야의 왕이 세운 살라망카 대학과 1224년 황제 프리드리히 2세[8]가 세운 나폴리 대학이었다. 이러한 대학에서는 설립자가 가장 두드러진 구성원(membra)으로서 스스로 대학 조합의 일원이 되었다. 카스티야와 나폴리의 경우에는 애초에는 군주가 부여한 설립 특권이 있었으나, 이는 나중에 비로소 로마, 즉 교황의 확인을 받았다. 이 두 경우에서 가장 중요한 설립 동기는 군주의 지배에 유용한 법학연찬 및 군주의 행정수요를 위한 법률가의 양성이었다. 이에 비하여 1229년에 세워

8 쉬타우펜 가문 출신의 신성로마황제로서 본국인 독일은 거의 돌보지 않고, 평생 시칠리아와 나폴리에서 거주하면서 이 지역을 강력한 근대적 영토국가에 유사한 형태로 지배한 군주.

진 툴루즈 대학은 그 성립이 툴루즈 백이 지고 있던 평화협정상의 의무에 덕을 보았다. 즉 알비파[9]의 소탕 이후에 이단의 박멸을 대학 수준의 선교 교육사업을 통해 추진하려는 의도가 반영된 것이었다. 이곳만이 아니라, 살라망카나 나폴리에서도 종교 및 교회의 외피와 설립의 지향성은 결코 포기되지 않았다. 다만 세속의 설립자가 더욱 분명하게 그 중심을 차지하고 있었을 뿐이다.

또 13세기에는 나아가 오를레앙(1235년경), 교황청(1245년경), 피아첸차(1248), 앙제(1250년경), 세비야(1254/60), 발라도이드와 리스본(1290년경) 및 레리다(아라곤, 1300년경) 등지에서 대학 수업이 개시되었다. 이 모든 활동은 **스투디움 게네랄레** 또는 대학으로 즉시 또는 완전하게 인정된 것은 아니었지만, 방해받지 않고 순조롭게 자기발전을 할 수 있었다. 이어서 14세기 전반에는 아비뇽(1303), 로마(1303), 페루지아(1308), 트레비조(1318), 카호르(1332), 그르노블(1339) 및 피사(1343), 끝으로 프라하(1348, 원래는 볼로냐에서와 같이 두 개의 대학이 탄생했다)가 있는데, 마지막의 경우는 알프스 이북 중부 유럽에서는 처음으로 이루어진 대학 설립이었다. 나중에 황제가 된 카알 4세가 거행한 이 대학의 설립은 그 역사적인 의미가 결코 과소평가될 수 없는 것이었다. 다소간 직접적으로 로마적-고대적 유산에 입각하여 구축될 수 있었던 유럽의 거대한 지역인 "구(舊)유럽(das ältere Europa, 피터 모라브)"의 경계를 처음으로 넘어서 대학은 "신(新)유럽(das jüngere Europa)"에 도달했다. 그전까지 이 신유럽은 고대의 유산을 아주 애써서 습득해야만 했었다.

추가적으로 이루어진 대학의 설립은 "구"유럽의 대학분포를 더욱 밀집하게 하였고, "신"유럽을 더욱더 넓게 대학체제로 포섭해 들어갔다. 피렌체(1349), 페르피냥(1350), 후에스카(1354), 아레초 대학의 재건(1355), 시에

---

9 Albigenser, 카타르파로도 알려진 중세 가톨릭 교회의 이단분파. 이들은 12세기부터 14세기까지 남프랑스의 도시 알비를 중심으로, 이탈리아, 스페인, 독일 일부 지방까지 확산되다가 교황청에 의해 이단으로 선고되어 탄압, 박멸되었다.

나 대학의 재건(1357), 파비아(1361), 크라카우(1364), 오랑에(1365), 빈(1365), 페치(1367), 루카(1369), 에어푸르트(1379), 하이델베르크(1385), 쾰른(1388), 페라라(1391/94) 그리고 부다(1395) 등이 그것이었다. 이로써 대학의 수는 30개 이상으로 늘어났고, 대륙에서는 북방으로 쾰른–에어푸르트 선에, 동방으로는 프라하–부다 선에 도달했다. 1355년 카알 4세가 황제로 즉위하면서부터 그 밖에 미래를 담보하는 변동이 창설특권에 도입되었다. 황제는 일련의 전 대학을 **스투디움 게네랄레**로 인정하며, 교황 대신에 대학의 졸업을 **만국교수면허장**(licentia ubique docendi) 자체로 인정한다고 선포하는 데 성공했다.

물론 신설대학들은 어느 것도 대학의 규모와 학문적 모양새에 도달하지 못했다. 볼로냐와 파리에서는 대략 1,000명 이상, 심지어 파리의 경우에는 5,000명의 학생들이 동시에 수학하는 일도 잦았는데, 적어도 50명에서 200명가량의 전임교수들이 이들을 돌보고 있었다. 수치상으로 표시되는 상위 집단에는 옥스퍼드와 케임브리지 대학을 포함하여 단지 5–7개의 다른 대학이 꼽힐 뿐인데, 이들 대학의 등록학생 수나 교수충원 정도는 격심한 편차를 보였다. 중간 집단은 300명에서 1,000명 이하의 학생과 15명에서 50명가량의 전임교수를 갖추고 있었는데, 이런 대학은 기껏해야 10–15개에 불과했다. 나머지 전부는 아주 작은 공동체로서 그 숫자적 변동의 진폭은 더욱 격심했고 따라서 자주 생존가능성의 한계에 처하기도 했다. 학문적 질의 평가는 자연히 당대인이나 오늘날의 시각에서도 논란의 여지가 분분할 수밖에 없지만, 이런 면에서도 역시 커다란 진폭이 주목된다. 이에 덧붙일 것은 앞에 열거한 대학들이 모든 학부를 설치하거나 실제로 운영한 것이 결코 아니었다는 점이다. 그러나 어느 특정한 분야를 집중적으로 육성하여 높은 명성을 획득할 수도 있었다. 그러므로 볼로냐와 파리 다음으로 13, 14세기에 전반적으로 가장 중요한 대학들을 꼽는 것은 이러한 관점에서 볼 때 가능하지가 않다. 반면, 당대인들이 내놓는 평판에 대한 믿을 만한 지표가 어떤 대학이 특별히 범지역적으로 학생과 교수들을 유인하기로 유명한가라는 질문에 대한 답변을 제공한다. 물론 이러한 지표도 이 자리에서 관찰하는 시간대에서는 변동하고 있었다. 이러한 차원에서도 가장 자주 다시금 두 개의 원초 대학(즉 볼로냐와 파리), 나아가 파두아, 페루지아, 몽펠리에 그리고 옥스퍼드를 들 수 있다.

지리적 확산과 더불어 추가적인 조직의 공고화와 이제야 비로소 본래적인 대학의 제도화가 진행되었다. 그 외부적 구분이라는 면에서 무엇보다 콜레기움(collegium)이라는 현상을 들 수 있다. 다수의 학교도시에 교단, 개인 또는 공동체가 설립하고 설비를 제공한 콜레기움은 원래 가난한 학생들을 위한 기증 기숙사에 불과했다. 입사할 학생의 선발은 지역적 출신에 따라 이루어질 수 있었고, 특정한 전공 및 직업 진로의 장려를 목적으로 하거나 아니면 양자를 결합할 수 있었다. 그 밖에 공동체생활은 공동의 식사와 기타의 사회적 활동으로 제한되거나, 아니면 비공식적인 부분에서 공식적인 부분까지, 즉 자체의 교사를 인선하고 자체의 도서관을 포함하는 수업의 구축으로까지 확장될 수 있었다. 나아가 설립자의 의지, 콜레기움 운영자와 대학의 결정에 따라 다소간 긴밀하게 대학에 결부되는 것도 생각할 수 있었다. 끝으로 선발의 기준으로 또한 신분, 즉 어떤 교단이나 귀족에 속하는 것 등이 고려될 수 있었다. 이 모든 가능성이 실현되고 있었다.

파리에서는 이미 대학에 앞서 여러 가지 콜레기움이 형성되어 있었다. 즉 모든 전공 분야의 곤궁한 학생들을 위한 것, 특정 지역 출신의 학생들을 위한 것, 특정한 전공, 무엇보다 신학 전공 학생들을 위한 것, 그리고 14세기 말부터는 귀족자제들을 위한 것도 등장했다. 그 수는 1400년경에는 70개 이상이나 되었다. 부분적으로는 그 안에서 이미 수업이 행해지기도 했다. 몇몇 콜레기움은 또한 이미 숙식을 구하는 교사들을 상응하는 교수활동을 대가로 받아들이기도 했다. 대학은 본질적으로 콜레기움에서 행해지는 수업의 통제에만 그 역할을 한정하고 있었다. 그러나 비공식적으로는 규모가 크고 부유한 콜레기움과의 관계가 지속적으로 긴밀해졌다.

이에 반하여 볼로냐에서는 그러한 콜레기움의 전통이 전혀 형성되지 않았다. 한편으로 이미 말한 바와 같이 학생의 국민단이 사회적 욕구를 흡수하고 있었고, 다른 한편으로 평균적으로 신학생들보다 처지가 더 나았던 법학생과 의학생들이 그들 스스로가 어느 콜레기움의 규율에 복속되는 데 하등의 관심을 보이지 않았기 때문이다. 그리하여 소수의 콜레기움이 대학으로 발전한 시기에 비로소, 대개 특수한 경우로 형성되었다. 그 예로는 콜레기오 디 스파냐(Collegio di Spagna)와 같은 것이 있는데, 이는 스페인 출신의 학생들, 특히 신학과 교회법을 공부하는 학생들을 위한 것이었다. 비슷한 경우가 남부 유럽 전역에 지배적이었다. 중부 유럽에는 1361년 프라하 대학에 콜레기움 카롤리눔(Collegium Carolinum)이 설립되었는데, 이는 전적으로 교사들을 위한 것으로 정해졌고, 따라서 양호하게 설비가 되었으며, 자치적이며 부분적으로 대학에 통합되는 콜레기움의 전통이 시작되었다. 빈곤한 학생들의 지원이 이곳에서는 장학금(Stipendium)을 통해서 실현되었는데, 이른바 부어제(Burse)라는 시설은 모든 학생들을 위한 것으로 정해졌다. 반면 옥스퍼드와 케임브리지에서는 전혀 다르게 발전했다. 이곳에서 콜레기움(콜리지)은 독립적으로 남아 있었을 뿐만 아니라, 점점 더 허다한 교수업무를 넘겨받았다. 그리하여 대학에는 단지 중앙에서 시행하는 수업과 학위의 수여업무만이 남아 있게 되었다. 또 13세기에는 콜리지의 수업이 심지어 특수한 고급과정의 설치와 같이 주전공수업의 차원에까지 도달했다. 최초의 사례로는 1264년 옥스퍼드에 세워진 머튼 콜리지가 눈길을 끈다.

대학을 내부적으로 4개의 연관된 전공분야, 즉 학부(facultas)로 구성하고, 이에 상응하는 교사와 학생집단을 배치하는 것은 파리 대학의 모델에서 유래했다. 이 모델은 무엇보다 중부, 서부 그리고 나중에는 북부 유럽에 수용되었다. 어떻게 해서 공교롭게 4개의 학부편제로 이르게 되었는지는 전혀 분명하지 않다. 왜냐하면 대학의 창설자들이 방향지표로 삼았던 고대 말기의 지식체계는 전혀 다른 해법을 용인했을 것이기 때문이다. 한편 예비과정적(propädeutisch)이며 따라서 등급이 낮은 성격을 지닌 학예학부(facultas artium)는 직접 상위학부—의학, 법학, 신학—의 실제적 필요에서 자신의 입지를 강화했다. 이미 언급한 파리의 사례가 보여주듯이 등급이 낮다는 점은 물론 그 영향력이 근소하다는 점과 동일시되어서는 아니 된다. 모든 수학자들은 학예학부를 거쳐 가야 했기 때문에, 이 학부는 가장 많은 교사들을 확보해야 했고, 이 수적 우세는 전체 대학의 각종 위원회에 그에 상응하는 다수로 대표될 수 있었다. 마찬가지로 이하에서 더 논의하게 되겠지만, 낮은 등급을 학문적인 비독립성과 혼동해서도 결코 아니 된다.

수업, 시험 및 학생을 관리하는 책무에서 그리고 학부의 교수를 충원하고 대표하는 필요성에서 학부 자체로 각종의 직책을 창설했던 사정은 이미 언급한 바 있다. 학부의 우두머리는 대개 전적으로 교사들이 선출한 학장이었다. 그에게는 보좌하는 관리가 배치되었는데, 때로는 독자적인 재정관리인(quaestor)이 배치되기도 했다. 학장은 일상적인 업무를 담당했다. 그는 모든 본질적인 문제를 논의하고 결정하는 학부회의에 보고를 해야 했다.

학부회의에 해당하는 것으로 전체 대학에는 **총회**가 있었는데, 볼로냐적 전통에서는 투표의 필요성이 더욱 컸기 때문에 이 조직은 파리의 경우보다 더욱 결정적인 역할을 담당했다. 대학의 수뇌부에서 처리하는 일상적인 업무의 면에서는 반대의 경향이 나타났다. 볼로냐식 대학에서는 개별 조합(universitas)들의 학생 총장(rector)들이 오히려 비공식적으로 상호

간의 소통을 행하고 있던 상황이었는데, 파리식의 모델에서 총장직은 전체 대학의 최고 직책으로 등장했다. 이 총장은 대개 전임 교수들에 의해 그들 중에서 선출되었다. 후보자는 일정한 연령에 도달해야 하고, 정식으로 졸업했으며, 인품에 결함이 없으며 또한 성직의 품계를 지니고 있어야 했다. 마지막 조건이 필요한 것은 학생의 다수를 이루고 있던 성직신분의 학생들에 대해 대학의 재판 및 형벌권을 행사할 수 있어야 하기 때문이었다. 또한 그의 임무에 속하는 것으로는 **대학총회**를 소집하고 이끄는 일과 전체 대학의 행정을 맡고 대학을 대표하는 과업이 있었다. 이러한 기능과 연관하여 규모가 큰 몇 개의 대학에서는 여러 직책이 자체적으로 발달했다. 즉 재무관리, 비서, 법률고문과 문서담당관, 그리고 경우에 따라서는 전 대학을 포괄하는 관리요원 등등을 갖추게 되는데, 이들에게는 대체로 높은 지위가 부여되었다. 기타의 직책으로는 대학사절, 대학서적상 및 서적필사자 등도 있었다.

13, 14세기에 전개된 대학의 내부적 공고화에는 또한 점진적으로 이루어진 상서직의 통합도 있었다. 파리나 볼로냐 모두에서 협약된 바에 의하면, 상서는 교사들의 제안에 따라 졸업자에게 학위와 교사면허를 수여하기로 되어 있었다. 이러한 방식으로 공적이며 법적인 인정이 가장 잘 보증될 것으로 보였다. 볼로냐식 전통에서 상서에게는 그 밖에 시험위원회의 의장직이 부여되기도 했다. 그러나 이러한 권능은 이 시기에 와서 가끔 불거지는 갈등을 제외하면 더욱더 형식적인 것이 되어 버렸다. 잉글랜드의 두 대학은 심지어 그들의 상서를 자기 대학의 신학부 졸업생 중에서 선발하는 권리마저 획득할 수 있었다. 상서는 단지 스페인, 나폴리 그리고 나중에는 스코틀랜드에서만 좀 더 자립적인 역할을 보유하고 있었다. 교회 당국의 대표로서 상서는 물론 광범한 특권을 지니고 있을 뿐만 아니라, 각 대학의 외부적 재정지원과 관련하여 중요한 발언권을 행사할 수 있었다. 이는 때로는 각 도시의 대표들에게도 해당되는

데, 이들도 주로 공동으로 파견된 감독위원회에 참여했기 때문이다. 끝으로 언급할 것은 교황이나 각 대학과 관련된 세속 당국은 대학의 특권을 보장한다는 측면에서 종종 이른바 보증인(Konservator)이라는 직역자를 임명했다는 점인데, 이들은 각각의 도시 당국에 대하여 대학을 지원해야 했다.

대학 공동체가 공고해진 것은 물론 그 재정의 확보 없이는 가능하지 않았을 것인데, 이는 내부 및 외부적 재원으로 이루어졌다. 자체의 재정조달은 등록 수수료와 시험 및 졸업 수수료, 특정한 규정의 면제에 따른 지불, 벌금, 학생들의 모금 및 때로는 대학이 소유하는 부동산이나 권리로부터의 수입 등으로 모아졌다. 그러나 이러한 수입은 소요되는 경비를 충당하기에는 턱없이 부족했다. 따라서 그에 수반하는 영향력 행사의 위험에도 불구하고, 포기할 수 없고 강렬히 요망했던 것은 외부의 지원이었다. 이는 대개 기한부 또는 무기한으로 제공되는 성직록(Kirchenpfründe), 직접적인 급여, 기증·기부와 장학금 그리고 군주들이 제공하는 정기적 혹은 부정기적 사여(賜與)와 같은 형태로 제공되었다. 그러나 중세 전 시기를 통해서 결정적인 역할을 담당했던 것은 성직록이었다. 이는 점점 더 세속 군주의 제안에 따라 그러나 늘 로마의 동의를 얻고서야만 비로소 제공되었다. '국가대학'이 각기 그들 군주의 재정지원에 직접 종속됨으로써, 당해 대학의 활동여지가 적어도 간접적으로나마 심각하게 제약될 수밖에 없었던 점은 자명한 일이다.

3. 교사와 학생

중세 대학에서 가장 중요한 행위자 집단은 볼로냐식의 학생대학 전통에도 불구하고 대학의 교사들이었다. 이들은 고대의 호칭법과 대학 이

전 및 대학 외의 관습에 결부되어 마기스터(magister), 독토(doctor)[10] 또는 교수(professor)—이 말은 그러나 덜 빈번하게 사용되었다—로 불리었다. 그러나 오래전부터 다른 종류의 지식인들, 예컨대 기타의 교사들, 학교장, 공로가 많은 비서 등등도 마기스터나 독토로 지칭될 수 있었다. 대학 외부에서 이런 개념을 참칭하는 것으로부터 스스로를 구별하고, 이 호칭을 오로지 대학에서만 사용하기 위해서, 그리고 이를 대학의 고급 자격수준과 연계시키기 위해서 초기의 대학 교수세대는 이에 상응하는 자격부여 및 선발절차를 도입했다.

대학의 교사로 자격을 부여하는 절차는 최초의 학위시험, 즉 학사학위(Bakkalarat) 및 이 학위의 취득과 결부된 의무를 이행한 다음에 시작되었다. 해당되는 학사(Bakkalar, baccalaureus)는 그의 교사(Magister)와 약정하여 총장이나 대학의 상서에게 마기스터 및 독토 시험(Magisterbzw. Doktorprüfung)에 응할 것을 신청했다. 총장이나 상서, 경우에 따라 당해 위원회는 응시자가 제출한 필수 전제조건을 검토하고 두 부분으로 구성된 시험을 조직했다. 그 첫 부분은 한 주제에 대한 논쟁(Disputation)으로서 시험위원회 앞에서 이루어졌는데, 주제는 시험이 치러지는 오후의 전날이나 그날 오전에 선정되었다. 이 "사적(privat)"이며 "엄격한(rigoros)" 일차 시험의 합격과 함께 후보자는 리켄치아트(licentiat)로 승급되었다. 그리고 상서, 즉 교회의 감독관은 면허장(licentia)을 발급하여, 그가 교직에 취임할 수 있다는 학문적 역량을 인증했다. 그러나 이 교사의 직책을 실제로 행사하고 공식적으로 대학 교사 공동체에 편입되기 위해서는 이어서 두 번째 시험, 즉 공개적이며 축전과 같은 시험(인켑치오 inceptio)을 치러야 했다. 성대하게 인도된 리켄치아트를 그의 지도교수가 공식적으로 소개하고, 공동의 예배행사가 개최되었다. 이에 따른 기도가 행해지고, 마침내 총장으로부터

10 마기스터와 독토는 교사를 의미하는 말로 오늘날의 학위 명칭(석사를 뜻하는 'master', 박사를 뜻하는 'doctor')이 이 말에서 유래했다.

리켄치아트는 그의 징표(모자, 장갑, 서적)를 수여받았다. 이어 그가 사실상 직책을 개시하게 되었다는 지표로서 다시금 학생들과 공개적인 논쟁을 벌이는 절차를 치렀다.

교사단에 편입되는 것은 처음에는 일정한 시간 동안—대개 2년 동안—실제로 가르쳐야 한다는 의무와 결부되어 있었다. 이 의무적인 교수활동은 그러나 곧 다시 용도 폐기되었던 것으로 보인다. 왜냐하면 한편으로 이제 막 선발된 대개의 마기스터나 독토들은 가능한 한 빨리 대학 밖의 직책이나 경력을 추구했기 때문이다. 다른 한편으로 각각의 신입 강의자들이 제공하는 교수과목은 완전한 교직을 수행하던 기존 교사들이 그들 사이에 오래전부터 합의하고 있던 교수과목의 분배와 조화를 이루기가 매우 어려웠다. 그리하여 개념적으로 이미 이 부분에서 두 개의 교사집단이 형성되었다. 즉 단지 학위만을 지니고 있는 집단과 실제로 가르치는 교사집단(magistri regentes)으로 양분되었다.

그러나 또한 실제로 가르치는 교사들(regentes) 사이에도 지위와 권능의 분화가 진행되었다. 왜냐하면 특정한 교수주제와 이에 상응하는 강좌는 내용적으로 포기할 수 없었고, 따라서 모든 학생들이 의무적으로 수강해야 했기 때문이다. 이는 다시금 이를 담당하는 교사들에게 지속적으로 높은 수준의 수강생과 수업료를 확보해 주었다. 그리하여 이에 따라 정규직으로서, 고급의 자격을 보유하고 또한 높은 급여를 받는 교수들의 핵심집단이 형성되었다. 이들 주변을 둘러싸고 급이 좀 떨어지는 교사집단이 모이게 되었는데, 이들은 덜 중요하고 빈번히 교체되는 주제를 단지 개관적으로나 아니면 대략적으로만 다루어야 했다. 따라서 이들은 매우 낮은 수강료 수입만 거둘 수 있었다. 정교수(ordentlicher Professor)들은 가장 좋은 강의시간, 즉 이른 오전 시간대를 요구했고, 객원 교수(außerordentlicher Professor)들은 늦은 오전이나 오후 시간대로 밀려나야 했다. 따라서 수험료를 포함하여 시험제도의 본질적인 부분이 정교수들의 수중에 집중되었다. 특히 이들은 교수충원의 권리와 이 권리의 집행, 조합식의 자체충원, 즉 재직교수 동료들의 공동체에 의해 이루어지는 충원을 지배했다. 그러나 볼로냐식 전통에 근거를 둔 학생들의 우선권, 이 과정에 동참하려는 객원교수들의 노력, 대학운영 담당자 측 및 감독기관의 영향 그리고 자주 발생하는 정교수들 간의 불화나 무능력 등은 정교수들이 대학을 포괄적으로 지배하는 것을 저지했다. 이 점은 프랑스의 대학사가 자크 베르제가 확인한 바이다.

모든 강사들의 의무는 우선 교수활동에 있었다. 그 중심에 놓여 있던 것은 받아쓰기의 성격을 지닌 주강의(主講義, lectio) 또는 반복·심화수업(relectio)이었는데, 이는 1½에서 2교시, 즉 90분까지 지속되었다. 대학사가들이 계산해 낸 바에 의하면, 이 강의는 연간 130일에서 150일(이른바 법정 수업일수 dies legibiles)까지 행해졌음이 틀림없다. 이에 빈번히 변동하면서 개최되는 오후의 논쟁 및 때로는 연습(Übung, exercitationes, repetitiones, dissertationes) 그리고 반쯤 공식적이거나 비공식적인 입문이나 강습이 추가되었다. 모든 형태의 수업에는 준비와 정리 작업이 요구되었다. 14세기 말까지 이 작업에는 강사들이 필요한 공간을 장만하거나 임대하는 일도 포함되어 있었다. 추가적인 행정업무가 처음에는 학생명단의 작성과 수업료의 징수에 관련되는 것이었는데, 이 사항은 나중에 학부와 전체 대학으로 넘어갔다. 시험의식에 참여하기 위한 조건으로는 학부 및 대학 전체의 자치활동과 이에 수반되는 의식(儀式)행사에서의 협조, 경우에 따라서는 특별한 직책의 취임이라는 차원이 고려될 수 있었다.

시간이 드는 일에서 본질적인 부분은 자신의 학생들을 지도하고 통제하는 것이었다. 중세의 교수는 그의 주변에 모여 있는 학생들(schola)이나 학생 무리(familia scholarium)의 우두머리로서 존재했는데, 당연히 이들 학생들에 대해서는 그가 책임을 지고 있었다. 중세 사회의 인척관계 또는 의사(擬似) 인척관계, 보호자–피보호자적 결속은 대학 영역에서도 결코 예외가 아니었다. 학생이라는 자격은 따라서 그러한 소속성에서 도출될 수 있었다. 이 점은 1215년 파리 대학의 다음과 같은 격언이 잘 입증하고 있다. **"어느 특정한 선생에게 속하지 않은 자는 파리의 학생일 수 없다**(nullus sit scholaris Parisius qui certum magistrum non habet)." 신입생은 이에 따라 어떤 교수의 학생단에 편입되도록 노력해야 했다. 심지어 볼로냐에서는 한때 이런 관계가 계약의 형태로 이루어지도 했다. 교수는 사회적 사안까지 맡고 있었다. 그에게는 자기 학생들의 규율이나 통제에 관한 활동까지 기대되었다. 그는 학생들의 학문적 진보에 책임을 지고 있었으며, 그렇기에 졸업자격의 취득 여부에 대한 최초의 신호를 주기도 했다. 이러한 책임은 최초의 시험에서, 즉 이미 언급한 바 있는 학사학위의 취득 과정에서, 또는 이런 시험과 결부된 향후의 수학 및 직업적 경로에 대한 결정(determinatio)에 즈음하여 특별한 시련을 겪게 마련이었다. 왜냐하면 대개 2년에서 2년 반가량의 시간에 걸쳐 도달하는 졸업, 그리고 최초 학위 취득 후 마기스터 학위를 목표로 하는 자들은 추가로 2년에서 3년까지 그의 스승 밑에서 일종의 조교활동 또는 교수활동을 마쳐야 했기 때문이다. 마기스터 학위 취득은 관련되는 논쟁의 참여, 일정한 목표와 수준을 보장하는 비정규 수업의 독립적인 수행 및 그에 상응하는 후원 교수 및 학문적 지도자를 위한 기타의 지원봉사로 이루어졌다.

학문적 저작의 작성이 중세의 교수들로부터는 기본적으로 교수활동에 관련해서만, 그리고 감정서의 위탁과 같은 특수한 경우에서만 기대되었다. 적어도 11개의 이탈리아, 스페인, 프랑스(파리 대학) 및 잉글랜드(옥스퍼드 대학)의 대학에서는 저작활동이 이른바 페치아 시스템(pecia-System)의 절차에 따라 진행되었다. 교수들은 홀로 또는 자기 학생들의 도움을 받아 강의록을 저술하고, 교정하고 완성해서, 이를 제본하지 않은 전지(全紙, peciae)로 서적상이나 필사자에게 넘겼다. 이들은 이 필사본을 직접 복제하거나 복제시켜 학생들에게 대여하거나 판매했다. 베껴 쓰는 과정에서 오류가 섞이거나 필사본의 전파와 관련하여 교수의 명성에 누를 끼칠 우려에 대비하여 이러한 활동은 특수한 위원회가 감독해야 했는데, 이 위원회에는 교사들도 속해 있었다.

교수들의 보수는 보통 성직록 수입 및 정기적인 봉급, 학생들의 갹출금(Kollekte) 및 수험료에서 나오는 수익으로 구성되었다. 어느 정도까지 자체의 재원에 의존할 수 있거나 의존해야 했는지는 일반적으로 규정할 수 없다. 어쨌든 수입은 분명히 여러 가지였고, 변동하는 학생 수와 시험 횟수 때문에 일정하지 않았다. 교수들이 부유한 학생들을 구타하는 경우도 있었다고 한다. 상대적으로 최고의 수입은 법학과 의학 같은 실용적 학문의 유명한 정교수들이 거두었던 것으로 보인다. 상대적으로 최저의 수입은 학예학부의 교사들에 귀속되었던 것 같은데, 그래서 이들은 공식 및 비공식적으로 자주 추가적인 수입을 노리고 과외 및 보충수업을 담당했다. 동시대의 다른 상층부의 수입에 비교하여 낮은 수입의 원인은 두 가지 특수한 사정에서 기인했다. 우선 교수들의 대다수는 이미 말한 바와 같이 성직자들이었는데, 이들은 일정 부분—혹은 전적으로—교회의 성직록에 의존해서 살아갔다. 둘째로, 학문은 신의 선물로 여겨졌는데, 이는 돈을 대가로 받고 전수하는 것이 아니라, 누구에게나 무상으로 제공되어야 하는 것이었다(Scientia donum Dei est, unde verdi non potest). 여기에서 출발하여 그에 상응하는 교수들의 신분적 이데올로기가 형성되었는데, 이는 무엇보다 겸손, 공손, 도덕적 무결함 및 이타심의 규범을 포함했다.

이러한 이상에는 근면, 친절 그리고 동료나 학생들과의 우호적인 교제, 진리에 대한 충성, 또한 두드러지려는 충동과 무의미한 호기심의 포기와 같은 덕목이 속하는데, 이로부터 중세의 교사들은 자신들의 품위와 격에 걸맞은 대우를 점점 더 요구하기 시작했고, 심지어 정치·사회적 해석의 권한마저 요구하기에 이르렀다. 간단히 말하자면 이들은 교수의 신분적 이데올로기를 발달시켰는데, 이는 이 새로운 직업 및 지위집단의 내적 결속에도 도움을 주는 것이었다. 그래서 자주 전해져 오는 영향력, 재원, 그리고 학문적·정치적 문제를 둘러싼 신학자와 학예학자(Artisten) 사이의 갈등, 또는 법학자와 신학자 사이의 갈등, 교사집단 사이, 또는 그 내부의 갈등 같은 것은 과잉해석하면 아니 된다. 최초의 국면에서는 오로지 공동으로만이 성공적으로 영위할 수 있던 대학이라는 사업을 관철시키고 공고히 하려는 필요성이 가장 중요한 그 행위자 집단을 결속시켜 주었다. 그다음에 이들은 확장과 장기적인 존속을 위해 노력했던 것이다. 물론 의미심장한 방해요소로는 이미 암시한 바와 같이 현저하게 다수의 교수들이 대학 외부의 경력, 특히 교회에서나 또한 벌써부터 군주정부 및 도시행정에서의 경력을 추구한 것이 있었다.

마기스터 후보자의 유형으로서 교사로 승급하는 것이 유동적이었던 학인집단은 이미 여러 번 언급한 바 있다. 출신 면에서는 전체적으로 지역화 경향이 더욱 증대하는 현상이 확인된다. 비록 이 자리에서 관찰하는 시기에는 초지역적 충원과 이동성이 높은 비중을 유지하고 있었지만 말이다. 가장 강력하게는 도시의 상층과 중간층, 즉 처지가 나은 시민층이 새로운 수학자층에 가담하고 있었다. 중상류층의 자제들은 당대인들이 **부유한 학인들**(scholares divites)로 표현하고 있었다. 전체적으로 보아 근소하지만, 경향적으로는 오히려 증가하고 있던 수학애호층은 귀족자제들(scholares nobiles)이었다. 그들보다 수적으로 훨씬 더 많았고, 전체 수학자층의 다른 끝부분을 차지하고 있던 자들은 **빈곤한 학인들**(scholares pauperes), 즉 빈곤한 계층 출신이거나 빈곤해진 수학자들이었다. 당연시되었던 세례, 정상적인 혼인에 의한 출생, 법적으로 책임을 질 수 있는 최소연령—물론 최고연령의 규정은 없었다—흠잡을 데 없는 행실과 평판 등을 제외하면, 형식적인 수학의 전제조건이 전혀 없었다. 대학은 말하자면 최선의 의미에서 개방적이고 공공의 것이었다. 적절한 선수지식의 증명을 포기함으로써 대학 이전 단계나 대학 자체에서 수학에 필요한 기초지식을 획득할 가능성을 마련할 필요성이 제기되었다. 이 예비교육과정(paedagogia)은 대학에서 급료를 받지 않거나, 충분한 급료를 받지 못하는 모든 등급의 졸업생들을 위해서는 가장 중요한 주수입원 또는 부수입원이었다. 신입생은 대개 이미 존재하는 가족적 또는 기타의 사회적 관계를 통해서 이러한 예비교육과정에 입문할 수 있었던 것으로 보인다.

수학의 경과 및 학생집단의 다양성이라는 면에서 독일의 대학사가 라이너 크리스토프 쉬빙에스는 하나의 계발적인 유형론을 개발했다. 최초의, 그리고 가장 흔한 학생유형은 당대인이 **단순학인**(scholaris simplex)으로 표현했던 존재로, 이들의 학업은 교사의 감독 아래 학예학부(Artistenfakultät)의 기초지식을 심화하는 데 한정되어 있었다. 약 2년 이내에 이들은 어떤 종류의 시험도 마치지 않고 대학을 떠났다. 두 번째로 빈번한 유형 역시 학예학부의 수학으로 만족했던 집단으로, 2년이나 2년 반 뒤에 자기 스승의 지도 아래 최초의 졸업, 즉 학사학위(Grad des Bakkalaureus)의 취득에 도달했다. 이 학위의 취득으로 그들은 스페인, 프랑스 및 잉글랜드의 콜레기움에서 교사 및 지도자(fellow)로 받아들여질 수 있었다. 그 밖에 가정교사 일을 하거나 스스로 학교를 운영하는 전망도 있을 수 있었다. 세 번째 유형은 학사학위를 넘어서, 추가로 2–3년 더 공부하고 대학의 보조인력 활동을 수행한 다음, 학예학부의 마기스터 학위를 취득했는데, 이는 오늘날 유럽의 대학입학 자격에 상응하는 것으로 보인다. 이런 학생들은 학위를 취득한 후, 경우에 따라서는 학예학부의 교사로서 통상적인 교수의무를 이행한 후에 학업을 지속하였다. 암시한 바와 같이 이와 같은 교수의무는 점점 더 면제되는 경향이 있었는데, 후속하는 학업은 상위학부의 어느 한 곳에서 이루어졌다. 이러한 방식으로 나타났던 교사학생(Magisterstudent)은 중세 대학에서 각별히 특징적이었다. 이들은 이미 자기 자신의 학인집단(scholar 또는 familia scholarium)

을 구성하고, 자주 보수를 받는 교수활동, 성직록 또는 장학금에서 나오는 수입을 확보하고 있었다. 그리하여 이들은 적어도 물질적으로는 상위 학부 중 한 곳에서 어려운 학사학위(Bakkalarat)를 취득할 형편에 있었는데, 물론 이는 소수의 경우만 실제로 달성할 수 있었다. 이 소수(2-3퍼센트)는 네 번째, 오늘날의 관점에서 보면 특별히 흥미로운 학생유형을 이루고 있었다. 자주 경제적으로 양호하게 안정되어 있었고, 또는 심지어 높은 지위를 보유하고 있어, 이들은 경우에 따라서는 매우 신속하게 학예학부를 통과해 학사학위를 취득하고, 상위 학부 중 한 곳에서 이와 결부된 교수면허를 취득했다. 최상의 경우에는 이어서 독토학위까지 취득한다. 이들은 이 목표를 위해 아주 오랫동안 수학을 해야 했는데, 반드시 중단 없는 수학을 한 것이 아니라 해도, 대략 10년 정도 어린 자신들의 동료학생들과 달리 이미 25-30세에 이르거나 심지어 더 나이를 먹기도 했다. 다섯 번째, 그리고 마지막 학생유형은 결국 고위신분의 학생이었다. 이들은 귀족가문이나 도시 문벌가, 어떤 경우든 부유한 가문 출생으로, 자기 자신의 하인집단(familiares)을 거느리고 대학에 와서 선택적으로, 대개 자신의 신분에 직접 관련되는 법학의 주제와 결부된 수학에 관심을 가지며, 단지 적당하게만 학위취득에 관여하고, 늘 통상적으로 규정된 수학활동에 노고를 바치는 법이 거의 없었다. 이들의 중점은 상응하는 직접적 지식의 획득이 아니라 아르노 자이페르트가 말한 바와 같이 "직업에 특유한 사회적 자격의 획득"에 있었다.

국민단(natio)과 같은 학생단체 외에도 다수의 대학에는 또 다른 집단이 존재했다. 이는 부분적으로는 콜레기움과 부어제에서 성장했고, 부분적으로는 자유로운 **형제단**(fraternitas)으로 이루어지기도 했다. 학생들의 수학 태도나 물질적 가능성이 모두 상이했던 까닭에 하나의 통일적인 학생의 일상에 대해서는 거의 말하기가 어렵다. 물론 확인되는 바는 공통적인 생활양식이 오늘날보다 더 통상적이라는 것인데, 또한 비교적 잦은 대학의 변경도 학예학부의 졸업 후에는 집단적으로 실천되고 있었다는 점이다. 그리고 과장된 사료해석에 근거를 두지 않는 한, 자주 언급되는 방탕한 여가활동도 특히 가족과 떨어져 사는 장성한 사내들이 공통적으로 영위하는 통상적인 생활의 변종으로 볼 수 있다.

4. 학문의 구조와 과정

기초: 스콜라적 학문의 성립과 발전

대학이 성립하기 전에 신학, 의학, 법학 그리고 자유학예(artes liberales)는 각기 고유하고 상이한 정신적, 역사적 그리고 기능적 연관을 갖고 있는 지식복합체를 구성하고 있었다. 이 상황은 두 가지 이유에서 극복되어야만 했다. 한편으로 공동의 대학이라는 기관에 속하고, 엘리트들에게 일상적 지식을 넘어서는 학문적 지식과 역량을 전달하며 이로써 당대의 문화에서 지도적인 역할을 담당하게 한다는 대학의 요구를 이행하는 과정이 대학의 학문을 외부에 대하여 더욱 강력하게 경계 짓고, 체계화하도록 하였다. 다른 한편으로 이미 언급된 바와 같이 사회의 새로운 지식 욕구와 공급이 수용되고, 처리되며 또한 방법적으로 검증된 사실적 및 방향제시적 지식이 당대의 문화에 재투입되어야 했다. 이러한 배경에서 13세기가 경과하면서 형성되었던 대학 학문의 복합체가 바로 휴머니즘 시대부터 그렇게 일컬어진 이른바 스콜라적 학문이었다. 이 개념은 특히 **신학**의 중세적 현상형태인 스콜라 철학이라는 좁은 개념과 구분하여 폭넓게 이해되어야 한다.

12세기에는 고등 지식, 즉 학문의 정의와 체계화에서 두 개의 접근방식이 대치하고 있었다. 의심할 나위 없이 가장 중요하게 여겨졌던 시각은 기독교적인 것이었다. 이에 따르면 학문은 계시와 교회의 전통이 확정해 놓은 바로 그러한 것이었다. 두 번째의 시각은 고대의 전통에서 유래하는 것으로 따라서 우선 현세의 지식, 즉 "현세적 지혜(Weltweisheit)"에 관련되었다. 이는 하나의 명백한 구상, 말하자면 고대 로마의 체계, 무엇보다도 교부들의 저작을 통해 전승되고, 또 그러한 한에서 교회도 인정해 준 이른바 **자유학예**로부터 육성되었다. 대학에 합당한 것으로 고려된 학문적 교과목의 외관적 확정에서, 그리고 근본적인 학문 및 교수방법에서 두 개의 시각은 어느 정도 일치했다. 이른바 기술학(artes mechanicae)은 그 전체가 원칙적으로 제외되었다. 즉 이는 실용적이며, 다양한 수공업, 농업, 공연(公演), 사냥 등 고도의 지식과 연계되지 않은 과목들이었다. 하나의 예외는 단지 의학(치료술)뿐이었는데, 따라서 그 지위에는 논란의 여지가 있었다. 순전한 임상의술로서의 치료술은 원칙적으로 대학으로 인하여 아무 것도 잃은 것이 없었다. 그리하여 이러한 임상의술을 주로 담당하던 이른바 외과의들은 대학의 의학과 기껏해야 느슨한 관계를 맺고 있었다. 반면 높은 수준의 이론적 요구와 광범한 전승을 갖춘 학문으로서는 그것이 편입될 수 있었다. 더욱이 전혀 의심할 나위가 없었던 점은 모든 학문이 동등한 가치를 지니고 있고, 단지 고려대상이 되는 학문영역(facultas)의 방법적, 내용적 차이만 있다는 전제에서 출발하는 것이 아니라, 신에 근접하는 척도에 따라 내용상으로 또 의전절차상으로 그에 상응하여 서열이 지어진다는 전제에서 출발하는 것인데, 그 정점은 당연히 신학이 차지하고 있었다. 학문과 교수는 자료를 분석적으로 나누는 특정한 형태에 따라, 즉 나중에 이른바 스콜라적이라고 불리는 방법에 따라 수행되어야 한다는 점에 대해서는 결국 양해가 이루어졌다.

학부를 다루는 문맥에서 더 상세히 다루겠지만, 그러나 12세기 말부터는 아리스토텔레스의 가장 중요한 도덕철학, 자연철학, 논리학 및 형이상학 저작들을 그리스어에서 직접, 또는 아랍어 번역을 거쳐 이루어진 라틴어 번역으로 이용할 수 있게 되었다. 그 밖에도 허다하고, 내용적으로도 헤아릴 수 없이 다양한 아리스토텔레스의 저작에 대한 주석, 그리고 더 추가적인 고대의 저작, 그중에서도 특히 플라톤과 아랍어 저작이 전래되었다. 유럽의 지식인들은 처음에는 각각의 텍스트들을 올바로 정리하고, 각 내용에 대한 개관적 파악을 하는 데 어려움을 겪었지만, 사태는 금방 분명해졌다. 즉 비로소 그 완전한 범위를 개관할 수 있게 된 아리스토텔레스 철학은 개별 지식을 유례없이 확대해 주었을 뿐만 아니라, 또한 각종 학문의 체계적인 정초작업, 범주론적인 정리 그리고 방법적인 혁신을 제공했던 것이다. 가장 인상적인 이 기여는 무시할 수 없는 것이었다. 그러나 이것에도 문제가 없지는 않았다. 왜냐하면 이는 한편으로는 기본적으로 기독교 이전의 이교도적인 것으로 평가되었음이 틀림없고, 다른 한편으로는 결정적으로 당대 기독교의 몇 가지 중심적인 확신과 일치하지 않았기 때문이다.

교황과 일부 주교들은 의도적인 독서 및 강의 금지로 이 난관을 우회적으로 회피하려고 했으나, 이 문제에 대해서 전문적으로 일차적 책임을 담당하고 있다고 믿었음에 틀림없는 학예학자들과 신학자들은 기대했던 대로 너무나 상이한 결론에 도달했다. 특히 분분했던 문제는 신학의 학문적 지위가 아리스토텔레스식으로 정의되어야 하는가, 할 수 있는가 또는 경우에 따라서는 어떻게 해야 하는가라는 것이었다. 독일의 신학자이며 만능 지식인이었던 알베르투스 마그누스(1193–1280) 및 이탈리아의 교회이론가이며 추기경이었던 요하네스 피단차 보나벤투라(1217–1274)가 궁구해 낸 결론에 입각하여 이탈리아인 도미니쿠스교단 수도사이며 한때 파리 대학의 교사를 역임했던 토마스 아퀴나스(1225–1274, 주저, 『논쟁문제(Questiones disputatae)』 및 『신학대전(Summa theologicae)』)는 스콜라 철학 전체의 토대로 간주되는 그러한 종합을 이루어 냈다.

이러한 문제에서 대학의 학업에 결정적인 것은 다음과 같은 확정이었다. 학문은 새로이 계시적 지식—그리고 그러한 한에서 제한되고, 폐쇄적인 지식—으로 규정되었는데 이는 가능한 한 완전하게 파악하고, 낯선 첨가물로부터 정화되어 그 자체의 척도에 따라 정리되고, 확고하게 전달되며 또 모든 현세의 현상에 비추어 서술되고 입증되어야 한다는 것이다. 모든 학문적 논증은 따라서 **이성과 사물의 부합**(adaequatio intellectus et rei)을 지향해야 했다. 여기에서 정밀한 경험론과 경험적인 인과관계의 증명은 문제가 되지 않고, 단지 현상을 신적 질서에 배열하는 것, 그리고 유추와 비교를 수단으로 하여 이를 기독교적 규범에 따라 판단하는 것이 문제였다.(레티치아 뵘) 이에 따라 학문은 세 개의 본질적인, 무엇보다 신학에 속하는 세 작업영역으로 나뉘었다. 첫째, 전제(Prämissen)의 방법적 인식으로서, 이 전제로부터 현상의 본질성과 의미가 규정될 수 있었다. 둘째, 각각의 현상을 미리 인식된 이 전제나 원칙계에 배열하는 것이다. 셋째로 모든 인식방식, 인식된 원칙과 해석된 여러 현상을 하나의 직접적인 통일성, 즉 교의(doctrina)로 종합하는 것이다. 이 본래적인 학문(즉 신학 doctrina sacra)으로부터 예전보다 더 예리하게 **세속학문**(doctrina profana)이 분리되었다. 이는 기본적으로 본래적인 학문으로 가는 예비단계로서 고찰될 수 있었으나, 그 철학적, 이론적 및 교육적 잠재력의 관점에서 높은 관심을 끌었다. 이로써 예전보다 불균등하지만 더욱 체계적인 방식으로 기독교적 및 비기독교적 학문, 즉 신학과 학예학의 위계적이며 협조적인 관계가 확정되었다.

신성교의의 철학적 기초수양과 논리적 완성은 또한 결정적인 방법적 개선을 초래했다. 이제 비로소 본래의 스콜라적 방법으로 가는 다양한 절차와 교육적 접근이 통합될 수 있었는데, 그 본질적인 요소들은 대략 다음과 같이 기술된다. 즉 선명한 주도질문(quaestio)의 제시와 주변질문의 논리적 도출, 개념의 예리한 경계설정과 구분(distinctio), 개념적·논리적으로 엄격한 논증, 형식적으로 철저하게 조직된 논쟁에서 전개되는 근거와 반박근거의 고도로 분화된 논구, 발견된 바를 **신성교의**의 문맥 속에 확정적으로 배열하는 것으로, 이때 모든 단계에서는 해당되는 권위 있는 기독교 저작이 연관지어져야 했다.

그러나 아리스토텔레스의 저작, 기타의 새로운 텍스트 및 스콜라적 방법의 복잡한 논리학은 아퀴나스의 종합이 이루어진 후에도 서로 경쟁적인 해석에 이르는 동기를 충분하게 유발했다. 언급할 만한 것으로는 그 포괄적인 의미 때문에 무엇보다 옥스퍼드, 파리 및 쾰른의 신학교수였던 요하네스 둔스 스코투스(1265–1308)의 청년 프란체스코파적 경향을 들 수 있다. 이 학파는 자연철학 및 자연과학적인 성격을 강하게 띠었는데, 즉 권위에 대한 신뢰 대신에 입증 가능한 경험을 제시하는 옥스퍼드의 철학자 로저 베이컨(1214–1292)의 학파와 신비주의가 결합한 조류에 더 강력하게 기울어졌다. 옥스퍼드의 신학교수 후보생—즉 박사학위를 취득한 신분에 머물렀던—윌리엄 오캄(1285–1348)이 인도한 후기 스콜라 철학에서는 중세적 학문의 통일성 전체를 해체하기 시작했다. 결정적인 노선대립, 즉 다수의 교단, 교회 및 일반 정치적인 함의와 결부된 **구노선**(via antiqua)과 **신노선**(via moderna) 지지자들 사이의 대립은 물론 우선 신학부의 사안이었기에, 그 부분에서 더 상세히 언급할 것이다. 법학과 신학은 애초부터 강력하게 현세적·직업적 학문으로 강조되었다. 이런 까닭에 고도로 난해한 신학의 여러 문제들을 거의 다루지 않았고, 단지 이 **교의**와 그 세속적 지식의 관계만을 부분적으로 다루었을 뿐이다. 이러한 사실은 아마도 더 이상 특별한 언급이 필요하지 않으리라.

하나의 교설로서 스콜라 철학의 본질규정, 그리고 이 교설에서 특유의 방법을 도출하는 것은 텍스트에 탐구적으로 몰두하는 것보다 대학의 강의를 우선하는 근거를 마련하였다. 이러한 수업의 형태는 이론적 및 방법적 토대에서 도출되었다. 가장 중요한 것은 이미 언급한 바와 같이 강의(lectio)와 토론(disputatio)이었다. 강의는 각 교과목에서 정전화된 권위 있는 저작의 공개적인 강독과 코멘트에 이용되었다. 이는 교사가 장절별로 텍스트를 읽어 주고, 각기 읽어 준 부분에 방법적인 주석을 가하고 설명하는 방식으로 이루어졌는데, 이때 두 성분의 중점은 서로 변경될 수도 있었다. 수학자들은 경청하며, 경우에 따라서는 자신이 갖고 있는 텍스트에 의거하여 같이 따라 읽기도 하고 또 다소간에 상세한 비망록(reportationes)을 작성하기도 했다. 특히 중부 유럽의 여러 대학에서는 교사들이 강의록을 작성하고 이를 분배하는 공식적인 제도를 알지 못하였기에, 아예 받아쓰기식의 강의(pronunciationes)가 일반적이었다. 좀 더 세부적인 텍스트 다루기와 전달은 이미 언급한 대로 이른 오전의 주강의가 제공했다. 반면 뒤늦게 이어지는 강의는 보충적이거나 입문적인 성격을 갖고 있었다. 어떤 교사가 어떤 텍스트를 어떤 순서로, 어떤 날, 어떤 시간에 강론할지는 의무적으로 다루어야 할 텍스트의 서열과 마찬가지로 확정되어 있었다. 그리고 이 서열은 **정규 독서물**(libri ordinarii)과 **비정규 독서물**(libri extraordinarii)의 형식으로 구분되어 있었다.

토론(disputatio)은 강의와 긴밀한 관계를 유지하고 있었다. 강의는 관련되는 소재를 소개하고, 이를 주해하면서 전달하는 데 소용이 되었는데, 토론은 그 소재의 습득과 응용을 연습하는 것이었다. 이에 따라 주강의에 덧붙여 정규적이며, 규칙적인 주토론이 있었는데, 이는 적어도 매주 한 번씩 열렸다. 그리고 선택적인 강의에 대해서는 비정규적이며, 불규칙적인 토론이 개최되었다. 그 형태는 그러나 늘 동일했다. 담당교사는 관련된 교수 및 주도질문(quaestio)으로 수업을 개설했다. 선발되거나 원래 그렇게 하도록 규정된 다른 참여자들—이들은 대개 학생들이었다—은 미리 규정된 스콜라식 논증방식을 동원하여 최초의 답변을 제공했다(그래서 이들을 응답자들 respondentes이라고 했다). 경우에 따라서는 기타의 참여자들(즉, 반박자들 opponentes)이 학교식의 틀에 맞도록 도출된 반박질문을 제기하기도 했다. 결론은 교사가 결정(determinatio)을 지었는데, 이는 개진된 입장을 확인하는 종합이거나 정확한 해법의 제시로 이루어졌다. 학생들과 기타의 참여자들은 청중을 구성하고 있었는데, 이들의 역할은 경청에 한정되어 있었다.

기타의 수업형태는 연습(exercitationes)과 복습(repetitiones, resumptiones)이었는데, 이들 역시 내용적으로 그리고 자주 외부적으로도 하나의 강의에 연계되어 제공되었다. 이는 대개 하나의 협소한 집단, 그 핵심에서 무엇보다 각각의 학인집단에 관련되었기에, 콜레기움이나 부어제의 방에서 또는 교사 자신의 방에서 열렸다. 이러한 활동은 거의 기록되지 않았기 때문에 사료상으로는 파악하기 어렵다. 그렇다고 해서 반드시 덜 중요하다고는 볼 수 없는 이 수업형태 역시 강의와 토론에 방향을 두고 있었던 것으로 보인다. 이 수업은 이에 따른 의심과 검열 및 규제절차에서 과해진 벌로 짐작할 수 있듯이, 자유로운 질문과 더 개방된 토론을 가능하게 했다. 심지어 다른 어떤 경우에는 필수적인 라틴어의 사용마저 그만두었을지도 모르지만, 이는 더 이상 확인할 수 없다. 어떤 경우든 연습은 수업의 주로 구술적인 토대—독서조차도 아마도 반쯤 소리 내어 중얼거리듯이, 그리고 서술된 언어에 대한 합당한 존경과 함께 이루어졌던 것 같다—위에서 이루어지는 수업의 구술성(口述性)과 기억술의 스펙트럼을 완결 지었는데, 이 구술성에 대해서는 중세대학이 후일의 대학보다 훨씬 더 높은 가치를 부여했던 것이다.

교수들의 저작 생산은 우선 교수활동과의 연관 속에서 이루어졌다. 특히 새로운 자료가 발견되거나 자료가 새로이 개척될 수 있었던 과목, 즉 무엇보다 고대의 저작과 관련된 학예학부의 과목들에서는 새로운 안내, 주석 그리고 결국 교과서 및 신구의 지식을 정리하여 제공하는 개설서가 작성될 수 있었다. 다른 교과목, 특히 법률과 의학에서는 그 밖에 새로운 경험, 즉 최신의 법률 및 재판사례 그리고 질병사례가 편입될 수도 있었다. 신학의 경우에는 교회의 새로운 규정이나 결정, 이단의 도전

그리고 점점 더 다양해지는 경전의 해석—그 배경에는 신학과 세속학문의 지속되는 긴장과 모순이 개재되어 있었다—이 새로운 텍스트 작성의 필요를 야기했다. 이러한 연관 속에서 특별한 의미가 감정서(consilia)에 부여될 수 있는데, 이는 의사와 법률가뿐만 아니라, 신학자들에게도 더욱 더 많이 요청되었다. 마침내 증가하는 텍스트와 지식량은 이미 백과사전적 개관에 대한 수요를 강화했는데, 이는 지식의 연관관계, 즉 다양한 분과학문과 그 하부 분과 및 그 결합의 위치설정을 강화했다. 이러한 텍스트 형태에 미래지향적인 동력이 결부되어 있었음은 무엇보다 다음의 세 가지 사태가 입증한다. 첫째, 여백 주와 각주를 확장하고 단으로 구성하며, 다단편집을 도입하고, 다양한 색채의 잉크를 체계적으로 사용하는 등 전래된 텍스트 장르를 완벽하게 하는 것 외에도, 새로운 텍스트 장르, 특히 논문과 주제 제시문의 개발과 시험이 이루어졌다. 둘째로, 이미 인쇄술의 등장 이전부터 서적 제작에 거대한 폴리오판[11] 이외에도 휴대하기에 더 편리한 4절판 및 8절판이 도입되었다. 셋째로, 독서주기(注記)—밑줄 긋기, 여백 표기, 주제어, 요약 등—를 도입하고 확장한 것인데, 이는 대대적으로 기입된 "**요주의**(nota bene)"라는 표기에까지 이르렀다. "요주의"라는 표식은 매우 빈번하게 집게손가락을 펴서 무엇을 가리키는 손으로 상징되었다.

자유학예 Artes liberales

7개의 기초학문을 구분하고, 이를 언어에 관련된 학문군, 즉 문법, 변증법(또는 논리학) 그리고 수사학의 3과(Trivium)와 수리에 관련된 학문군, 즉 산술, 기하, 천문, 음악의 4과(Quadrivium)로 나누고, 이를 통틀어 자유학예로 부르는 관습은 이미 고대 그리스·로마로 소급된다. 이는 고대 말기

---

11 중세 필사본 및 근대 초기 인쇄본에서 자주 이용되던 서책의 가장 큰 판형으로서 대략 세로 40~45cm의 규격을 취하고 있다. '2절판'으로 번역되기도 하며, '2°'로 표기된다.

초기 기독교의 저작가들에 수용되었고 기독교 교의에 적응되었다. 특히 영향력이 강했던 사람은 아우구스티누스였는데, 그로부터 자유학예는 중세의 학문 및 교육관념에 안착했다. 그러나 장기에 걸친 수용경로와 이들을 습득하는 조건의 변동으로 다소의 변경이 초래되었는데, 이 점은 이 구상이 이미 당연한 것으로 대학에 수용된 후에도 여전히 중단되지 않고 있었다.

모든 학예의 기초로서, 그리고 그러한 한에서 단지 3과의 특유한 분과로만 여겨지지 않았던 것이 문법이다. 왜냐하면 문법은 언어의 형태, 의미 그리고 구문, 즉 모든 학문의 매개수단을 다루고 있었기 때문이다. 13세기 말까지 문법의 틀 안에서는 오로지 신구의 아리스토텔레스 이전의 텍스트만이 이용되었다. 아엘리우스 도나투스(310–380)의 『**고급문법**(Ars major)』과 『**초급문법**(Ars minor)』[12]은 다시 합쳐서 마치 격언같이 '도나투스'로 불렸다. 그리고 프리시아누스(6세기)의 『**문법강요**(Institutiones grammaticae)』 및 시가(詩歌)의 형태로 작성된 다양한 문법서들이 있었는데, 이들 중에는 프랑스의 문법학자이며 수학자인 알렉산더 빌라 데이(1170–1250)의 것도 있었다. 그때까지 알려져 있지 않거나 적어도 이용되지 않던 아리스토텔레스의 저작, 『**분석론 전후편**(Analytica priora et posteriora)』, 『**토피카**(Topica)』 및 『**소피스트들의 평판**(Refutationes Sophisticorum)』 그리고 『**형이상학**(Metaphysica)』 등의 수용과 학습은 우선 새롭고 철학적으로 매우 풍요해진 경향, 즉 사변적 문법의 등장을 초래했다. 이는 다음과 같은 방법에 근거를 두었다. 단어 및 단어의 의미를 나열식으로 대치시켜 체계적으로 계속 써 나가는 것인데, 그 결과 고대 이후의 단어들만 아니라 인위적으로 생성된 단어까지 포함하게 되었다. 이러한 방식으로 "구어적 형태로 구성된 보편적인 문법의 일종"(고든 레프)을 개발하는 시도는 13세기 중엽에 그 정점에 도

12 도나투스의 문법교과서는 통틀어 'ars grammatica'로 불리는데, 이들은 다시 '초급편(ars minor)'과 '고급편(ars major)'으로 분류되기에 이런 역어를 사용한다.

달했다. 이러한 노력은 특히 파리에서 많이 행해졌는데, 이후 중부 유럽의 대학으로 전파되었다.

문법과 직접 결부되는 것으로 간주된 것은 논리학 또는 변증법이었다. 이 분야에서는 말기 로마의 편찬자이며 주석가인 아닐리우스 만리우스 세베리누스 보에티우스(480–524)가 기준이 되는 작가였다. 그가 수행한 아리스토텔레스 텍스트의 번역 및 신플라톤주의자 포르피리오스(234–305)의 아리스토텔레스 입문서 번역은 관련된 주석 및 형식논리학에 관한 그 자신의 저작(그중에서도 『삼단논법 범주 입문(Introductio ad syllogismos categorios)』과 『가상적 삼단논법에 대하여(De syllogismo hypothetico)』)과 함께 모여 '구논리학'으로 불리는 교과복합체를 구성했다. 바로 위의 문법에서 열거한 저작 및 또 추가적으로 새로운 아리스토텔레스의 저작(『오르가논』)이 합쳐져서 '신논리학'을 발전시키는 기회가 제공되었다. 이는 비(非)아리스토텔레스적 사고를 대대적으로 편입시키면서 이루어졌는데, 이는 말하자면 기타의 그리스 저작, 예컨대 신플라톤주의자 프로클로스(410–483, 『인과론(Liber de causis)』)로부터 주석과 스스로의 저작으로 플라톤주의, 아리스토텔레스주의 및 아랍 철학을 서로 결합한 아랍 작가에까지 이르렀다. 아랍의 저작가 중에 그 정점에 있던 것은 이븐 루시드(Ibn Rushd, 라틴명 '아베로에스(Averroes)', 1126–1198), 이븐 시나(Ibn Sina, 라틴명 '아비체나(Avicenna)', 980–1037) 그리고 모세 마이모니데스(1135–1204) 등이었다. 내용적으로 이는 현저한 단순화를 의미했다. '구논리학'에서는 단순하고 형용적인 개념의 속성 그리고 역설론(Paradoxie)의 속성이 즐겨 다루어지고, 분석되고, 연습되었는데, 이제 조건적 결론, 삼단논법 및 복합적 입증이 전면에 등장했다. 특히 "가정적 문장과 미래의 우연적 현상에서의 오류적 결론—무엇보다 신의 예언이라는 신학적 문제와 연관지어—[…]라는 따위가 애호되는 주제가 되었다."(고든 레프) 가장 중요한 교과서로는 포르투갈의 의사이자 철학자, 그리고 나중에 교황이 된 페트루스 히스파누스(1201–1277)가 찬술한 『**논리학대계**(Summulae logicales)』가

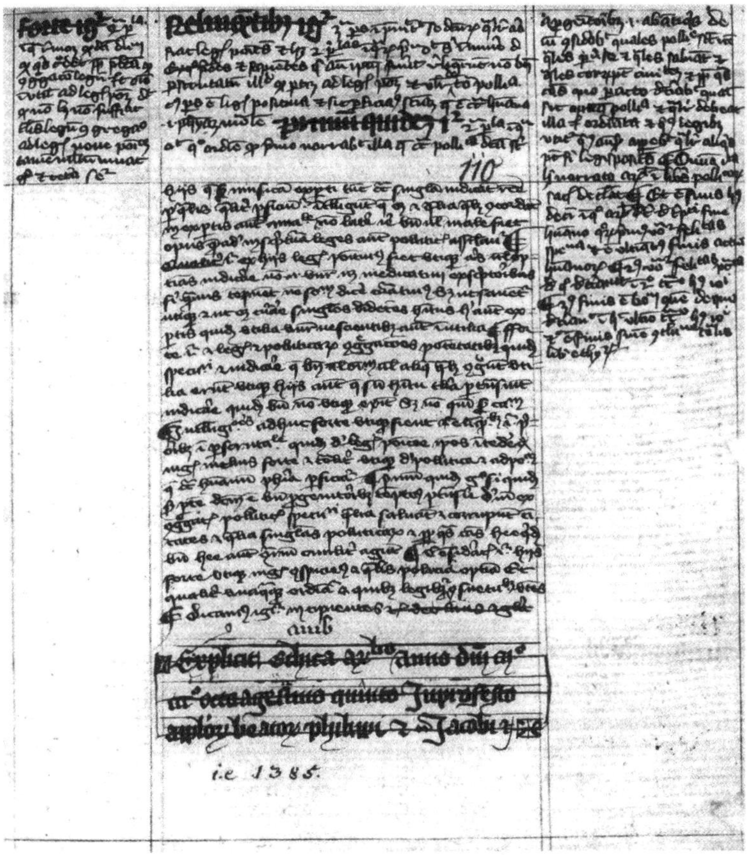

그림 2 마기스터 알베르트 폰 작센의 강의록, 프라하 1385(주석이 첨부된 아리스토텔레스 윤리학 텍스트의 일부) (Augsburg, Universitätsbibliothek Cod. II. 1. 2 6, 110r.)

나왔고, 이어서 윌리엄 오캄과 월터 벌리(14세기)의 관련 논고들이 뒤따랐다. 강의와 토론이 문법과 변증법의 각기 유효한 수준에 따라 지향해야 했던 다음에, '신논리학'은 불가피하게 직접 가장 중요한 교수형태를 관통했다. 더욱이 그 이상으로 신논리학은 또한 논리적 문제의 개척과 처리에서 새로운 형태를 제기했는데, 이는 차츰 주석과 질문(quaestiones)의 전통적인 형태를 능가하게 되었다. 이 이른바 **궤변론**(sophismata)은 논리적으로뿐만 아니라 수학적으로도 수행할 수 있었기 때문에, 또한 자연현상에도 즐겨 응용되었다. 변증법은 따라서 두 가지 점에서 중세 말부터 스콜라적 학문의 해체에 결정적으로 기여했다.

우선 그 분석적 형태의 제고라는 점에서, 둘째로 잘 알려진 바와 같이 아리스토텔레스에게는 전혀 혹은 거의 고려되지 않은 수학의 편입을 통해서라는 점이다.

문법과 변증법에 대조적으로 이 시기에 수사학은 그다지 각별하게 육성되지 않았다. 기준이 되는 교과서는 키케로의 초기작 『**발상론**(De inventione)』, 키케로의 작품으로 전해지는 위작 『**헤레니우스에 헌정하는 수사학**(Rhetorica ad Herennium)』, 그리고 나중에는 퀸틸리아누스의 『**웅변술 강요**(Institutio oratoria)』 등이었다. 아리스토텔레스의 수사학은 거의 주목되지 않았다. 왜냐하면 그는 우선 변증법자로 여겨졌기 때문이다. 그 본질적인 이유는 그것을 평가하는 맥락에 있었다. 문법과 변증법은 스콜라 학문의 핵심영역—신학—에 대한 직접적 관련성을 제시했지만, 수사학은 우선 현세적인 보조과학이었다. 『**발상론**』은 법률적 논증요구에 직접 요긴하게 소용되었고, 『**헤레니우스에 헌정하는 수사학**』은 그 중점을 공공연설의 실제에 두었기에 이와 같은 요구가 수반되는 모든 직업에 부응했다. 수사학 수업은 따라서 아주 실제에 근접해서 성공적인 서신, 법정 변론, 각종 서식 및 증서 작성 및 제한된 정도로 설교의 기술을 전달했다. 그럼에도 불구하고 그 수사학의 분과목인 **공증기법**(ars notaria), **문서**

작법(ars dictaminis) 등의 요구가 얼마나 광범히 유포될 수 있었는지는, 예컨대 1282년과 1295년 사이에 볼로냐의 교사 자크 드 디낭이 작성한 『**문서작법 대전**(Summa dictaminis)』이 그 증거가 되고 있다. 모든 신분의 수신자에게 정확한 위계와 서두형식을 작성하는 법을 전달한다는 직접적인 목적에서, 당시 사회의 모든 등급, 직업 및 집단에 대한 매우 체계적인 기술(記述)도 등장했다. 물론 이미 14세기에 대해서만 주목되는 일이지만, 이탈리아의 몇 개 대학에서는 미래지향적인 수사학의 전문화와 확장이 전개되었다. 전문화는 무엇보다 키케로 그리고 또 부분적으로 라틴어 원문으로 읽히던 기타 고대의 작가들을 탐구하고 있던 그런 사람들에 관련되었다. 명백히 하나의 소집단, 이른바 **작가들**(auctoristas)이 이 분야에서 특히 유능했다. 이 프로그램의 확장은 명백히 본질적으로 외부에서, 특히 군주들이 강요한 새로운 시인들(poetae)의 편입을 의미했는데, 이들은 의고적(擬古的)인 시와 산문을 짓고 이러한 활동의 면에서 교사자격을 획득했던 것이다.

아리스토텔레스는 양적이며 수학적인 크기와 관계 대신에 형상과 질료로 이루어진 형이상학을 대표했기 때문에, 수리적인 학예학, 즉 4과에 대한 그의 영향과 또 스콜라적 학문원칙의 영향은 비교적 제한된 채로 머물러 있었다. 이것이 의미하는 바는 한편으로 비아리스토텔레스적, 특히 아라비아의 영향에 대한 개방성이 더 커졌고, 실제적인 문제를 고려하는 기회가 강화되었다는 것이다. 다른 한편으로는 또한 아리스토텔레스적 스콜라 학문의 그 높은 명망이 상실되는 경향이었다는 것이다. 산술(arithmetica) 과목에서는 우선 보에티우스의 『**산술강요**(De institutione arithmetica)』가 가장 중요한 교과서였다. 이와 더불어 12세기 초부터 라틴어 번역이 나온 에우클리데스의 『**기하원본**(Elementa)』과 알렉산더 빌라데이의 『**수량론**(Massa compoti)』이 이용되었다. 실제적인 차원에서는 우선 주판(abacus)을 사용하는 지식과 교회력의 개선이 이루어졌다. 이를 위해서는 분명히 손을 사용하는 다양한 계산법이 전달되고 연습되었다. 즉 우선 뼈마디와 손가락에 의한 계산법이 그런 것이었다.

12세기 후반과 13세기의 변동은 또한 이 분야에서도 아랍의 지적 원천을 거쳐서 인도되었는데, 이는 특히 스페인을 거쳐 서구에 도달했다. 1세기가 넘는 기간 동안 이베리아 반도는 4과의 모든 과목에서 대학에 통용되는 지식수준을 창출하는 데 최선의 가능성을 제공했다. 이러한 지식은 스페인에서부터 그리고 근소한 정도로 시칠리아로부터 우선 남프랑스와 이탈리아에, 다시 일러도 13세기 말부터는, 분명히 네덜란드를 거쳐 또한 유럽 중부와 북동부까지 전파되었다. 전파자 역할은 주로 유태인 지식인들이 수행했는데, 이들은 아랍어 텍스트의 일부를 우선 헤브라이어로 번역했다. 가장 중요한 초기의 저작들은 무하마드 이븐 무사 알-콰리즈미(Muhammad ibn Musa al-Khwarizmi, 801-870)의 천문학 도판이었는데, 이는 **알고리스미**로 불렸다. 이 저작은 또한 대수학과 수학의 많은 분야를 포괄하고 있었는데, 특히 잉글랜드의 수학자이자 천문학자인 요한 데 사크로보스코(1195-1256)의 판본과 나아가 사크로보스코 자신이 저술한 논문 『**계산법**(Computus)』이 유명했다. 이러한 것들의 이용은 이미 암시한 바와 같이 논리학(변증법)이 부분적으로 수학화되는 결과를 초래했는데, 예컨대 옥스퍼드의 신학자이자, 상서이며 주교였던 로버트 그로스테스트(1170-1253)와 같은 사람들이 자연철학적 및 자연과학적 접근법을 지원했다. 14세기에 옥스퍼드의 머튼 콜리지에 집중되어 있던 공식적인 수학 학파는 그에 소급되는 것이었다. 로버트 그로스테스트와 이미 언급한 로저 베이컨은 전적으로 실제적인 목적에 관심을 갖고 있었다. 이를테면 한편으로 기독교 수학의 근대화와 같은 것이 있었는데, 이는 기독교의 연대계산이 유태교와 이슬람교의 그것에 비해 웃음거리가 되지 않게 하려는 목적이 있었다. 다른 한편으로 선교활동에서 제기되는 지리적인 문제를 해결하려고 수학을 동원하기도 하고, 또한 신학 지리적으로,

예컨대 고대 이스라엘의 사라진 10부족의 위치나 안티크리스트의 위치를 더 정확하게 표정한다는 목적 같은 것도 있었다. 새로운 수학의 교수법적 성취는 숫자놀음(rithmomachia)을 발명한 것은 아니라 해도 적어도 개선한 것이었다. 이 놀이는 복잡한 규칙에 따라 사각형 안에 한 자리 숫자의 조합을 표시한 패로 노는 것이었다.

이미 알고리스미를 언급한 데서 분명해졌듯이, 산술/수학은 당대의 관념에서 천문학과 직접 연관되어 있었다. 적어도 파리에서는 14세기의 혁신까지 두 과목은 심지어 다소간에 교체 가능하기도 했다. 가장 중요한 기초문헌은, 그 상세함과 복잡함 때문에 다양한 요약본이 즐겨 이용되었지만, 알렉산드리아의 수학자이며 천문학자였던 프톨레마이오스(기원전 2세기)가 저술한 『알마게스트』였다. 가장 널리 전파되었던 저작인 사크로보스코의 논고, 『천구론(天球論, De Sphaera)』도 이에 입각하고 있었다. 프톨레마이오스의 주석 중에서 특히 의미심장한 것은 알프라가누스로 불렸던 아흐마드 이븐 무하마드(Ahmad ibn Muhammad)의 주석이었다. 또 하나의 원자료는 존 노스의 말마따나 이미 13세기부터 유럽을 "폭풍같이 정복했던" 아르자헬(Arzachel)로 불렸던 이븐 알 자르칼리(Ibn al-Zarkali, 1029-1087)의 「톨레도식 천체운행계산표(Toledanische Tafeln)」였는데, 이에 기초하여 14세기로의 전환기에 「알폰소식 천체운행계산표(Alfonsinische Tafeln)」가 만들어졌다. 이들은 원래 카스티야어로 작성되어 1320년대부터는 라틴 세계에 전파되었는데, 특히 빨랐던 곳은 잉글랜드였다. 이들의 지속적인 수용과 이용은 이미 1483년, 즉 인쇄술의 초창기에 이루어진 인쇄본도 입증하고 있다. 실용적이고 구체적으로 행성운행의 계산으로 인도한 것은 물론 고유한 장르인 『행성이론(Theorica Planetarum)』이었다. 이 분야에서 특히 영향력이 크게 된 것은 나중에 나온 게오르크 포이르바하(1423-1461) 및 요하네스 뮐러(라틴명 '레기오몬타누스', 1436-1476)의 『신행성이론(Theoricae novae planetarum)』이었다. 이 저작은 심지어 1473년에 인쇄된 이래 1650년경까지

50판 이상 거듭 인쇄되었다. 이미 천문학의 혁신에 속하는 것으로는 4분의(Quadrant), 아스트롤라브[13] 그리고 기타의 관측기구들이 있었는데, 물론 이 기구들이 어떤 위치에서 어떻게 사용되었는지는 여전히 불분명하다. 끝으로 천문학의 외곽에서 점성술이 또한 어느 정도 고려되었는지에 대해서는 거의 자료가 남아 있지 않다. 점성술적 주제가 언급되었고, 학생들 측에서도 요구되었던 것은 확실하다. 그러나 점성술이 비기독교적이라는 이유로 스콜라적 금기에 처해진 뒤에는, 이것이 공식적인 수업활동에 오른 적은 거의 없었던 것으로 보인다. 반면 일련의 필사본이 전해지고 있는데, 이는 부분적으로 대학의 교사들이 집필했던 것으로 입증된다.

새로운 저작과 사고의 쇄도가 야기한 혁신은 이 자리에서 더 상세히 서술할 수 없다. 그리고 천문학 및 수학의 특수한 지식이 결여된 상태에서는 더더욱 파악하기가 어렵다. 다만 적어도 다음과 같은 점을 확인할 수 있다. 우선, 프톨레마이오스식 세계관이 그 본질적인 차원에서 비로소 그 전모가 올바로 알려지게 되었다. 둘째, 그 수학적 측정과 해석이 시작되었다. 셋째, 이 과정에서 기술, 공식 및 전문용어가 개발되었는데, 이에 이어 후일의 천문학이 발달하고 전혀 새로운 인식을 촉발할 수 있었다. 넷째, 대학의 천문학은 긴요한 관측기구의 이용, 전파 및 일층 진전된 발달에 기여했는데, 그중에는 당대 최신의 에콰토리움[14]인 리처드 월링포드(1292–1336)의 알비온이 대표적이었다. 다섯째, 중세의 천문학은 천문학 및 점성술적 의학의 구상에 대한 몇 가지 중요한 발상을 창출해 냈다. 여섯째로 확인되는 바는 천문학적 활동의 특정한 중심—옥스퍼드 외에 특히 볼로냐, 살라망카, 크라카우 그리고 나중의 빈—은 이러한 수리 4과가 거의 다루어지지 않거나 또는 단지 관습적으로만 운영되었던

13 Astrolab: 별의 위치, 시각, 경위도를 관측하는 기구. 고대 그리스에서 고안되어 중세까지 아랍과 유럽에서 사용되었다.

14 Aequatorium: 프톨레마이오스 천체이론 체계 안에서 기하학적 방법으로 태양과 달 및 기타 행성의 위치를 파악하는 데 쓰인 천문관측기구.

대학들과 대비되고 있었다. 그 가장 중요한 예는 신학과 변증법의 중심이었던 파리 대학이다. 일곱째, 천문학 지식체는 학예학계의 다른 지식 영역과 같이 진전되고 있던 철학적, 사변적 하중에 짓눌렸는데, 이미 기독교적 우주론에 도전하는 본질적인 맹아를 발전시켰다. 우리가 곧 보게 되겠지만, 이 성과는 이미 당대에 학예학부의 과목 스펙트럼이 확장된 것으로 드러나게 되었다.

척도와 비율을 다룸으로써 천문학과 직접 관련되어 있던 기하학의 영역에서는 유클리데스의 『**기하원본**』이 정전화된 교과서로서 출발점을 이루고 있었다. 이미 아주 일찍부터 이 분야에서는 나중에 풍부한 귀결을 초래한 양분법이 드러나고 있었다. 정역학(靜力學)과 광학이라는 방향으로 전문화되기 시작하는 출발점을 이루었던 실용기하학 이외에, 점점 더 사변적인 기하학이 대두했다. 광학을 경향적으로 고유한 하부 분과로 끌어올리기에는 특히 이미 언급한 로버트 그로스테스트의 역할이 결정적이었다. 그러나 그에게는 아부 알리 알-하산 이븐 알-하이트남(Abu Ali Al-Hasan Ibn Al-Haitnam, 라틴명 '알하젠(Alhazen)', 965-1041)의 선구적인 저작, 『광학(Optica)』이 아직 알려지지 않은 채였다. 그로스테스트의 시각은 특히 로저 베이컨, 쉴레지엔 사람 비텔로(1235-1274) 그리고 존 페컴(1230-1292) 등이 지속해서 추구했다. 사변 기하학의 영역에서는 특히 요르다누스 네모라리우스(1237년 사망)의 논고, 『**삼각형에 관하여**(De triangulis)』가 의미심장하게 되었다. 우주론적 그리고 마침내 우주론 및 신학적 주제에 기하학을 사변적으로 응용하는 것 역시 규칙의 검증보다는 그 습득에 중점을 둔 기하학 수업이 초래한 결과였다.

놀랍게도 음악을 수리 4과에 배치한 것은 이를 수학적 과목으로 보는 전통적인 인식에 근거를 두고 있다. 즉 음악은 이론적으로 파악할 수 있고, 기술할 수 있는 상관관계와 조화에 기초를 두었기 때문이다. 이러한 인식은 이에 따른 기초저작으로 지지되었다. 그 정점에는 보에티우스의

『음악강요(De institutione musica)』가 있는데, 이는 원래 그의 산술에 연속되어 있는 것이었다. 이러한 인식은 결과적으로 다음과 같은 사태로 귀결되었다. 즉 음악도 새로운 수학 텍스트와 사상에 포섭되기에 이르렀고, 동시에 그 가장 중요한 대표자로 산술이나 천문학에 중요한 기여를 한 지식인들이 꼽히게 된 것이다. 그 사례로는 프랑스의 수학자 요하네스 데 무리스(1300–1350)와 잉글랜드의 천문학자 월터 에브샴(14세기) 같은 이들이 거론될 수 있다. 수학적 사고의 발달과 병행하여 수학적 시각과 그 일층의 발전이 이루어졌지만, 그렇다고 해서 실용적인 응용이 전혀 존재하지 않았음을 의미하는 것은 아니었다. 기본적으로 그 전환을 상징하는 것으로 이미 음계측정기구가 있었고, 이는 수업에도 사용되었다. 또한 동시에 이른바 모노코드라고 하는 악기도 있었다. 이는 길게 줄이 켕겨 있는 긴 상자 모양으로 되어 있는데, 이리저리 밀어낼 수 있는 가로대로 그 진동, 즉 음의 고저를 변화시킬 수 있었다. 그리고 다양한 종을 이용한 연주 같은 것도 있었다. 가장 중요한 음악학적 진보 중 하나는 음의 표기를 위해 비례 수 대신에 문자를 도입한 것이었는데, 이로써 마침내 악보가 출현하게 되었다. 이러한 작업은 파리와 그곳에 소재하는 성당 및 다른 교회의 주변에서 이루어졌는데, 이는 실용적 응용을 더욱 분명하게 입증하는 사실이었다.

12세기부터 이용 가능해진 새로운 지식의 개척과 그 습득은 기존의 학예학 과목을 변화시켰을 뿐만 아니라, 적어도 대학의 일부에서, 물론 아직 확고하지 않지만 또한 새로운 분과학문이 형성되는 데도 작용했다. 이 과목들은 속담식으로 말해서 이른바 '세 개의 철학'이었다. 새로운 아리스토텔레스의 저작 중에서 특히 도전적이었던 것은 이미 언급한 바와 같이 물리학, 논리학 및 형이상학에 대한 논고들이었다. 또한 가장 중요한 아라비아의 주석들, 그중에서도 이븐 루시드(아베로에스)의 그것도 이 영역을 목표로 하고 있었다. 그의 이름을 딴 아베로에스주의는 형이상학(논리학)만이 아니라 또한 자연철학도 집중적으로 주목을 받게 했다. 새로운 히포크라테스, 갈레노스, 프톨레마이오스 및 아랍의 요소들이 첨가되었을 때, 두 지식영역은 우선 스콜라 철학에 덜 지배되던 대학에서, 그리고 또한 대개의 다른 대학들에서도 분과학문으로 자립하게 되었다. 새로이 개척된 아리스토텔레스의 텍스트 중에는 더욱이 빌헬름 폰 뫼르베케[15]가 번역한 『정치학』(1260)도 있었다. 이는 오래전부터 적어도 부분적으로나마 알려진 『니코마코스 윤리학』으로 주의를 돌리게 했다. 두 개의 텍스트는 합쳐서 아리스토텔레스적인 실용 학문이나 도덕철학에 대한 시야를 열어 주었는데, 이들 역시 점점 더 적어도 하부 분과학문으로 정착되어 갔다. 따라서 형이상학과 자연철학(물리학)이 기독교적 질서관념의 스콜라적 전제와 원칙에 도전하였던 반면, 도덕철학은 점차 의식되었듯이, 기독교 이전 또는 비기독교적 인간학과 도덕론의 대안을 제공했다.

그러나 또한 다른 종류의 발전도 주목된다. 저명한 신학자와 이미 언급한 로저 베이컨 같은 대학구성원 그리고 아마도 중세의 가장 중요한 만능 지식인 라몬 룰(1232–1315)은 중근동 지역의 종족을 선교하는 일에 대학이 더욱 강력하게 참여해야 한다고 역설했다. 이들은 이러한 참여를 특히 대학에서 언어교습의 확대로 생각했다. 그리하여 1311/12년 비엔느(Vienne)에서 열린 공의회는 학예학부의 틀 안에서, 적어도 로마, 파리, 볼로냐 및 살라망카의 교황 직할 대학에서만이라도 헤브라이어, 그리스어, 아랍어 그리고 칼데아 및 시리아어의 강독 과정을 개설할 것을 결의했다. 이러한 결의는 물론 오직 로마와 옥스퍼드에서만 잠정적으로 실행되었던 것으로 보인다. 마찬가지로 학예학부 개설과목의 언어적 확장은 옥스퍼드에서 계획된 프랑스어 강독의 개설을 의미했는데, 이에는 법

15 Wilhelm von Mörbecke(1215–1286): 오늘날 벨기에/네덜란드 출신의 성직자. 일찍이 도미니쿠스 교단에 입문하고, 비잔티움 지역의 선교사로 활동. 토마스 아퀴나스의 주문으로 아리스토텔레스의 저작 전부를 라틴어로 번역하거나, 기존의 번역을 전면 개정.

학부의 대표자들도 협찬했다. 즉 이는 그들의 학생들이 프랑스의 국왕 법정에서 더욱더 널리 이용되던 국민어에 숙달되도록 하기 위한 것이었다. 이에 반하여 신학자들의 설교 필요라는 틀에서 생각할 수 있는 속어 강좌의 확장에 대해서는 알려진 것이 없다.

끝으로 언급할 것은 스콜라적 대학 자체는 마법(artes magicae)과 접촉하지 않은 바가 없었다는 점이다. 물론 이러한 접촉의 정도는 더 이상 정확히 확인할 수가 없다. 1277년 파리의 주교 스테판 탕플리에가 발포한 판결문은 학예학부 교사들이 작성한 219개의 문장을 이단이라고 비판했으며 이는 일반적으로 아리스토텔레스 및 아베로에스적 사고에 대한 비난으로 여겨지고 있다. 어찌됐든 이 판결문의 초입부에는 또한 한편으로 13세기 초부터 후고 폰 산탈라의 번역으로 유포되던 아부 사이드 칼리파(Abu Said Khalifa)의 이른바 『게오만티(Geomantie)』에 대한 저주, 다른 한편으로 기타 "흑마술적 내용을 담고 있거나 귀신 쫓는 행위, 악마 부르기 및 악마와의 서약적 결합 등 영혼에 해로운 내용이 포함된 서적, 두루마리 및 편철본"(클라우스 헤르버스)에 대한 저주도 발견되고 있다. 이러한 마법을 다룬 텍스트 역시, 이렇게 명백히 확인되고 있듯이, 공개적으로 대학에서 가르치고 들을 수 있었다. 분산적으로 발견되는 다른 증거들도 몇 개의 다른 대학들에서 유사한 사정이 있었음을 지시하고 있다. 번역 및 수용사는 대개의 경우 다시금 스페인, 구체적으로 톨레도를 이러한 사상적 유산의 원천으로 지적하고 있다. 아랍 및 이슬람권으로부터의 문화전파는 따라서 교회 및 기독교의 견지에서 보면 아리스토텔레스적 도전보다 더욱 염려스러워 보였음에 틀림없는 지식도 포함하고 있었다.

의학

대개의 중세 대학이 의학부를 설치했음에도 불구하고, 이 영역에서는 단지 일부만이 성공적이었다. 13세기 중엽까지는 이미 10세기부터 중요한 의학전통을 세워 왔던 살레르노 대학이 전 유럽적으로 지도적인 지위를 차지하고 있었다. 15세기 1/3분기까지는 볼로냐, 몽펠리에 및 파리가 이에 가담했다. 이때 비로소 대두하기 시작한 것은 파두아 대학이었다.

기술학(artes mechanicae)의 지식 및 실용 분야가 대학의 학문으로 자리잡을 수 있었던 것은 의학의 학문적 성격을 대표했던 고대적 전통이 그에 상응하여 선호됐던 덕분이었다. 이 전통에서 중요한 것은 히포크라테스(460−377 B. C.)와 갈레노스(129−199)로 소급되는 방법이었는데, 이들의 저작은 이미 중세 초기부터 알려졌었다. 살레르노에서는 그 독특한 위치와 관계망으로 인하여 이미 일찍부터 그리스 저작의 아랍어 번역과 아랍의 저작을 참고할 수 있었는데, 11/12세기부터는 결락된 잔여부분과 새로운 저작들이 라틴어 번역을 통해서 접근할 수 있게 되었다. 살레르노의 의학자들은 이러한 문헌들을 편찬하고 보충했다. 특히 유명한 것은 『**아티첼라**(Articella)』라고 불렸던 집대성이었는데, 이는 다른 무엇보다도 히포크라테스의 경구와 예후학, 갈레노스의 『**의술**(Ars medica)』 그리고 후나인 이븐 이샤크(Hunain Ibn Ishaq, 라틴명 '요하니투스(Johannitius)', 808−977)의 『**입문**(Isagoge)』을 통합한 것이었다. 그 밖에 교과서로 들 수 있는 것은 그리스 의사 디소코리데스(40−90)의 『**의학자료**(Materia medica)』, 이븐 시나(아비체나)의 『**정전**(Canon)』 그리고 여러 가지 다양한 아랍의 의학 백과전서류가 있었는데, 이들은 의학적 임상경험에 광범한 주의를 기울였다.

이미 이 학부의 태생적 결함, 즉 의심할 여지가 없는 자유학예를 대표하는 것도 아니고, 따라서 즉각 대학에 어울리는 것으로 간주될 수 없었다는 점 때문에, 새로운 텍스트의 저자들은 이미 그 시야를 이론적, 체계적 부분으로 돌리고 있었다. 아리스토텔레스를 비롯하여 기타 새로 개척된 고대와 고대 이후 저자들의 새로운 자연철학, 천문학 및 점성술, 또 도덕철학적 관념체계가 더욱 선명해지면서 이러한 경향도 강화되었다. 이미 살레르노의 의학자들은 이러한 지식체계를 그들 전공의 학문이론적 기초로 이용한다는 주목할 만한 시도를 했다. 볼로냐와 다른 대학의 의학부에 있는 그들의 동료들은 당대의 변증법과 산술적 방법 및 정의로 이러한 구상을 추가적으로 풍부하게 했다. 이러한 노력은 이런 방식을 구사함으로써 그들이 공격받을 수 없게 하기 위한 것이었다. 그 밖에도 이들은 자연철학, 천문 및 점성술 그리고 도덕철학적 지식을 채용하여 그들의 의학지식을 보충하려고 시도했다. 그리하여 예를 들자면 기후이론 및 점성술적 질병해석이 견고해지고 히포크라테스 및 갈레노스식의 체액설이 바로 우주론적 상부구조를 획득하게 되었는데, 이는 그런 이유에서 또 신학자들과 형이상학자들로부터 비판적인 코멘트를 받게 되었다. 이러한 국면의 증거로 들 수 있는 것은 아마도 파두아에서 가르치던 페트루스 아바노(1316년 사망)가 저술한 『**철학자들과 의학자들의 차이점의 중재자**(Conciliator differentiarum philosophorum et precipue medicorum)』와 같은 저작인데, 이는 사실상 필자가 파리에서 수행한 의학공부 경험의 보고서였다. 이 저작이 가장 중요한 의학교과서의 하나로 등장할 수 있었던 것은 의심할 나위 없이 문제상황의 긴급성을 입증하고 있다.

그 반면에는 임상적 실천의 요구가 있었다. 대학의 의학이 대학 밖의 외과의나 치료사에 대하여 자신의 지위를 주장하려면, 그 역량을 또한 치료의 성과로 강조해야만 했다. 대학 운영주체, 즉 군주나 도시는 일정한 직역봉사를 기대했는데, 이는 시의(侍醫)나 도시 의사의 시험과 면허 부여를 포함한 의사의 양성으로부터 그에 상응하는 감정서의 작성에까지 이르는 것이었다. 예컨대 볼로냐에서 의사들은 법의학적 해부의 의무까지 지고 있었다. 파리의 의사들은 1348년에 국왕 필립 4세를 위하여 페스트의 원인에 대한 감정보고서를 작성해야 했다. 군주들을 위한 시의는 의학부에서 충원이 되거나 반대로 의학부에서 교수로 근무할 것이 강제되었는데, 이들의 수는 명백히 많은 것이었다. 이러한 실제적인 측면도 역시 수업에서 고려되었다. 이에 따라 위대한 교과서 외에도 또한 모든 부분영역, 예컨대 식이요법에서 제약학에 이르기까지에 대한 군소의 특수 문헌들도 채용되었다. 심지어 시체해부마저도 일찍부터 허용되었다. 그리하여 1316년 볼로냐에서는 시체해부가 의사 양성의 목적에서가 아니라 물론 법의학적 이유에서 행해졌으며, 그 주요한 선도자는 또한 관련된 교과서를 내놓았다(Mondino de Liuzzi, 1270년생, 『해부학(Anathomia)』). 그리고 몽펠리에에서는 1340년에 이런 일이 행해졌다. 동시에 초기형태 의학실습이 보편화되었다. 어쨌든 몇 개의 조례는 골절의 치유, 상처의 치료, 종기의 수술 등의 경우에서 의사의 증명서를 규정하기도 했다.

조직상의 귀결, 즉 이에 상응하는 강좌의 전문화는 물론 아직 명백히 이루어지지 않았다. 교수업무는 여전히 교수들의 관심과 각별한 자격에 따라 배분되었다. 물론 사료상황이 그다지 유리하지도 않은데, 무엇보다 각지의 사정이 매우 상이했던 것이다.

이 점은 수학기간에도 해당된다. 볼로냐에서는 규정상 10년 이내로 종결될 수가 없었고, 몽펠리에에서는 아직도 7년가량이 걸렸다. 그 밖에 제고된 가치는 규정에 부합하는 학예학 시험의 종료에 놓여 있었다. 그것도 의사에게 유용한 말하기와 쓰기 능력의 습득이라는 점에서만이 아니라, 또한 바로 의학의 철학적 기초 및 자연철학, 자연과학적 지식이라는 측면에서도 드러나고 있었다. 특히 의학부에서는 보충적인 수업, 예컨대 의료 화학과 약초학에 대한 수업이 개최되었는데, 이는 실용적인 역량의 과시라는 필요 때문에 통상적인 교수형태를 넘어서는 것이었지만, 이러한 종류의 기본지식은 명백히 학예학부에서 습득하는 것이 선호되었다. 광학과 이와 연계된 진단술과 같은 것은 예컨대 파리와 볼로냐에서는 직접 협업이 이루어지고 있었다.

반면 민간의술의 충격과 지식이 대학의 의학에 도달했었는지는 논란이 분분하다. 사회사적으로 이에 대해서는 14세기의 마지막 3분기부터 확대된 기회가 있었다. 왜냐하면 세기 중엽에 창궐한 페스트로 일부의 유명한 의학교수들이 희생되고 모든 인간 능력의 한계가 드러났을 뿐만 아니라, 이 전문영역의 매력 역시 하락했기 때문이다. 그 결과 의학생과 의학교수들 사이에 이전에는 지배적이었던 의사의 자제들이 분명히 감소하고, 그 대신에 의학과는 거리가 먼 배경에 출신 기원을 둔 빈곤한 학생들의 비중이 증대했다.

법학

중세의 대학에서 다루는 법학은 두 개의 원초 대학에서 출발했다. 볼로냐와 또한 볼로냐적 전통에 서 있던 대학들—파두아, 파비아, 페루지아 및 시에나, 또한 몽펠리에, 오를레앙, 툴루즈, 아비뇽—에서는 교회법만이 아니라 민법 그리고 추가적으로 지역법(구체적으로 우선 롬바르디아의 도시법)이 다루어졌지만, 파리와 파리의 전통에 서 있던 대학들—옥스퍼드, 신성로마 제국의 대학들—에서는 교회법의 취급이 우세했다.

로마법의 결정적인 자료는 『로마법 대전(Corpus iuris civilis)』이었는데, 이는 4부분(Institutiones, Digesta/Pandectae, Codex, Novellae)으로 구성된 것으로 황제 유스티니아누스(6세기)가 명하여 이루어진 고대 로마의 황제 및 법률가법의 텍스트 집성이다. 교회법에는 『교회법 대전(Corpus iuris canonici)』이 기초가 되었는데, 이는 나중에 성립된 것으로, 6개 부분(Decretum Gratiani, Liber extra, Liber sextus, Clementinae, Extravagantes Johanni XXII., Extravagantes communes)으로 구성되었고, 내부적으로 덜 완결되었기에 해석의 필요성이 더욱 심하게 제기되는 교회법의 집합체였다. 또한 불가피하게 관련되는 후일의 법률, 포고, 계약 또는 담당관서 및 인정된 법률가의 기록 등도 편입되었다.

법학자들은 이들 법원(法源)에 수록되어 있던 결정들을 해석하고 설명하여, 이로써 법률실무에 이용 가능하게 만드는 것을 자신들의 과업으로 보았다. 이를 위해 개발된 방법이 처음에는 이른바 주석학 체제(Glossensystem)였다. 이것은 어휘 하나하나에 대한 주해로 이루어졌는데,

우선 텍스트의 여백주(餘白註)와 행간의 삽입으로 고정되고, 그리고 나서 이에 따른 부록과 개별 장절에 대한 비판적인 해설, 종국에는 온전한 서책으로 발전했다. 대학의 수업에 채용된 중요한 주석가들로는 우선 프란치스쿠스 아쿠르시우스(1185-1263), 베르나르도 데 보토네(1266년 사망) 또는 요하네스 안드레아(1270-1348) 등이 있었다. 아리스토텔레스 저작의 발견과 수용으로 법학자들도 더 나은, 무엇보다도 법해석에서 변증법 및 논리적으로 더욱 예리하게 다듬어진 가능성을 장악하게 되었다. 이러한 토대 위에 이른바 후기 주석학 체제(postglossatorisches System)가 수립되었는데, 이는 주석과 해석을 어휘로부터가 아니라, 보편적이며 법률적인 이성의 원리에서 도출하는 것이었다. 이러한 사조를 결정적으로 대표했던 이들은 바르톨루스 사스페라토(1313-1357), 발도 델리 우발디(1327-1400) 그리고 피에르 드 벨페르쉬(1308년 사망)였다. 그 기원과 중점은 이탈리아 법학에서 후기 주석학 체제가 **이탈리아식 방법**(mos italicus)으로 불리게 되는 작용을 했다. 이 장르는 다시금 교회법과 민법을 체계적으로 서술하고 다루는 시도를 용이하게 했는데, 이로써 전승의 결락부분과 모순을 더욱 분명하게 드러냈을 뿐만 아니라, 또한 이러한 결락부를 이성적 추리로 메우려는 노력이 촉진되었다. 그러나 이러한 방법은 문헌학적 및 역사적 비판에 거의 또는 하등의 여지를 용인하지 않았다. 두 개의 대전[16]과 이에 첨가된 법령, 포고, 판결 및 이에 대한 정전화된 주석과 해석이 함께 구성했던 텍스트 및 지식의 결합체는 모든 대학의 법학부에서 **공통법**(ius commune), 즉 공통의 유럽법으로 가르쳤다. 다른 법률, 즉 영역국가나 지방의 법률을 편입시키는 것은 우선 부차적인 것으로 여겨졌다.

법률 수업은 정련된 형식적 절차, 정의 및 개념의 응용이 특징이었다. 외면적으로 논쟁에 부쳐진 텍스트가 요점(punctae)별로 정리되었다. 각 요

16 즉 로마법 대전 및 교회법 대전.

점의 취급은 정규 및 비정규 강의에서 미리 확정되었고, 이에 따른 시간 계획이 게시되었다. 내용적으로 6개의 개별적 작업단계까지 명시되고 **주강의**의 기초로 마련되었다. 이는 주제 또는 사건(casus)의 요약으로 시작하여, 이를 설명하는 강의(littera) 그리고 유사한 자료의 인용과 반박을 거쳐 종결 짓는 고시문 형식의 결론(notabilia)에 이르렀다. 이에 따라 관련된 알파벳식 색인 및 기타의 목록이 생성되었는데, 이는 단지 **주강의**에서만이 아니라, 토론에서도 이용할 수 있었다. 해명과 해석작업은 이미 암시한 바와 같이 경험, 즉 최신의 판례를 점점 더 고려해야 했기 때문에 더욱 복잡해졌다. 이 작업은 무엇보다 문제제기의 차원으로 밀고 들어왔기 때문에, 이 방법은 또한 법의 영역에서도 학문사적으로 가장 중요한 방법으로 평가해야 한다. 각각의 해석 수준, 또 아무튼 여러 세기 전에 만들어진 법을 당대적 사정에 적응시킨 것을 각종의 총람(ordines iudiciarii) 및 **참고서류**(consilia)가 문서적으로 증명하고 있다.

전달해야 할 자료가 지닌 고도의 복잡성을 고려하여 법학에는 처음부터 연습, 복습 그리고 기타의 보충적인 수업 및 이에 따른 교사의 전문화(그래서, Digesta, Pandectae 등등을 전담하는 교수)에 대하여 평균 이상의 수요가 있었다는 특징이 있다. 법학의 수학에서는 그 밖에도 학생들이 가장 일찍 그리고 가장 많이 필기를 했던 것으로 보인다. 어쨌든 학생들이 작성한 강의 및 토론의 필기(recollectae)가 주목될 만한 수로 전승되고 있는데, 이는 부분적으로 명백히 여러 세대 이상에 걸쳐 전해지고 이용되었었다. 법학의 수학과정은 또 다른 특수성을 보이고 있었다. 볼로냐식의 전통에서는 민법상 법학사에게는 형식적인 시험이 면제되어 있었는데, 이는 각각의 지도교수가 발휘하는 영향력을 더욱 강화했을 것으로 보인다. 그리고 마기스터 학위가 아니라 단지 독토 학위만 수여되었는데, 두 가지 박사학위 시험(licentia, inceptio)은 단지 시험을 주관하는 위원회 앞이 아니라, 전체 교사단(Doktorkollegium) 앞에서 시행되어야 했다. 이 교사단에는 점점 더 또한 대학인이 아닌 법률가, 즉 판사와 변호사 또는 공증인도 참여하게 되었다. 교회법에서도 유사한 발전이 이루어졌는지는 분명하지 않다. 다만 확실한 것은 이 분야에서는 교회가 그들의 영향력을 유지하는 데 대단한 가치를 부여했다는 점이다.

그 밖에 거의 예외 없이 성직자들이었던 교회법학자들과 볼로냐식 전통에서는 이미 거의 속인들이었던 민법학자들의 관계는 매우 다양하게 조성되었다. 이미 주목되었던 바는 다양한 대학들이 이러저러한 중점을 형성해 냈다는 것이다. 때때로 (예컨대 옥스퍼드에서는) 두 가지 과목이 일시적으로 각각의 별개 학부로까지 조직되었다. 부분적으로 교사들은 양 학부에서 활동하고, 또 부분적으로는 그렇지 않았다. 그러나 전체적으로 보아 교회법은 의심할 나위 없이 더 많은 수의 학생과 졸업생을 보유했고 따라서 교사의 수도 더 많았다. 성직자 신분의 학생들에게는 그렇지 않아도 달리 선택할 여지가 없었다. 교회에서는 가장 유리하고, 다양하며 또 지리적으로 가장 넓게 조정할 수 있는 출셋길이 기다리고 있었다. 그리고 교회법의 자격은 그 밖에도 교회가 아닌 직업목적에도 가장 잘 응용될 수 있었다. 이러한 조건들은 비례적으로 볼 때 명백히 매우 의미 있는 부분을 차지했던 학생들, 즉 교수면허(리켄치아)나 박사학위를 취득하지 않고 학교를 떠났던 학생들에게도 해당되었다. 이렇게 볼 때, 법학의 수학은 의학의 경우보다 그다지 오래 걸리지 않았던 것으로 보인다. 그러나 박사학위를 취득하는 데 드는 비용은 놀랍도록 비쌌다. 특히 유명한 볼로냐의 경우 더욱 그러했는데, 이는 물론 결과적으로 일정한 사회적 선별을 수반하는 것이었다. 우선 **부유한 학생들**이 그곳에서 박사학위를 취득했다.

법학의 기여, 즉 한편으로 방법적 및 내용적 공고화, 또 다른 한편으로 스콜라적 학문을 의문 삼는 것에 기여한 바에 대해서는 이 자리에서 광범히 다룰 수 없다. 왜냐하면 이 작용은 고도로 복잡했기 때문이다. 그러나 일반적으로 확인할 수 있는 바는, 법학의 수학이 법률적 내용의 전달을 넘어서 결정적으로 논리적, 체계적, 분석적 및 추상적 사고를 심화시켰다는 점이다. 물론 이 점에서는 우선 학예학부가 그 기초를 전달했다.

신학

신학부는 그 이름이 아마도 대학 이전 단계의 성서해석학 집성에서 유래된 것으로 보인다. 이를 대표하는 저작은 즉 프랑스의 철학자이자 신학 지식인이었던 피에르 아벨라르(1079–1142)의 『**학인의 신학**(Theologia scholarium)』 및 질베르 프와티에(1075–1154)의 관련된 논고이며 주석인 『**삼위일체에 대하여**(De Trinitate)』였다. 신학이 다루는 지식의 영역과 문제는 이미 일찍부터 형성되었다.

신성교의의 기본 텍스트는 예전부터 성서였는데, 이는 엄청난 내부적 긴장을 안고 있었으며, 높은 수준의 해석적 필요성을 제기하는 특징이 있었다. 어떤 방식으로 해석할지는 결정적으로 이미 아우구스티누스와 기타의 교부들이 발전시켰다. 이들에 의하면 이교도의 자유학예는 기독교적 복음의 실제적 전파를 위해서도 포기할 수 없을 뿐만 아니라, 그 해명과 해석을 위해서도 유용했다. 공공연히 논리학을 성서해석의 보조수단으로 선전한 이는 누구보다도 나중에 실베스터 2세로 교황위에 오른 제르베르 오리약(945–1003)이었다. 신앙과 이성의 관계를 동시에 체계적으로 서술하려고 시도했던 최초의 응용으로는 잘 알려진 바와 같이 캔터베리의 안젤름(1033–1109)이 그 사례를 제공했다. 그의 해법은 대개의 성당학교에서 이루어지는 신학수업에 수용되었는데, 이 시기에 성당학교는 성직자 양성을 담당하고 있었다. 앞서 말한 아벨라르는 역시 저명한 안젤름 드 랑(1117년 사망)의 제자였는데, 이미 이런 배경에서 더 결정적인 진보를 이루어 냈다. 즉 성서해석을 더 이상 오로지 자구적, 역사적, 은유적, 비유적, 도덕적 또는 종말론적 의미에서의 해석으로만 한정하는 것이 아니라, 이를 교부들의 언표와 비교하여 체계적이며 논리적으로, 합목적적인 질문을 통해서 드러내는 것이었다. 이러한 문제제기는 나중에 **자유로운 질문**(Quodlibet)으로 보충되었는데, 이의 도입과 함께 학문적인 성서해석과 **신성교의**의 체계적인 파악과 서술을 위한 길이 열렸다. 개별적인 내용은 이제 각각의 명제(sententia)로 표현될 수 있었고, 이 명제들은 새로운 방식의 집성으로 통합될 수 있었다. 전통적인 성서해석과 포괄적인 **신성교의**를 통해 고유한 학문, 바로 **신학**이 발달할 수 있었다.

이미 12세기 중엽에 도달한 지식수준을 집성하고 교수 가능하게 정리하려는 노력이 강화되었다. 일련의 관련 저작이 출현했는데, 이는 파리의 신학자이자 주교였던 페트루스 롬바르두스(1100-1160)의 『**명제집**(Sententiae)』에서 절정에 이르렀다. 이 저작은 1215년에 심지어 공공연히 대학의 교과서로 인정되고 규정되었다. 따라서 새로운 학문의 장, 대학의 신학부에서 기본적인 수업자료는 성서, 더 정확하게는 성서의 발췌문, 페트루스 롬바르두스의 『명제집』, 초기에는 또한 교부들의 텍스트 및 때로는 다양한 문제제기에 쓰였던 여러 가지 주석과 논고들로 모아졌다. 따라서 신학은 처음부터 이미 비교적 견고한 토대를 확보하고 있었다. 그럼에도 불구하고 그다음 시기에 새로운 아리스토텔레스 및 비아리스토텔레스적 텍스트들은 본질적인 도전이 되었는데, 이는 13세기가 경과하면서 비로소, 특히 토마스 아퀴나스에 이르러 극복될 터였다.

파리의 신학에 전체 교회를 지도하는 역할이 부여되었고, 그렇기 때문에 이에 대한 교황의 감찰이 강화되어 있었다는 사태는 독특한 수용상황을 창출해 냈다. 여기에 지역적 경쟁이 덧붙여졌는데, 이는 특히 생 자크에 위치한 도미니쿠스 교단 소속 신학교의 형태로 나타났다. 이 신학교는 로마의 중심에 대하여 그 나름대로 효과적인 통로를 확보하고 있었다. 교회기관이 1210년 최초로 아리스토텔레스의 『형이상학』을, 이어 1215년 『**자연철학서**(libri nautrales)』를 수업에 사용하는 것을 금하자, 마침내 갈등이 시작되었다. 이 시점에서는 분명히 아리스토텔레스의 저작이 이단으로 비난받았던 어떤 경향과 결부되었기 때문이었다. 1228년에 명백히 대학의 수업을 겨냥하여 갱신된 금령이 내려졌다. 반면 1231년의 경고는 이용금지를 한정하고 있었다. 즉 금령이 단지 졸업시험까지만, 그리고 이들 저작에 개진된 설이 정화될 때까지만 유효하리라는 한도에서였다. 이러한 과업을 위해 소집한 위원회는 그러나 그들의 작업에 착수하지 않았다. 그리하여 1240년에 사태는 다시금 첨예하게 되었다. 이러한 상황에서 토마스 아퀴나스는 앞에서 묘사한 그의 체계론을 제시했다. 이는 신학을 한편으로 아리스토텔레스적 의미에서의 학문으로 입증하고, 다른 한편으로는 하나의 고유한 활동여지를 갖는 철학으로 자리매김한 것이었다.

그러나 모든 신학자, 교회의 대표들 그리고 학예학자들이 이 해법을 즉시 인정한 것은 아니었다. 다수의 학예학자(철학자)들은 신학자들이나 교회 대표들이 보기에 그들에게 그어진 한계를 계속 넘어서고 있었다. 그리하여 1277년 초 파리의 주교는 앞에 언급한 219개의 금지된 명제의 목록을 발포하기에 이르렀다. 그러나 이는 완전히 시행될 수 없었다. 그동안 상황은 엄청나게 복잡해졌는데, 대학 신학의 두 번째 중심인 옥스퍼드가 이와 다른 노선을 취했기 때문이다. 교황의 손이 더 이상 직접 미치지 못하는 관계로, 이곳에서는 우선 새로운 아리스토텔레스와 비아리스토텔레스의 지적 유산을 신학에 덜 논쟁적으로 이용하는 방식이 관철되었다. 학예학부에서만이 아니라, 신학부에서도 형이상학적, 자연철학적 및 우주론적 문제들이 다루어졌고 새로운 지식을 신학적으로 이용하려는 다양한 시도가 행해졌다. 다만 1270년경에 내려진 제한은 성서의 강의에서는 오로지 직접 성서의 문구에서 도출된 문제제기만 다루는 것이 허용된다는 정도였다. 같은 1277년 초 캔터베리 대주교는 스스로 30개의 이단설에 대한 금령을 발포했는데, 이는 부분적으로는 문법에, 부분적으로는 논리학에, 그리고 또 부분적으로는 자연철학에 해당하는 것이었다. 이 가운데는 또한 토마스 아퀴나스가 대표하는 명제들도 포함되어 있었다. 조금 뒤에 옥스퍼드를 강력하게 대표하는 프란체스코회 수도사들이 날카로운 공격을 전개했다. 이에 대하여 다시금 도미니쿠스회 수도사들은 그들의 저명한 형제[17]가 제시한 해법을 고집한다는 점을 공개적으로 천명했다. 신학과 철학의 양립 가능성 및 통합을 둘러싼 논쟁은 이렇게 해서 내용적으로 연기되었을 뿐만 아니라, 또한 교단 간의 싸움이 되었다. 그 결과 이는 우선 옥스퍼드와 파리 사이의 논쟁으로 비화되었는데, 여기에서는 옥스퍼드가 일시적으로 더 많은 호응을 받았다. 파리는 전체적으로 더 정통적이었음이 입증되었다. 그 경쟁자와 대조적으로 파리는 상대적인 의미상실의 대가로 자연철학과 연계된 자연과학의 혁신을 전혀 또는 거의 출범시키지 않았다. 이에 반하여 섬나라에서는 광범한 전선에서 '잉글랜드식 신학'이 관철되었다. 1347년 새로이 창립된 프라하 대학에 신학부가 인가되면서 유럽의 신학이 분산되고 이에 대한 로마의 통제가 이완되기 시작했을 때, 대륙의 신설 대학은 기본적으로 파리를 추종했다. 그러는 동안에 전체적으로 일종의 다원주의적 해법이 형성되었다. 특징적인 점은 파리의 위대한 신학자 장 제르송(1363–1429)이 실로 광범하게 기획된 복구시도를 감행했던 것이다. 그는 이 문제에 관련된 그의 주저 『**학생들의 호기심에 반대하여**(Contra curiositatem studentium)』에서 새로운 개념과 방법을 신학에 도입하는 것을 비난하고, 신학의 지도적 역할을 옹호했다. 즉 **여왕**(domina)[18]은 기타의 학문이라는 **하녀**(ancillae)의 위에 있다는 것이다. 그리고 그는 학예학부에서 행하는 모든 종류의 신학적 논의를 금지하는 데 찬성했다. 그러나 동시에 더욱 비판적인 성서해석에 찬동했으며, 심지어는 벌써 휴머니스트적인 발상

17 토마스 아퀴나스를 말함.
18 신학을 의미함.

을 채용하기도 했다. 그러나 그사이에 교황청의 대분열 사태가 터지면서(1378), 이 최고의 결정 및 강제기관으로서 교황청은 적어도 일시적으로 반신불수 상태에 빠졌다. 신학부는 잠정적으로 자주 자신의 권위에 따라 행동할 수 있었으나, 그것은 대부분의 경우 단지 현 상태의 계속적인 기록을 의미할 뿐이었다.

신학부의 수학과정은 다른 수학과정보다 더 섬세하게 규정되어 있었고, 현저히 오래 걸렸다. 단지 옥스퍼드에서만, 즉 파리식 전통을 지닌 대학이 아닌 곳에서는 신학의 마기스터 학위 취득에 선행해서 학예학의 마기스터 학위를 취득해야 할 것이 물론 명백히 규정되어 있었다. 그럼에도 불구하고 실제로 이 경로는 다양하게 취해졌다. 기초과정은 5-7년이 걸렸다. 이는 그 핵심이 언급한 바와 같이 강의와 토론의 참여, 그리고 때로는 성서, 페트루스 롬바르두스의 『명제집』에 대한 보충수업의 참여, 또 대개 1179년에 사망한 프랑스의 신학자 페트루스 코메스토르의 『스콜라학의 역사(Historia scholastica)』에 대한 보충수업으로 이루어졌다. 『명제집』의 비중이 점증했는데, 이는 사변적인 신학, 즉 기독교적 규범의 논리적, 변증법적 안출과 전용을 또한 최고의 추상화 수준에서 지지했다. 학사학위를 취득한 후에 관습적인 형태로 통상적인 보조교사 및 조교활동이 이어졌다. 물론 이는 종종 리켄치아를 취득하는 데 필요한 특수한 요구 및 자격, 즉 『명제집』에 대한 강의가 허용되는 사정과 결부되어 있었다. 이 점에 대해 가장 중요한 근거는 이미 자격을 획득한 **학사**(sententiarius)[19]에게는 일정한 해석의 여지가 주어져야 했으나, 물론 어긋나는 교설을 위해 이를 이용하는 것은 저지되어야 한다는 것이었다. 『명제집』에 대한 강의활동을 종료한 뒤에 이제 이른바 **완성된 학사**(baccalaureus formatus) 과정은 계속 4년으로 유지되어 오다, 나중에는

---

19 페트루스 롬바르두스의 『명제집(Sententiae)』을 강의할 수 있는 자격을 획득했다는 의미에서 붙여진 이름.

3년으로 줄었지만, 응답자, 반박자 및 설교사로 자신의 가치를 입증해야 했다. 즉 신학교사(Magister)는 추가적으로 설교할(sermo) 의무가 있었다. 16년(재속사제) 또는 13년(수도사)의 수학 및 입증기간 이후에야 비로소 파리에서는 신학 학사가 리켄치아 및 마기스터 학위를 취득하는 것이 허용되었다. 그 밖에 파리와 다른 대학들, 예컨대 빈과 같은 곳에서는 최소연령(30-35세)도 규정했다. 이 마지막 단계에 도달하는 것은 또 성직서임을 전제했다. 그리고 실제의 교수활동에 착수하기 전에 끝으로 특별한 진정신앙 및 충성서약이 거행되어야 했다. 달리 말하자면, 중세의 교회는 그 직역담당자들이 평생의 직책에 취임하기에 앞서 고도의 근대적으로 조영된 방식으로 우선 매우 장기간에 걸친 양성과 선발과정을 거치게 했던 것이다.

5. 지식 추구와 전달의 주요 형태

새로운 교육의 장에 들어온 최초의 교수세대는 어떻게 지식을 획득했을까? 그들은 첫째, 대학 이전 단계에서 또는 대학 외부에서 받은 다소간 공식적인 교육, 둘째, 필사본의 독서, 셋째, 구술적 지식교환, 넷째, 스스로의 생산적인 경험과 사고력으로 지식을 쌓았다. 이러한 지식을 수업에 활용하도록 준비하는 작업은 자신의 서재 혹은—더욱 자주는—수도원의 개인용 별실에서 수행하는 예비적인 독서, 강의안 및 토론계획, 목차편성, 개관 및 발췌문의 작성이라는 형태로 이루어졌다. 전해지는 그림 자료가 맞다면, 이러한 공간은 대개 아주 빈약한 시설을 갖추고 있었던 것으로 보인다. 강의용 서판이나 책상, 필사본 및 서적을 꽂는 서가, 필기구, 양초 혹은 기타의 조명구, 그리고 거의 의무적으로 벽에 걸려 있는 십자가 등이 고작이었다.

학생들과 이루어지는 최초의 접촉은 비공식적이었다. 외지에서 온 신입생들은 교수의 사저(수도원의 개인별실)에 출두하여 자신을 소개하고, 학생으로 받아 달라고 청했다. 이때 그는 대개 교수와의 공통 지인, 친척이나 자기 고향에서 권위 있는 인물의 구두 추천을 받았고, 드물게는 문서로 작성된 추천장을 제출하거나, 아니면 이미 당해 교사의 학인집단이나 파밀리아에 속한 선배들의 중개를 받기도 했다. 교사는 그 인물됨과 지식수준에 대한 감을 잡기 위해 후보자와 최초의 대화를 나누었다. 이 대화는 신입자로 하여금 이미 교사의 권위를 인정하고 그에 대한 충성심과 생각을 다지도록 했다. 양자 간에 긍정적인 결과에 이르면 통상적으로 신입생의 수용은 교사 자신 또는 그의 상급생이 제공하는 예비수업에 가담하는 것으로 이루어졌던 것 같다. 아마도 교사는 신입생에게 부르제나 콜레기움에 자리를 주선해 줌으로써 학생의 사회적 적응에도 참여했으리라.

공식적인 수학의 허가도 우선 학인집단 및 그 우두머리 교수와의 관계에 따라 진행되었다. 가능한 한 많은 학생들을 자신의 권역에 가입시키는 것에는 물론 이에 따른 재정 및 평판상의 이해관계도 작용했던 것 같은데, 그리하여 각별히 매력적인 교사와 직접 접촉할 수 있는 가능성은 매우 제한되어 있었다. 강의에서의 의사소통 상황 역시 다시금 계서제적이며 권위적이었다. 당대의 학문은 정전화된 텍스트를 직접 참고할 수 있는 사정에 의해 기초가 마련되었고 또 강화되었는데, 이런 텍스트는 오로지 교사만이 완전한 상태로 확보하고 있었기 때문이다. 강의는 중간에 질문을 하는 것이 허용되고 또 통상적이었다는 점이 완전히 배제될 수는 없었다 해도, 거의 일방적이었다. 학생들은 청취, 개별적인 암기 및 기껏해야 보조적인 자신의 필기를 통한 지식습득이라는 고전적인 상황에서 처해 있었다. 받아쓰기식의 강의는 이러한 형태를 직접적으로 표현하고 있었다. 이러한 방식으로 습득한 지식의 정확한 재현이 토론이나 시험에서 요구되었는데, 그 의례적인 장식은 동시에 대학인의 심성과 행동을 특징짓는 시발의식을 이루고 있었다. 더 자유로운 토의는 이에 비해 오히려 비공식적인 동반수업에서나 기대할 수 있었는데, 그 구성, 특히 학생의 참여 허가는 물론 전적으로 교수의 결정에 달려 있었다. 교사들이 높은 신분의 학생들을 일정한 존중심을 갖고 다루었으리라는 것도 예상된다. 이러한 학생들은 그러나 이미 지적한 바와 같이 더욱 깊은 학문적 활동에 몰두하는 데에는 관심이 덜한 학생들이었다. 당시의 학문관과 수업방법만이 아니라 또한 대학의 사교형태마저도 그동안 교사-학생 간의 의사소통 그리고 지식전수 및 지식습득—학생의 입장에서 보면—의 매우 권위적인 특징을 지지하고 심지어 창출하기도 했다.

교수들 상호 간의 의사소통은 우선 대학의 틀 안에서 이루어졌다. 교수들은 각종 대학위원회의 회의, 대소의 범위에서 행해지는 시험 및 축하행사 등을 계기로 만나고 있었다. 사회적 공동체로서의 대학조합에 속해 있다는 점에서 구성원들은 기본적으로 동등한 권한을 갖고 있었으나, 실제로는 언급한 바와 같은 것들이 등급에 따라 행해지고 있었다. 밖으로는 가능한 한 폐쇄적으로 보이게 하는 것에 유의했다. 사료, 특히 재판자료들은 그럼에도 불구하고 내부에 다수의 사회적, 정치적 갈등이 있었음을 입증하고 있다. 교수들은 서로 학생들을 빼 간다고 비난했다. 상이한 신분을 지니고 있던 교사들—성직자와 속인, 수도사와 재속사제, 정교수와 객원교수—은 각자의 등급과 우선권을 존중하지 않는다고 서로 책망했다. 때때로 상이한 동향단마저도 갈등의 폭발물이 되었다. 부분적으로 이러한 갈등과 결부되고, 또 부분적으로 이와 무관하게 서약한 의무를 준수하지 않고, 대학에 대한 충성을 회피하며, 대학의 위신을 손상시켰다는 등등의 비난이 문서적으로 전해지고 있다. 특히 초창기와 14세기 말에는 교회의 지지자들이나 특정한 교파 그리고 세속

군주 및 다양한 대학운영주체 사이의 갈등이 발생했다. 다양한 진폭으로 나타나지만 또한 항상 존재하는 학문적 견해차이도 빼놓을 수 없다. 이 역시 자주 공공연한 비난이나 노골적인 싸움으로 비화되었으며 사회적 또는 정치적 대립을 부분적으로 격화시키고, 또 이와 부분적으로 중첩되었던 것이다. 이러한 갈등에는 자연스럽게 단지 대학 내부의, 교사들의 형식적인 만남만이 아니라 또한 대학 내외의 인간적, 사회적 교제도 전제되어 있던 것이다. 물론 이 시기에 이루어졌던 이러한 관계의 계기, 장소, 형태 및 조건에 대해서 우리는 거의 아는 바가 없다.

각 대학에서 전개되는 교수들 간의 학문적 의사교환은 우선 구술로, 그리고 또 관련되는 수기와 필사본 및 서적의 교환을 통해서 이루어졌다. 대학 간의 교제는 이에 반하여 주로 문서적으로, 즉 서신, 저술 및 서적의 교환을 통해서 이루어졌으리라. 그러나 동시에 그 강도는 변동하고 있었지만 인적인 교류도 이루어지고 있었다. 물론 교수의 차원에서 실제로 유럽 전역에 걸친 경력의 추구, 즉 예컨대 남부나 북부 이탈리아의 어느 대학에서 잉글랜드나 북동부 유럽의 어느 대학으로 자리를 옮겨 가는 등은 13세기 말부터는 오히려 예외적이었다. 그 대신에 분명히 다수의 대학 지역이 형성되었는데, 이 내부에서는 그와 같은 교수이 이동이 적어도 일정한 국면별로 보면 더 자주 있었다. 그러나 또한 중세의 대학 및 그 두 가지의 주요한 유형에 대해서는 애초부터 하나의 유럽적인 학생 및 교사 단체(societas scholarium et magistrorum)의 존재, 즉 국제적인 지식인 공동체 및 지식인들의 의사소통망(網)을 확인할 수 있다. 이러한 그물망은 교회의 인프라스트럭처를 통해 여전히 현저하게 이익을 보고 있었고 또 부분적으로는 그것과 겹쳐 있기도 했다. 도처에서 순력하는 수도사나 재속사제들은 대학구성원들을 위해 특정한 서적, 소포물 또는 봉투 들을 실어 날랐다. 성직 신분의 교수들도 교회나 수도회가 부여한 과업을 처리해야 했다. 알려지지 않은 저작의 사본을 획득하는 것도 이러한 맥락에서 즐겨 이루어졌다. 물론 이에 따라 교회의 통제도 효력이 발휘될 수 있었다. 따라서 또한 의사소통의 통로를 확보하는 것도 결정적이었는데, 이는 밀도가 높아지던 상업이 제공했다. 예컨대 무어족이나 아랍인의 장서에서 유출되는 필사본과 서적이 자주는 아니지만, 통상적인 교역품으로 간주되었고 또 그렇게 거래되었다. 지식인들의 서신을 상인을 통해 배달하는 것도 단지 가격의 문제였을 뿐이었다.

교회와 경제적인 소통의 그물망을 통해 교수들은 그간 교회, 도시 또는 궁정에서 관직이나 일정한 직책을 차지한 왕년의 동료들과 학생들이 보내는 소식도 전해 받았다. 교수들의 의사소통에는 그 밖에 학생들의 이동이 선행되었다. 특히 대학 발생기의 첫 두 세기 동안에 대해서는 놀라울 정도로 높은 수준의 학생이동이 입증되었다. 가장 자주 그리고 광범하게 이동했던 이들은 명백히 독일의 학생들과 야심만만한 젊은 지식인들이었는데, 제국 내부에 최초의 대학, 즉 쾰른 대학이 설립되기도 전에 이러한 이동이 이루어졌다. 이들이 선호했던 목적지는 볼로냐와 파리였으며, 나중에는—법학과 의학의 경우—파두아였다. 두 번째로 자주 그리고 비슷하게 멀리 이주했던 자들은 잉글랜드의 학생들이었다. 그런데 원칙적으로 무제한적인 대학의 이동에 대한 제한은 이미 이탈리아와 이베리아 반도에서 군주 및 국가적 대학이 설립되면서 나타났다. 왜냐하면 이들 대학의 설립자들은 그들이 고용할 장래의 관리들에게 외국의 대학에서만이 아니라, 또한 자기 나라의 대학에서 수학할 의무를 지웠기 때문이다. 대학의 공급이 다양해지면서 이동의 본질적인 동기였던 주변에 양성처가 없다는 문제점도 사라졌다.

대학의 변경은 학생들에게 자연스럽게 **학인집단**의 소속을 변경하는 것을 의미하기도 했다. 따라서 이동성이 높으면 높을수록, 교사에 대한 구두 서약도 그 효력이 덜 지속적일 수 있었다. 더욱 의미심장한 사실은 이미 읽은 것에 대해서도 그러했다는 점이다. 언급한 바와 같이 각각의 교사는 기본적으로 필사본 및 서적의 마련을 담당하고 있었다. 그는 말하자면 이 귀중한 자료를 자신의 거처나 서재에 수집하고 필요한 경우 수업에 자료를 가져갔으며, 기껏해야 자신의 제자들이나 각별히 친한 동료들에게, 때로는 사본을 작성하기 위해 필사작업장에만 자료를 대여해 주었다. 다른 한편 우리가 알기로 파리와 옥스퍼드의 신학부는 사용되는 텍스트를 통제하는 데 강력한 관심을 갖고 있었다. 그래서 일찍부터 기왕에 이용되던 수도원 도서관 이외에 특수 장서를 갖춘 일종의 학부 도서관이 형성되었는데, 이는 담당사제가 관리했다. 신학부의 사제가 또한 대학 전체의 사제직을 맡게 되고 나서, 이로부터 전체 대학의 도서관이 시작되었다.

기타의 학부에서는 각종 기본텍스트 한 부씩을 모두가 이용 가능하게 확보하려는 관심이 장서 수집을 확충하는 데 가장 중요한 동기가 되었던 것 같다. 장서의 수집은 장부상의 관련 기록에도 불구하고 직접적인 구입보다는 주로 기증, 유증 및 배상의 형태로 이루어졌다. 더 자주 중고 판본은 이른바 거치식 독서대, 개폐식 독서대에 비치되어 보관되는데, 이때 비치된 서적은 도난을 방지하기 위해 쇠사슬로 묶여 있었다. 이런 면에서 살라망카 대학은 13세기 말에 최초의 대학도서관을 설립했다고 주장한다. 그 밖에 개방된 서가는 드물고 이와 유사한 책장이 설치되었던 것이 분명하다. 자체의 대학건물이 건립되면서 또한 도서관으로 표시되는 공간 일부나 전체가 등장하기도 한다. 그러나 규모가 더 방대하고, 최신의 것으로 갖추어진 장서는 한편 학생들로 조직된 국민단의 것, 다른 한편으로는 콜레기움과 교회기관의 것이었다. 중세에 가장 큰 대학도서관이었던 소르본의 도서관은 1290년에 1,017권 이상, 1338년에는 1,722종의 필사본을 확보했다고 한다. 하이델베르크 대학은 1396년 396권의 서책을 보유하였음이 입증되었다. 프라하의 콜레기움 카롤리눔은 1367년 단지 177권을 보유하고 있었을 따름이다.

학생들이 사적으로 서적과 필사본을 보유하는 경우는 전체적으로 드물고 제한적이었다. 물론 **부유한 학생**의 경우에는 두드러진 예외가 있기는 했다. 아마도 법학생들은 가장 일찍이 그들이 필요로 하는 서적을 개인적으로 구입했던 것으로 보인다. 이 분야에서는 텍스트의 문구 하나하나가 더욱 심각하고 중요하게 작용했기 때문이리라. 그 밖에 수학이 진행되고 때로는 대학에서의 경력이 진행되면서 다양한 종류의 발췌 필사, 스스로의 채록 및 필기가 생겨났는데, 이는 이미 지적한 바와 같이 부분적으로는 다음 세대에 전해졌고, 부분적으로는 다시금 소멸되었다. 서책에 대한 수요가 14세기 말부터 전체적으로 상승했음은 대학의 서적복제업자 및 서적상의 수가 증가한 점이 입증하고 있다. 그 밖에 대략 동시에 예컨대 파리와 캉은 대학의 소요물을 생산하는 제지소를 인가해주었다. 따라서 우리는 늦어도 1400년경부터는, 인쇄술의 발명 이전에 증가하는 문자능력을 상정할 수 있다. 물론 전체적으로 보아 기억은 이 시기의 지식습득에서 여전히 가장 중요한 수단으로 남아 있었다. 이러한 기억술이 대체로 기능하고 있었던 이유는 그 밖에 지식이 이 시기에서는 다음 시기와 비교해서 양적으로 아직 어느 정도 제한되어 있었다는 사실과 함께, 바로 스콜라적 학문형식, 즉 무엇보다 구술에 대한 집착 그리고 구술로 이루어지는 지식행위의 형식화 탓에 돌릴 수 있다.

6. 시대의 결산

존재하기 시작한 초기의 대략 200년 동안 서약공동체(beschworene Bruderschaft)[20]의 모델에서 등장한 대학은 "스콜라 철학의 사회적 성취

---

20 즉 길드.

물”(라이너 A. 뮐러)로서 거의 동시에 발생한 두 개의 기원이 ‘구유럽’에서 저 멀리 ‘신유럽’까지 확산되고 조직, 제도, 문화 및 사회적으로 견고해지는 데 성공했다. 이미 세속 지배자들이 대학을 그들의 목적에 이용하려는데 착수했지만, 이러한 상승은 본질적으로 교회의 보호 아래 이루어진 것이었다. 이러한 성공의 근거는 다음과 같은 사정에 있었다. 가장 중요한 행위주체, 즉 (정)교수들은, 그들 사이의 여러 차이점에도 불구하고 대학에 대하여 공통의 이해관계를 발전시켰고, 중심이 되는 사안, 즉 교수활동, 졸업 및 자기 충원 등에서 공동으로 행동했으며, 스스로 기독교적 학문을 헌신적으로 수호하고 알린다는 자의식을 공유했는데, 이러한 자의식은 그들의 요구와 행동으로써 충분한 사회적 인정을 받게 되었다는 점이다.

내용과 학문의 면에서 이 시기의 대학은 확고하게 지식의 보존과 확보된 지식의 전파에 집중되어 있었다. 대학의 목표는 원천적으로 신께서 부여한 것으로 생각되는, **신성교의**에 관련된 고급의 방향제시 및 사실적 지식의 총체를 가능한 한 완전하게 파악하고, 낯선 첨가물로부터 정화하여, 충실하게 정리·전달하는 것이었다. 일상에서는 이로부터 분별 있고 학교식의 규율에 맞추어진 교수와 학습뿐만 아니라 또한 높은 수준의 요구를 하는 성찰과 토론이 나왔다. 정화와 정리라는 과업 그리고 전달의 과업은 이에 상응하는 방법적 지식의 발달에 영향을 미쳤는데, 이는 이 시기에 새로운 고대 및 비고대적, 특히 아랍의 지식이 흘러들어오고 수용됨으로써 더욱 가속화되었다. 스스로 부과한 공준(公準), 즉 모든 단계에서 **이성과 사물의 부합**을 입증해야 한다는 요구는 독특한 학문형태로서 스콜라 철학을 창조하게 했다. 그러나 이는 내적으로 계속 발전하기에는, 그리고 여러 가지 면에서 미래를 담보하는 자체의 동력을 전개하기에는 내부적 긴장과 모순을 너무도 많이 지니고 있었다.

또한 대학은 이미 의미 있는 이념적, 사회적 영향력을 발휘할 수 있었다. 교회, 성장하는 도시 시민계급 그리고 나중에는 궁정의 도움으로 대학은 그들의 학위와 졸업을 고급의 자격 및 귀족에 근접하는 등급으로 인정되는 사회적 지표, 증명으로 만드는 데 성공했다. 교수들이나 학생들도 아직 완전히 성직자 신분에서 벗어나지는 못했지만, 그러는 동안에 대학 졸업자라는 새로운 사회적 집단이 형성되기 시작했다. 그리고 이들은 직간접적으로 유럽의 사회관계 속에 개입하는 데 착수했다. 자크 베르제의 최근 연구와 종합은 대학에서 일시적으로 수학했던 경력자와 정규적인 졸업자들 대다수가 이미 13, 14세기에 유럽의 교회관료기구, 대도시 및 궁정의 행정기구에서 진출하고 있었음을 보여 주었다. 물론 전체 인력 중에 이들 각각이 차지하는 비중은 아직 매우 근소한 상태로 머물러 있음도 사실이었지만, 이들은 이로써 이미 출생귀족에 도전하고 있었다. 귀족들도 이 시기에는 대다수가 '학문이 귀족을 만든다(scientia nobilitat)'라는 대학의 원칙을 승인했고, 그리하여 비록 졸업하는 경우는 드물었지만, 스스로도 기본적으로 대학에서 통용되는 동등자의 원칙 아래 지식을 습득할 필요성을 인지하고 있었다.

대학 경험자들이 공통의 특징을 경험하고 체득하였기에, 그 확산은 일종의 유럽화를 의미했다. 이는 한편으로 문법과 논리의 공통적인 학습이라는 기반 위에 전개되었던 사고와 의사소통의 라틴어화와 다른 한편으로는 매우 통일적인 사실 및 방향제시적 지식, 특히 법률과 신학의 영역에서 나타나는 이런 지식의 확산에서도 이루어졌다. 대학적 사고가 내적으로 공고해지고, 외부로 그리고 하부로 밀도가 높아지면서 완결되었음은 더욱이 이러한 성찰이 일상과 현재의 필요성에서 현저히 벗어났으며, 따라서 지적역량이 더욱 제고됨을 의미했다. 그리하여 이러한 초기 국면에서 대학의 구성원들이나 졸업자들에게는 비판적인 본질 성찰의 기회가 제기되었다. 이것이 당연히 선량한 기독교적 질서의 지평에서, 따라서 기독교의 내면화와 유럽의 지속적인 개선을 목적으로 하는 성찰로서 전개되었다는 사실은 그들의 지적 특징에서 거의 불변이었다. 지적 성찰의 권리와 의무를 이미 명백하게 지각하고 백과전서적 기독교 지식 체계(sapientia)의 토대에서 대학 및 교수들의 조언을 받는 교황의 세계지배라고 하는 인상 깊은 유토피아적 구상을 제시한 이는 다름 아닌 로저 베이컨이었다.

제 2 장

• 유럽 대학의 역사 •

근대 초기

군주의 대학과 휴머니즘, 종교개혁 및 계몽사상의 도전

1400~1790

제2장

근대 초기

군주의 대학과 휴머니즘, 종교개혁 및 계몽사상의 도전

1400-1790

1. 환경 조건과 기본 성격

근대 초기에 대학은 다양한 과정에 포섭되었다. 이는 대학의 제도적 기본 형태를 해체하지 않으면서도 그 위치를 사회·문화 및 정치적 구조 속으로 이전시키고, 그 학문적 변동에 영향을 미쳤다.

1305년 프랑스왕의 단호한 지지자였던 클레멘스 5세가 교황으로 선출되면서 교황청의 아비뇽 유수(1309–1377)와 교황청의 거대한 분열(1378–1449)이 시작되었다. 전 유럽을 뒤흔든 이 사건은 대학에 대한 교황의 통제를 이완시켰다. 그 밖에 이 사태는 대학 교수들이 위기의 해소에 참여하도록 하는 도전을 제기했다. 결정적으로 대학에서 발달한 공의회주의(Konziliarismus), 즉 공의회에 교황문제의 해결을 회부하도록 하는 교회제도 이론만이 아니라, 교회문제에서 속인 군주들에게 확장된 권능을 부여한다는 감정서도 그간 대학을 교황권으로부터 멀어지게 했다. 이에 따라 영방 또는 영토국가 대학의 경향이 강화되었다. 아직 유럽 대학의 "국가적" 시대는 아니었지만, "영방국가의 시대"(Peter Moraw)가 열린 것이다.

대학의 새로운 주인들은 단지 예전에 중앙에서 조종하던 기독교 유럽의 스콜라적 교육을 분산적으로 지속하는 것에 관심이 있었던 것이 아니다. 오히려 그들이 일차적으로 관심을 둔 것은 대학과 대학이 만들어내고, 저장하고, 전달하는 지식을 자신들의 국가 통치 요구에 적응시키고 쓰이게 하는 것이었다. 이러한 일에서 주도적인 시각은 오래될수록 더 많이 직접 영방국가에 유용하고, 영방 특유의 그리고 영방의 정체성 및 영방군주에 대한 신민의 충성을 강화하는 지식을 집중하는 것이었으며, 또한 대학과 결부된 기회와 이익을 분배함에 있어서 영방과 영방출신자를 우대하는 것일 수 있었다.

이러한 방향전환에서 본질적인 결과가 도출되었다. 법률적으로나 행정적으로나 영방군주는 교회에 우선하게 되었다. 대학은 점차적으로 성직기관의 성격을 털어내고 세속기관이 될 수 있었다. 영방국가화와 세속화는 독특한 교수충원을 촉진하고, 이로써 "가족대학(Familien-universität)"(Peter Moraw)으로 변모하도록 도왔다. 이는 대학이 몇 개의 가문, 가문연대, 보호–피보호 관계의 그물망으로 짜여진 집단에 의해 지배되는 것을 의미한다. 영방의 경계를 넘어선 충원과 소통의 약화는 예전에는 현저히 통일적이던 대학 모델의 개별적인 발전을 가속화했다. 대학과 대학에 관련된 지식인들이 군주에 봉사하는 경향이 강화되는 것은 무엇보다 중부 및 북부 유럽의 대학 지역에서 대학이 국가기구에 광범히 통합되는 것을 의미했다. 이는 대학의 정신적, 지적 기동공간이 좁아지는 결과를 초래했다. 도시의 대학들도 이런 조류에서 벗어날 수 없었다.

특히 영방군주들은 영방귀족들의 자제들을 영입하려고 애썼다. 이들은 영방의 대학에서 전문적인 조력자이자 충성스러운 지지자로 길러져야 할 것이었다. 그들의 군사적 의미가 쇠퇴함에 따라(용병대의 등장) 그 지위가 위협받고, 봉건지대 수입이 축소되고, 법을 제정하는 영방국가에 의해 그들의 자력구제권이 더욱더 제약되는 상황에서도, 귀족들은 오히려

TABVLA MILITIAE
Scholaſticæ.

AD IVVENTVTEM.

En tibi præcipuos hoſtes, Studioſa Iuuentus,
Palladis ante Arcem, qui ſua caſtra locant.
Hîc Ruditas: Metus: hîc Stupor: hîc ignaua Voluptas:
Hîc animum fractum, turba ſuperba fugat.
Quos vbi conſtanti ſtudio ſuperaueris hoſtes:
Nec non ſeptenos viceris arte gradus.
Mox triplicis reſerat Turris penetralia Pallas:
Et te perpetuò GLORIA parta manet.
M. B. VV.

그림 3 '스콜라학의 아성'과 그 정상에 오르는 고달픈 도정을 풍자하는 그림(Actus tres Academiae Reip. Argentoratensis, habiti sub Decano M. Melchiore Junio, Straßburg 1578)

시민계급 출신 자제들과 대학에서 경쟁하는 것을 더욱 회피하는 경향이었다. 특히 공식적인 시험을 치르지 않으려고 했던 것이다. 이미 16세기에는 대학의 현저한 부분이 그리고 17세기부터는 거의 모든 대학이 귀족에 전형적인 교육내용(신사과목)의 제공을 확대함으로써 이러한 노력에 부응하려 했지만, 출생귀족의 엘리트 지위 요구와 모든 엘리트 지위의 보유자들이 따라야 했고, 영방군주들이 통치의 책략상 채용하던 시민계급의 교양 및 성취원칙 사이의 대립은 전 시기를 통해서 그 강도가 변동하면서도 역사적 작용력으로 여전히 남아 있었다.

이러한 배경에서 전개된 교과목 스펙트럼의 변경에는 여러 가지 문화운동이 가세했는데, 그것이 발휘한 영향력이 일부에서는 강화되고, 또 다른 일부에서는 상대화되기도 했다. 이 운동은 이 시기의 얼굴을 전체적으로 특징지었는데, 이는 말하자면 휴머니즘(14세기 말부터), 종교개혁 및 종파분열(1520년부터) 그리고 대학사적으로는 그다지 분명하게 파악되지 않는 중간시대인 바로크 시대를 지나서 17세기 말부터 등장하는 계몽사상이었다.

휴머니즘은 모든 신분층을 포괄하는 세속적인 개혁운동이었는데, 이는 이른바 '르네상스', 즉 고전 고대의 재발견 속에 깊이 포섭되어 14세기 이탈리아에서 등장했다. 그 이념은 고전어의 부흥을 통해 고대의 지식과 문화를 현재의 새로운 문화적, 사회적 및 정치적 안정과 번성의 전제조건으로 다시 획득하는 것이었다. 그 언어의 광채와 고대의 텍스트에서 창출해 낸, 물론 단지 부분적으로만 진정으로 새로운 교육 및 개혁 프로그램은 휴머니즘이 먼저 도시적, 시민적 테두리에서 전개된 후에 곧 궁정과 군주들의 흥미도 끌게 했다. 인문학(studia humanitatis)의 매력, 우월성 그리고 생산성이 거의 부정할 수 없게 되고 나서, 이는 또한 일찍부터 대학에도 들어오게 되었다. 그러나 기득권을 갖고, 서로 긴밀하게 결속되어 있던 교수들은 애초에 대학 외부에 형성되었던 휴머니스트 엘리트들을 그들의 반열로 받아들이고 유익한 직책을 그들과 나누는 데 매우 주저하는 태도를 보였다. 이러한 사회적 경쟁은 수없이 이야기되던 스콜라적 대학과 휴머니즘 사이의 분쟁에서 본래적인 배경을 이루고 있었는데, 이 분쟁은 학문적 논란으로서는 거의 존재한 적이 없었다. 오히려 스콜라적 학문은 휴머니즘을 자체의 개선에 이용하려고 했다.

이에 반하여 두 번째의 거대한 도전, 즉 종교개혁과 종파분쟁은 시대적인 분기점을 의미했다. 수도사이자 대학교수였던 마르틴 루터의 격정적인 신앙고백은 1518년부터 그의 대학적 전제 없이는 이해할 수 없다. 그것은 스콜라적 성서해석과 신성교의(doctrina sacra)에 대한 휴머니스트의 비판, 독일제국과 작센영방의 시각에서 나온 로마와의 거리, 성직자 및 교수로서의 자의식, 그리고 교수로서의 해석 요구권이었다. 그의 성공은 대학의 관여 없이는 전혀 가능하지 않았을 것이다. 즉 그것은 공개논쟁 및 강의라는 수단의 이용, 대학 간의 관계와 사회화를 통한 개혁적 복음의 전파 그리고 대학에서의 교수활동을 통한 지지자들의 충원 등등이었다. 제도적 및 내용적으로 종교개혁과 그리고 서로 분명히 구분되는 교의, 조직 및 담당 엘리트층을 갖춘 대항 교회의 형성—종파분열(Konfessionalisierung)—은 그러나 불가피하게 재교회화 그리고 또한 스콜라주의적 학문구조의 부활을 의미했다. 경제적 및 재정적으로 대학들은 더욱이 종교개혁에 따른 교회재산의 몰수에서 우선적인 수혜자에 속했다. 또한 제도적으로도 대학은 신앙운동의 추세에 과도하게 부응했다. 종교개혁과 종파분열의 물결 속에서 이루어진 대학의 팽창은 정상적인 궤도를 이탈한 것이었다. 이미 지속적으로 전개되고 있던 휴머니즘의 학문적 맹아는 그러나 다시금 배척되었다. 휴머니즘이 진흥한 바와 같은 기독교 이전 및 비기독교적 지식의 호기심에 가득 차고, 선입견이 없는 탐구 대신에 교회 및 관헌 당국의 통제와 규제 그리고 종파적인 우려와 혁신에 대한 반감이 대두했다. 물론 새로운 것이 종파적 목적에 이롭다면 환영받고 종종 의식적으로 추구되기도 했다. 이는 또한 **수학계획**(Ratio Studiorum)이라는 규정에 따른 예수회의 학문 및 교육활동에도 해당되었다. 단지 매우 개별적으로만, 즉 예를 들면 개혁자 안드레아스 칼쉬타트(1477–1541) 같은 이는 모든 학위가 세속적 지식의 악마적 과대평가를 상징하는 것이라 하여 그 폐지를 요구하기도 했다.

이러한 거부감은 또한 비유럽적 및 비기독교적 지식에도 해당되었는데, 이는 15세기부터 급속히 가속화된 유럽의 팽창이 진행되면서 들어온 것이었다. 종교개혁이 연결되어 있던 중세 말기의 신앙적 경건성과 바로 그 종교개혁 그리고 종파분열은 휴머니즘에 개방적인 대학들이 이러한 지식수입과 결부된 도전을 지각하고, 수용하며 또 생산적으로 응용하려는 것을 방해하거나 적어도 저지했다. 그리하여 유럽의 문화적 발전에 결정적인 이러한 작업은 본질적으로 본래 이를 담당하고 있던 지식기관의 외부에서 이루어졌고, 대학은 17세기 말부터 비로소 이러한 정신적 노력에 가담했다. 그전까지 대학은 마녀신앙의 반박에나 가담하고 있었다.

물론 대학생활의 외적 조건도 1600년경부터는 급속히 악화되었다. '장기' 16세기[1]의 비정상적인 인구증가, 유럽의 경제축이 대서양의 북서해안과 발트해 쪽으로 급속히 이전한 것 그리고 식민지 산품의 수입과 인플레이션을 포함하는 그 사회·경제적 귀결, 종파적 대립의 첨예화와 그에 결부된 세력 다툼, 새로운 사회세력의 등장과 기성 신분집단의 위협에 의한 초기 절대주의적 지배의 강화, 그리고 또 강력하게 불타오르는 농민과 도시 하층민의 저항. 이 모든 현상은 잘 알려진 바와 같이 고도로 폭발성이 있는, 새로운 양상의 위기상황과 결부되었다. 이 시기와 다음 시기에 밀집되어 있는 전화, 즉 위그노 전쟁부터 네덜란드의 봉

---

1 프랑스의 역사가 페르낭 브로델, 미국의 사회과학자 이마누엘 월러스틴이 안출하고 전파한 시대개념으로서 1480–1620년간으로 설정된다. 이 시기 유럽의 대양항해로 유럽–라틴아메리카–아프리카에 걸친 재화유통과 노동분업체제를 기축으로 하는 근대 세계체제가 구축되었는데, 이 기반에서 근대 자본주의 경제가 발흥하였다.

기를 거쳐 30년 전쟁, 북방전쟁 그리고 프랑스의 팽창전쟁에 이르기까지 대학들은 이로부터 영향받지 않고 지낼 수가 없었다. 빈곤, 폭동, 전쟁 그리고 불안이 교수활동, 새로운 학생들의 확보, 졸업생들의 적절한 위치 배정, 교수들의 내외적 의사소통 및 그들의 업적을 침해했다. 부담은 너무도 과중해서 생산적인 반응, 다소간 심도 있는 자기 역할의 점검, 경고, 감정 표현 및 조언을 통하여 정치적 의사결정에 단호하게 개입하는 일, 그리고 비판적이며 책임 있는 지식인의 역할을 담당하는 것 등은 아주 드물게 나타났다. 그 대신에 가장 일찍이 안전과 질서를 보장하고, 절대주의적 근대화를 추구하고 있었으나, 기본적으로 스스로가 전쟁을 배태하고 전쟁을 추진하는 국가에 대한 적응이 더 강화되었다. 그리고 또 학문적으로 견고해 보이는 구조, 즉 지속되어 온 바에 대한 고착도 강화되었다.

그리하여 17세기 중엽부터 우선 프랑스, 네덜란드 그리고 잉글랜드에서, 그리고 기타의 프로테스탄트 및 가톨릭 국가에서 새로운 정신적 시야를 열어 주었던 것은 다시금 대학 외부에서 발생한 운동이었다. '자유로운' 철학자들과 지식인이 창조해 낸 계몽사상은 다양한 원천에서 자라 나왔다. 이는 성서와 기타의 교회 전승을 전혀 다른 방식으로 설득력 있게 해석함으로써 모든 종류의 종파적 및 종교적 절대성의 요구를 무력화시킬 수 있다는 인식에 결부되어 있다. 이로부터 계몽사상이 이끌어 낸 결론은 모든 종교적 확신을 넘어서 또는 그에 앞서서 지식과 확실성의 새로운 토대를 발견하는 것이 필요하다는 것이었다. 자연을 "신의 두 번째 계시"(자연신학 Physikotheologie)로 보는 관념이 다리를 놓은 뒤에, 그러한 토대로서 자연이 제시되었다. 왜냐하면 자연은 명백히 기본적으로 인간의 인식과 인간의 학문으로 접근 가능하기 때문만이 아니었다. 오히려 자연은 신이 완전한 질서와 인식 가능한 법칙에 따라 창조했기 때문에, 학자의 종파적 차이에 전혀 영향을 받지 않고 탐구할 수 있는 것으로 보였다. 이러한 작업에서는 실험과 수학 및 수학적 논리가 결정적인 인식과 기술방법으로 여겨져야 했다.

"인간의 인식능력"은 이러한 방식으로 신앙으로부터 해방되기 시작했다. 신성한 권위를 지닌 정전 속에 수십 년 전부터 보존되어 있던 인식 가능한 모든 것의 원칙상 폐쇄적인 질서 대신에 이제 "탐구 가능한 것의 무제한적 우주"가 열렸다.(바바라 쉬톨베르크-릴링거) 텍스트 학문 외에 실험과학 또는 실험실 과학이 등장했다. 그러나 또한 텍스트 학문의 성격도 변화되었다. 전통적인 해석학(헤르메노이틱)은 한층 더 나아가 수학적, 논리적일 뿐만 아니라 또한 실증적, 역사적, 비판적인 발전을 겪게 되었다. 현세의 지식을 형이상학적, 구속사(救贖史)적 질서에 위치시키는 것의 의미와 설득력은 축소되기 시작했다. 그 대신에 세속적인 진보의 시각이 형성되었는데, 이는 동시에 모든 학문적 지식추구와 학문적으로 인도되는 실천을 위한 방향제시적 척도로 성장했다.

기존의 관념을 뒤집어엎지만, 물론 상이한 변종으로 선전되는 이 구상은 전통적인 지식관 그리고 종파적, 정통적 대학의 자의식과는 거의 양립할 수 없었다. 그 내용이 다소간 광범하게 대학의 교과목이나 학문으로 실천되었던 휴머니즘과 대조적으로 18세기에는 최고의 위치를 차지하고 있던 유럽의 지식기관, 대학이 이 새로운 도전에 조건부로 적어도 부분적으로나마 적응하기보다는 오히려 그 앞에서 좌절하는 모습이 두드러졌다. 종파로 분열된 영방대학 및 예수회의 대학은 단절과 면역작용적 반응만이 아니라, 또한 전반적으로 적응할 용의와 혁신능력도 보였다. 일부의 구대학과 소수의 신대학들은 심지어 계몽사상의 여러 원칙을 광범하게 흡수하기 시작했다. 이 모두가 늦어도 세기 후반에는 국가와 사회 집단의 압박에 스스로를 개방해야 했다. 그것은 새로운 양상의 '유용한' 학문을 받아들이는 것이었다. 그럼에도 불구하고 기성 교수집단은 본질적으로 계몽사상으로 무장한 대항 엘리트 집단의 대학

침투에 대해 성공적으로 저항했다. 이들 계몽사상의 엘리트들은 그들의 휴머니스트 선배들처럼 자주 군주나 국가의 보호를 향유하곤 했다. 물론 원칙적으로 연구에 한정된 학술원(Akademie)의 형태로 처음으로 대학에 대한 진지한 제도적 경쟁자가 성장했지만, 1800년경의 대학은 그렇다고 해서 완전히 결정적으로 고급한 지식추구의 낡은 모델로 나타난 것은 결코 아니었다. 대학은 19세기로 넘어가면서 스스로를 구제할 수 있었다.

전통과 혁신의 복잡한 결합은 이러한 지속성의 확보에 전제되어 있었는데, 이는 결정적으로 바로 근대 초의 혁명적인 매체 및 의사소통 변동(마이클 노스)에 대학이 참여한 덕분이었다. 1450년경 활자를 이용하는 대량 인쇄술의 발명을 계기로 나타났던 것은 스콜라주의적 학문이 그들의 문헌과 서적을 거룩하고 성스러운 매체로 생각했던 것이 결코 아니라, 이러한 형태에 대한 실용적인 관계를 유지했으며, 그 결과로 인쇄술을 당연한 것으로 받아들이고 열광적으로 이용했다는 점이다. 동시적으로 가속화된 전령 및 우편제도의 확장(볼프강 베링거) 덕분에 이때부터 동일한 텍스트를 대량으로 참고할 수 있게 되었다. 서책류의 스펙트럼만이 아니라 또한 그 형태와 장르의 스펙트럼도 급속히 확대되었다. 16, 17세기에는 모든 인쇄물의 생산원가와 판매가가 급격히 낮아졌으며 텍스트 속에 삽화를 넣는 방식에서 새로운 해법이 개발되었다. 교과서와 학문적 논고는 그 모든 특징을 구비한 채 대량으로 확보하는 것이 가능해졌다. 중세 대학의 결정적인 지식저장고로 기능했던 개인적 기억력은 이러한 방식으로 오래도록 그 부담이 면제되고, 지식은 인쇄물로 이전될 수 있었다. 경우에 따라서 지식은 망각되었다가 필요할 때 다시 꺼내질 수도 있었다. 물론 대량생산으로 인하여 망각기간이 길면 길수록 더욱 많이 그에 상응하는 문서조회 및 색인시스템이 동원되어야 하기도 했다. 그 밖에 매체와 의사소통의 혁명은 지식공급의 극적인 증대를 수반했다. 이

것이 의미하는 바는 이러한 공급을 통제하는 능력의 감소였다. 달리 말하자면, 대학에 확립된 지식체제를 외부로부터의 도전에 대해 방역한다는 것이 어려워진 것이다. 완벽한 검열이 이루어질 수 없게 된 후에, 근대 초의 대학은 이에 따라 그들의 지식, 활동과 역할을 논증적으로 정당화해야 할 압력이 분명히 제고되었음을 깨우치게 되었는데, 이는 그들의 지적 분위기에 영향을 미치지 않을 수 없었다.

2. 대학의 수적 증가

근대 초에 이루어진 대학의 수적 증가는 대개 세 개의 국면으로 나누어진다. 15, 16세기에는 그 수의 증가가 기존 대학 지역의 밀도가 높아지고 그러한 지역이 확대되거나 새로이 형성되는 것으로 지속되었다. 17세기에는 이에 반하여 성장이 이미 약화되었다. 그리고 18세기에는 설립과 폐지, 특히 합병으로 균형이 유지되었다.

15세기에 최초로 설립된 것은 1402년 영방군주로서의 주교가 세운 뷔르츠부르크 대학이었는데, 이는 이미 1412년에는 좌절되었다. 이 실패한 실험에 뒤따라 급속한 리듬으로 설립된 것으로는 투린(1402), 라이프치히(1409), 액 상 프로방스(1409), 세인트 앤드류스(1411), 파르마(1412/20), 로스토크(1419), 도울(1422), 루벵(1425), 프와티에(1431), 카앙(1432), 보르도(1441), 카타니아(1444), 국왕의 설립조치에 따른 헤로나(1446) 그리고 바르셀로나(1450) 등이 있었다. 세기 전반기에 15개나 되는 이 숫자적 증가에 이어 세기 후반기에는 심지어 23개나 증가했다. 글라스고우(1451), 발렌스(1452), 트리어(1454), 그라이프스발트(1456), 프라이부르크 임 브라이스가우(1457), 바젤(1459), 잉골슈타트(1472), 낭트(1460), 부르쥐(1464), 프레스부르크(1465), 베네치아(1470), 제노아(1471), 사라고사(1474), 코펜하겐(1475), 마인츠(1476), 튀빙겐(1476), 웁살라(1477), 팔마 데 마요르카(1483), 시구엔차(1489), 애버딘(1493), 프랑크푸르트 안 데어 오더(1498), 알칼라(1499) 그리고 발렌시아(1500) 등이었다. 종교개혁 이전에, 그리고 부분적으로 매우 휴머니즘적으로 특징지어진 것으로는 더욱이 비텐베르크(1502), 세비야(1505/16) 그리고 톨레도(1521) 등이 있었다. 말하자면 1400년경에는 대략 30여 개의 대학이 유럽의 지식과 문화를 풍부하게 했던 반면, 1500/20년경에는 이미 60개 이상의 대학이 있었다. 이 증가는 유럽의 일반적인 인구증가(1400년에서 1500년까지 3,500만 명에서 대략 8,000만 명으로)를 넘어섰으나, 유럽 사회에서 이 시기에 전개되었던 시민계급 비중의 확대는 더 이상 이에 도달하지 못했던 것 같다.

16세기의 대학 설립은 전체적으로 종파분열과 연관되어 있었다. 특히 종파 간의 경쟁은 자연스럽게 혼합지역에서 강력하게 전개되었는데, 즉 무엇보다 신성 로마 제국, 프랑스 그리고 네덜란드 등지가 그러했다. 반면 이탈리아와 이베리아 반도에서는 일정한 과도국면을 지나서 이러한 동원요소가 결여되어 있었다. 종교개혁 이후 최초로 설립된(1526) 산티아고 데 콤포스텔라는 오히려 사태에 비켜 가 있었다. 반면 1527년 마르부르크의 설립과 함께 이미 프로테스탄트(루터파) 대학 설립의 행렬이 개시되었다. 이를 이어서 세기 전환기까지 다시금 급속한 순서로 다음과 같은 대학들이 설립되었다. 1531년 그라나다(가톨릭), 1534년 사하군(가톨릭), 1539년 님(가톨릭), 1540년 마케라타(가톨릭), 1540년 오나테(가톨릭), 1542년 투르농(가톨릭), 1542년 바에자(가톨릭), 1544년 쾨니히스베르크(루터파), 1547년 간디아(가톨릭), 1548/9년 오수나(가톨릭), 1550년경 이라헤(가톨릭), 1552년 오리후엘라(가톨릭), 1553년 딜링엔(가톨릭), 1555년 부르고 데 오스마(가톨릭), 1556년 밀라노(가톨릭), 1556년 프라하(예수회), 1556년 로마(그레고리아나), 1556/57년 예나(루터파), 1558/59년 에보라(가톨릭), 1559년 제네바(개혁파), 1559년 니차(가톨릭), 1559/60년 도네(가톨릭), 1560년 몬도비(가톨릭), 1568년 브라운스베르크(가톨릭), 1570년 올뮈츠(가톨릭), 1572년 퐁타무송(가톨릭), 1574년 오리에도(가톨릭), 1574년 타라고나(가톨릭), 1575년 라이덴(개혁파), 1575/6년 헬름쉬테트(프로테스탄트), 1576년 아빌라(가톨릭), 1578년 팔레르모(가톨릭), 1578년 빌나(가톨릭), 1582/83년 에든버러(장로파), 1583년 오르테스(개혁파), 1585년 페르모(가톨릭), 1585년 프라네커(개혁파), 1585/86년 그라츠(가톨릭), 1587년 엘에스코리알(가톨릭), 1587년 게로나(가톨릭), 1592년 더블린(영국국교회), 1595년 애버딘(장로파의 대항적 설립), 1594년 자모스크(가톨릭), 1596/1604년(개혁파), 1598년 몽토방(개혁파), 1599년 비시(가톨릭) 그리고 1599/1602년 세당(개혁파) 등이 있다. 50개를 훨씬 넘는 신설 대학, 그중 구교 측에서는 특히 예수회의 대학이 우세했지만, 이들과 함께 대학의 수는 다시금 거의 두 배가 되었다. 1600년경 유럽은 따라서 이미 약 110개의 대학을 헤아리게 되었다. 이 증가율은 또한 전체인구의 증가율을 더욱 분명하게 넘어서는 것이었는데(1500년 대략 8,000만 명, 1600년 약 1억 명), 이는 아마도 신분사회에서 시민계급이 차지하는 비중의 증가에 상응하는 것이었다.

17세기 역시 신설대학의 수가 인상적이었다. 최초의 것은 1601/04년에 이루어진 프랑스의 디에(개혁파)였다. 이를 뒤따라 국왕의 추가적인 설립으로 이루어진 1603년의 액 상 프로방스(가톨릭)와 1606년의 칼리아리(가톨릭)가 있었고, 1607년 기센(루터파), 1612/14년 흐로닝엔(개혁파), 1614년 솔소나(가톨릭), 1614/16년 파더보른(가톨릭), 1617년 사사리(가톨릭), 1617/18년 몰스하임(가톨릭), 1619년 팜플로나(가톨릭), 1620년 린텔른(루터파), 1620/25년 잘츠부르크(가톨릭), 1621년 쉬트라스부르크(루터파), 1622년 알트도르프(루터파), 1622/29년 뮌스터(가톨릭), 1625년 만토바(가톨릭), 1629/32년 오스나브뤼크(가톨릭), 1632년 도르파트(루터파), 1633년 카셀(개혁파), 1635년 티르나우(가톨릭), 1636년 유트레히트(개혁파), 1640년 아보(루터파), 1647/48년 하더위크(개혁파), 1648년 밤베르크(가톨릭), 1652년 킬(루터파), 1654년 뒤스부르크(개혁파), 1655년 님베겐(개혁파), 1657년 카샤우(가톨릭), 1661년 렘베르크(가톨릭), 1665년 에페르예스(루터파), 1666/68년 룬트(루터파), 1668년 인스

브루크(가톨릭), 1671년 우르비노(가톨릭), 1671년 몽벨리야르(루터파), 1674년 린츠(가톨릭), 1685년 쉬트라스부르크(가톨릭), 1691년 브장송(가톨릭), 그리고 1693/94년 할레(루터파) 등이 있다. 다시금 유럽 대학의 가족은 따라서 거의 40개의 새 구성원만큼 커졌는데, 전체적으로 거의 150개나 달했다. 이 증가는 의심할 나위 없이 유럽 사회가 대학에 포섭된 정도가 대대적으로 확장되었음을 의미했다. 왜냐하면 동일한 시간대에 전체 인구는 그다지 격심하게 증가하지 않았을 뿐만 아니라(1600년경 1억 명에서 1700년경에는 1억 1,500만 명으로 증가), 또한 시민계급의 비중도 절대적으로나 상대적으로나 눈에 띄게 후퇴했기 때문이다. 달리 말하자면, 바로 근대 초 유럽의 귀족적 시대인 17세기에 대학은 적어도 그 제도적 존재의 면에서—물론 학생의 등록은 다른 모습을 보여 주겠지만—다시금 강력하게 생기를 발휘했던 것이다.

18세기, 계몽사상의 시대에 이 경향은 더 이상 지속되지 못했다. 1790년까지 28개의 신설이 이루어졌는데(특히, 라 라구나 1701년, 브레슬라우 1702년, 케르베라 1714/17년, 디종 1722년, 파우 1722년, 상 페테르스부르크 1724년, 괴팅겐 1733/37년, 렌느 1735년, 에를랑엔 1742/43년, 알타무라 1748년, 모스크바 1755년, 뷔초브 1760년, 코르테 1765년, 낭시 1768년, 모데나 1772/73년, 본 1777년, 쉬투트가르트 1781년 및 무르시아 1783년) 그에 반하여 29개의 대학이 폐교되었다. 그리고 좀 더 면밀히 관찰할 때 드러나는 것은 뾰트르 대제(1682–1725)와 예카쩨리나 여제(1762–1796)의 개혁정책 속에 이루어진 러시아의 등장을 제외하면, 진정한 확장은 더 이상 거의 이루어지지 않았을 뿐만 아니라, 대학의 지역적 분포가 그 충족수준에 도달했다는 점이다.

게다가 그동안에 근대 초의 유럽은 신세계의 식민지화와 함께 지리적으로 확장되었다. 원주민의 선교라는 점에서 교회와 개별적인 기독교 공동체는 적어도 중급 수준의 교육기관을 설치하는 노력을 했다. 그러나 이 작업의 시작은 극도로 수고로운 것이었기에, 자주 중단되었다. 하나의 예외를 이루었던 것은 1510년경부터 도미니쿠스 수도회가 아이티에 세운 고등 교육기관인데, 그 확장은 이미 1538년에 완전한 대학으로 인정받음으로써 정점에 이르렀다. 유럽인 선교사의 양성을 목적으로 과테말라에 고등교육기관을 설립하려는 추가적인 시도가 좌절된 다음에 1551년 리마와 멕시코시티에 이루어진 국왕의 대학 설립은 성공적인 것으로 입증되었다. 1800년경까지 스페인령 아메리카 대륙에서는 무엇보다 살라망카를 모범으로 하여 20개 이상의 대학이 운영되고 있었다. 물론 이러한 대학은 오로지 스페인 계통의 학생과 기껏해야 소수의 메스티조인 학생들만이 다니고 있었다. 국왕의 행정기구가 감독권을 행사하려고 애썼음에도 불구하고 대학은 수도회(예수회, 아우구스티누스회, 도미니쿠스회)나 주교가 확고하게 장악하고 있었다. 포르투갈령 아메리카 대륙, 특히 브라질에서는 이에 반하여 단지 몇 개의 예수회 콜레기움이 대학의 부분적인 권한을 획득할 수 있었을 뿐이다. 완전한 대학의 설립에 이르기까지는 아직도 400년 이상이 걸려야 했다. 잉글랜드령 아메리카 대륙에서는 버지니아 회사(Virginia Company)가 1619년에 적어도 하나의 콜리지를 설립한다는 계획을 수립했는데, 성직자 존 하버드가 매사추세츠에 세운 기부콜리지(Stiftungscollege)가 비로소 1650년에 대학으로 인정받았다. 이어서 설립된 콜리지들(1693년 윌리엄 앤 메리, 1701년 예일, 1746년 뉴 저지 콜리지, 1754년 킹즈 콜리지, 1755년 콜리지 오브 필라델피아, 1764년 콜리지 오브 로드 아일랜드, 1766년 퀸즈 콜리지, 1769년 다트머스 콜리지)은 필라델피아를 예외로 하면(1791년 필라델피아 대학 Univ. of Philadelphia), 19세기에 비로소 대학의 지위에 도달했다. 프랑스령 북아메리카 대륙에서는 교육제도가 고급의 중등학교와 사제양성소(Priesterseminar)에 한정되었다. 인디오나 인디언들을 중급 수준을 넘어선 유럽식 교육체제에 참여시키려는 것은 진지하게 추구되지도 않았고 성공하지도 못했다. 그 이후에 신세계에 이식된 대학들은 단지 대규모의 이주민 사회가 형성되었고 유럽과 비견되는 교육의 욕구가 발달되었던 곳에서만 일정한 역동성을 발달시켰다.

근대 초의 대학들에 대한 호칭은 한결같지가 않았다. 이탈리아와 이베리아 반도에서는 스투디움 게네랄레(studium generale)라는 호칭이 지배적이었다. 프랑스와 잉글랜드의 대학은 스스로를 우니베르시타스로 불렀다. 신성 로마 제국과 북방에서는 휴머니즘의 영향으로 아카데미아(academia)라는 이름이 선호되었다. 스코틀랜드와 스페인에서는 콜레기움이라는 호칭도 사용되었다. 이렇게 다양한 명명법의 배경에는 한편으로 법률적, 역사적 차별성이 숨어 있었고, 다른 한편으로는 새로운 기관이 추가됨에 따라 유럽의 고등교육 지평이 재편성된 사정도 있었다.

먼저 언급한 측면에서 결정적인 것은 우선 대학의 지위를 확정함에 있어서 교황에 의한 인정이라는 기준은 더 이상 중요하지 않게 된 것이다. 물론 종교개혁까지 황제, 군주 및 도시 공동체의 대학 설립이 교회의 수장에게 후속적으로 인가받는 것은 하등의 실질적인 문제가 아니었다. 1527년 방백(Landgraf) 필립이 루터파 신조를 따르는 마르부르크 대학을 설립하면서 새로운 장이 펼쳐졌다. 비록 황제가 1541년 그의 승인을 내렸고 이로써 원래 이단적인 기관이라는 평판은 면제되었지만 말이다. 그 이후로 대학설립의 형식적인 권한은 더욱더 영방군주 및 군주에게로 넘어갔다. 반면 실제적인 인정은 대학 공동체나 교육의 경쟁력에 맡겨지는 경향이었다. 말하자면 전면에 드러나는 것은 대학이 수행하는 일의 질, 또는 더 정확하게는 각각의 자매기관들이 내리는 평가나 인정이 더 중요해졌다는 것이다. 예를 들면 개혁된 모델 대학, 라이덴의 학생들과 교수들은 적어도 루터교파 지역에서는 완전히 인정된 채용과 출세의 전망을 향유했다. 늘 요구되었던 공식적인 신조의 변경은 시행이 장기화되면 될수록 이 차원에서는 단지 형식적인 사안으로 처리되었다. 가톨릭 남부 유럽의 위대한 법과대학과 의과대학들은 또한 프로테스탄트 교도들도 다니는 모범대학으로 공공연히 일컬어질 수 있었다. 그 논리적 귀결로서 각각의 기관이 완전한 학부 및 분과학문의 스펙트럼을 제공하는지 아닌지, 그리고 그 내부 제도가 충분히 조합적인지—즉 본질적인 결정을 교수들이 내리는지—그리고 법인체로서의 일정한 자율성이 지속되고 있는지 아닌지 하는 문제는 의미를 상실했다. 원래 학위 수여권이 없는 기관이 높은 특권을 향유하거나 생각할 수 있는 대로 더 우수한 졸업생을 배출한다면, 형식적인 학위 수여권마저도 이때부터는 부차적인 것이 되었다.

이렇게 형식적인 자격보다 입증된 성과를 선호하는 것은 대학 이전 단계의 교육기관을 다니는 자들의 관점에서도 출현했는데, 이들 기관의 종류와 수는 휴머니즘의 시기부터 현저히 증가했다. 가장 일찍 등장한 휴머니스트들의 학구적인 고급 중등학교(김나지움)들은 학예학부의 강력한 경쟁자가 되었다. 근대 초의 전 시기 동안 이들은 단지 대학 과정을 준비하는 학교로서의 역할만을 받아들이지는 않았던 것이다. 개혁된 고급의 학교들에는 교황이나 황제에 의한 공식적인 인정 이외에도 다수 기존 대학들의 실제적인 인정이 거부되어 있었으나, 그럼에도 불구하고 이들은 그 학생들에게 유리한 출셋길을 열어 주었다. 유럽 전역을 포괄하여 더욱 큰 영향을 미친 것은 예수회 콜레기움이었다.(라이너 A. 뮐러) 이들은 학예학부 과정의 핵심을 넘겨받아, 수도회의 교육 프로그램인 **수학계획**(Ratio Studiorum)에 따라 새로이 구성했는데, 그 이수는 따라서 대학의 수학기간을 눈에 띄게 단축하거나 심지어 대체하기도 했던 것이다. 학술원은 본래적인 의미에서 결코 교육기관이 아니었으나, 그럼에도 불구하고 대학의 경쟁기관이 되었다. 이들은 오히려 전적으로 연구와 학문적 토론에만 종사했다.

3. 제도, 사회적 평판 및 설비

제도

특히 독일과 스칸디나비아 지역의 대학들이 점점 더 영방군주의 행정체제와 결부되면서 모든 대학관계의 형식화, 법제화 및 문서화가 증대하는 결과가 초래되었다. 예전에는 교사들의 합의 속에서 또는 경우에 따라 교사와 학생들 사이에 자유롭게 결정될 수 있었던 것이 이제는 더욱더 형식적인 규정을 필요로 하게 되었다. 이것이 의미하는 바는 위원회 기구와 그 계서제가 더 강화된 것이었다. 대학의 의사결정에 참여하는 것은 더 정확하게 통제되었고, 전체적으로 대학운영방식에 관치와 과두제가 등장하게 되었다.

15세기 말까지 대학의 총회(concilium generale, congregatio plena)에 참여하는 것은 모든 졸업생, 따라서 학생교사들에게도 개방되어 있었는데, 그 후부터는 도처에서 이러한 성원자격과 참여 가능성을 정교수에게만 부여하려는 시도가 이루어졌다. 프랑스, 신성 로마 제국 및 스웨덴에서는 정교수 이외의 집단을 배제하는 조치가 가장 일찍 관철되었다. 모든 교사들이 참여하고 있었던 곳에서는, 정교수들이 자주 제도적인 이원화로, 즉 대위원회 위에 소위원회를 설치하는 방식으로 넘어갔다. 모든 집단에 개방되어 있는 대위원회는 차츰 중요하게 여겨지는 권한을 박탈당했고, 소위원회가 권한을 양도받았다. 이러한 사태는 또한 오직 학생들에게만 총회의 참여가 허용되어 있던 볼로냐식 전통의 대학들에서도 마찬가지였다. 그 결과 17세기부터는 "지중해 지역의 '학생대학'은 조직상 북서 유럽의 '교사대학'과 더 이상 거의 다르지 않게 되었다."(빌렘 프리호프) 이러저러한 방식으로 성립된 소규모 운영위원회(휴머니즘의 영향으로 16세기부터는 소원로회라 불렸다)의 과업은 일상적인 업무를 처리하는 것인데, 이는 더욱더 긴급한 사안과 인사상의 결정을 포함하게 되었다. 총장은 비로소 서서히 소원로회로 들어가게 되었다. 대원로회에는 반면 행정적·법률적 원칙 문제, 학문적 인력에 관한 문제, 여러 가지 위원회의 소집과 임명 등등에 관한 자문과 해결이 귀속되었다. 스페인, 네덜란드 그리고 이탈리아의 여러 대학에서는 대학운영주체의 대표들, 즉 언급된 후견인(Konservator) 또는 대행자(Prokurator)들도 이에 포함되었다. 이에 상응하여 소원로회(caput senatus, Hebdomadal Council, claustro ordinario, assunteria di studio)도 군주가 특히 자신의 영향력을 행사하는 그러한 위원회가 되었다. 물론 이러한 변화가 교수들과 직책소지자들에 대하여 직접 영향을 미친 것은 아니다. 오히려 그 반대였다. 그러나 이러한 간여는 대개 구두로 이루어졌기 때문에, 단지 예외적으로만 직접 사료적으로 파악이 가능하다.

학부 차원에서도 점점 더 강하게 변화의 경향이 나타났다. 그것은 정교수가 아닌 인물을 학부총회(concilium facultatis)에서 배제하거나 본래의 업무를 비공식적이고 협소한 위원회로 돌리는 것, 또는 원칙에 관한 사안이 아닌 한에서는, 학장과 그의 보조자들(비서와 회계)에게 배정하는 것이었다. 프랑스에서는 이러한 배경에서 상이한 세 유형의 학부가 형성되었다. 예를 들면 파리(학예학부)와 오를레앙(법학부)에서는 여전히 학생의 협찬을 형식적으로 보존하는 것에 가치를 부여하여, 국민단의 대표들이 학부총회에 참여하는 것을 허용했다. 파리의 의학부와 다른 곳에서는 물론 학생들이 배제되었다. 그러나 실제로 모든 교수자들에게는 참여가 허용되었다. 가장 일찍 몽펠리에에서, 즉 이미 15세기부터, 그리고 국왕의 지원을 받아 점점 더 프랑스의 대학 대부분에서, 마침내 다른 나라에서도 학부총회에 참여할 수 있는 권한, 그리고 이와 함께 보장되었던 완전한 학부성원의 자격이 정교수 및 정규수업 개설권자들—이 시기부터 점점 더 강좌(Lehrstuhl)로 불렸다—로만 제한되었다.

총장직은 대학(교수) 자치의 정점적 지위로서 하등의 형식적인 변화를 겪지 않았으나, 이 역시 역사적 변동에 처해졌다. 명백히 그의 대표자적 그리고 의전상의 성격은 강화되었다. 반면에 실제 영향력은 감퇴되었다. 총장의 선출은 순전히 형식적인 것이 되었고, 대신에 그 직책은 돌아가면서 맡겨졌다. 신성 로마 제국과 잉글랜드 일부 지역에서는 총장이 심지어 학생으로 등록되어 있거나, 그 밖에 대학과 모종의 관계가 있는 고급귀족에게 총장직이 수여되는 관행이 정착되기도 했다. 그러면 실제적인 업무는 특정한 교수 아니면 교대로 임무를 맡는 총장이 처리해야 했다. 도시 대학 쾰른만이 전통적인 지배적 지위와 그에 따른 지휘권 주장에 대한 이러한 상징적 적응을 포기했다. 반면에 학생 총장은, 그것이 잔존하는 한에서는, 도시의 관청과 교수들이 더 이상 거의 진지하게 생각하지 않게 되었다. 진정한 권한의 보유자로는 종종 정교수의 위원회와 협조하거나 또는 그와 병립하는 총장대리(Prorektor) 및—잉글랜드에서 같이 상서직(Kanzleramt)도 순전히 명예직이 되어 버렸다면—부상서(Vizekanzler)가 두드러졌다. 이들에게는 점점 더 독점적으로 대학의 종사원들을 지휘하고 통제하는 업무가 귀속되었는데, 이들의 수는 특히 대학 인쇄소나 출판부의 설립 그리고 도서관의 확충 때문에 더욱 증가했던 것이다. 이들은 집단기구의 작업을 조정하고, 원로회를 주재하고, 재정을 관리하였으며 수업운영과 대학 공간 전체, 그리고 학생들의 일상에서까지 규율을 감독하는 일을 했다.

이러한 업무는 특히 대학의 재판권 운영과 관련되었다. 이는 16세기 초의 격변기부터 연관성이 분명히 증대했는데, 그것은 반드시 학생들이 더 소란스러워지고 더 자주 난동을 피워서가 아니라, 규율을 잡으려는 의도가 강화되었기 때문이었다. 예전에는 다소간에 눈감아 줄 만한 것으로 보이던 것이, 이제는 휴머니즘의 도덕주의와 종교개혁으로 발동된 기독교적 가치관의 압박으로 근절되어야 했다. 특징적으로 1500년 이후에 신설된 일련의 대학들, 그중에서도 마르부르크, 예나 및 유트레히트에서는 바로 영방의 최고법정이 이 업무를 맡았다. 대학 재판소의 구성은 그 밖에도 다양했는데, 어떤 경우든 정교수들이 두드러지게 대표되고 있었다. 도시와 신분제 의회가 운영하던 라이덴 대학에서와 같이 도시의 대표 및 참관인이 판사의 다수를 이루었던 경우는 예외였다.

대학 재판소의 관할범위는 대학 구성원(cives academici)[2]이 관련되어 있던 모든 민사 및 형사사건에 미치고 있었다. 그러한 구성원(cives)에는 교수자와 학생들만이 아니라 그들의 가족과 가솔들, 또한 인쇄소, 출판부 및 전령에까지 이르는 대학의 모든 종사원들도 해당되었다. 영방법과 때로는 이른바 경찰령(Polizeiordnung)이 규정하는 모든 종류의 위반사항에 대해서도 형벌이 과해질 수 있었다. 그 정점에는 종교 및 교파의 신조 그리고 보편적인 도덕에 대한 위반사항이 놓여 있던 것으로 보인다. 또한 사기, 문서위조, 파괴행위, 금지된 결투, 학업의 태만, 대학의 복장 및 행위규정에 대한 위반(예를 들면 무기 휴대, 귀족의 깃털모자 착용) 등도 없지 않았다. 형벌로서는 벌금형, 견책, 신체형 및 구금, 즉 저 유명한 학생감옥으로의 투옥 등이 선택지로 제시되었다.

대개의 범죄자들이 벌금형으로 풀려났던 것은 귀족 및 성직자의 신분적 특권이나 학생들의 특권 때문만이 아니라, 또한 대학 및 교수들의 재정수요와 관련되어 있었다. 대학이 영방국가체제로 편입되는 것은 대학이 점점 더 항구적인 조세로 안정된 영방국가의 예산체제에 수용됨을 필연적으로 의미하는 것은 아니었다. 오히려 기본적으로 교회의 재원을 즐겨 원용하는 재래의 혼합재정체제가 유지되고 있었다. 종교개혁을 빌미로 한 교회재산의 몰수는 더욱이 대개의 경우 의식적으로 교육(및 빈민구제) 체제를 돕는 방향으로 이루어졌다. 이는 또한 유례가 없는 조치를 도덕적으로, 법적으로 더 용이하게 정당화하기 위한 것이기도 했다. 실제로 다수의 대학설립자들은 그럼에도 불구하고 이러한 수입 중 일부를 자신

2 말 자체로서는 '대학의 시민'이라는 뜻이다.

을 위해 착복하였고, 또 그런 방식으로 양도된 재산[3]으로부터의 수입은 오래되면 오래될수록 국고에서 지급되는 필수적인 보조금의 지원 없이는 불충분했다. 이에 반하여 개별적으로 영방군주의 호의를 입는 지식인들이 대학에 배치되고 직접 봉급을 받는 관행도 확대되었다. 이러한 방식으로 다수의 기성 교수단이 원치 않는 휴머니스트들이나 계몽사상가들, 또한 종파적으로나 정치적으로 교수 조합이 오히려 의심스럽게 생각하는 이들이 교수의 직에 이르게 되었다.

교수들의 수입에 더욱 의미 있는 것으로 근대 초에 비로소 실질적으로 실현된 용익권, 예컨대 주점운영권 또는 심지어 양조권, 귀족 학생들을 하숙생으로 받아들일 수 있는 인가 같은 것들이 유지되고 있었던 것으로 보인다. 그러나 믿을 만한 일반적인 수치와 그 정도는 거의 획득되지 않고 있다. 이미 당대인들도 이 불명확한 상황을 곤혹스럽게 여기고 있었다. 왜냐하면 17세기 중엽부터 재정에 대해서 계산상으로 드러나는 투명성을 확보하려는 요구가 더욱더 강하게 제기되었기 때문이다. 그리하여 당대의 회계장부는 대부분의 대학에서 재정적 설비가 18세기에도 오히려 빠듯했다는 인상을 강화시킨다. 어쩔 수 없이 학생들의 수업료를 인상한다든지, 아니면 천박한 부자들에게 간접적으로 대학 학위와 명예직을 매매한다든지 하는 일은 여러 대학에서 분명히 거의 불가피했다. 교수들이 허용된 학생들만이 아니라, 학생이 아닌 자들까지 개별적으로 받아들이면서 그들의 주점운영권을 확장하려고 한 것뿐만 아니라, 또한 몇몇 대학들이 예컨대 조세특권을 경제적으로 이용하기 시작했던 것은 그다지 놀라운 일이 아니다.

중세적 기원의 지속적인 발전은 본질적으로 대학의 사정이 콜레기움으로 변모한 것이었다. 14세기 말부터 다수의 예비교(Kolleg)들이 휴머니

---

3 주로 토지소유.

즘 사조에 영감을 받아, 대학의 하부에 정착한 라틴어 학교 및 지식인 학교와 연합했다. 이에 따라 대학, 특히 학예학부에 대한 이들의 관계는 이완되거나 새로운 확정이 필요하게 되었다. 프랑스에서는 하등의 공식적인 새로운 조정이 이루어지지 않고, 대부분의 대학에서 학예학부가 사실상 기초과정의 운영에서 물러나고 시험과 졸업사정의 시행에 집중했던 반면, 특히 잉글랜드의 대학들은 그들이 이미 내디뎠던 공식적인 작업분담의 길을 더욱 나아갔다. 이것이 의미했던 바는 콜리지의 수가 증대된 것이었다. 왜냐하면 이제부터 모든 학부학생들은 그곳에 기거하고 콜리지의 수업을 받아야 했기 때문이다. 그리하여 콜리지들은 더 이상 졸업자들(Graduate)[4]과 교수들(Fellow)을 위한 숙소로 이용되었던 것이 아니라, 이들이 사적으로 주거를 마련할 수 없었던 경우, 이들을 위한 자체의 기관으로 세워졌다.

프로테스탄트 국가들에서는 이러한 목적, 또는 그 외 용도의 숙소로 사용하는 것을 목적으로 수도원이나 기타 과거 교회 건물의 용도 변경을 선호했다. 그러나 기본적으로 가톨릭 측은 아주 강력하게 기숙학교와 유사한 숙소와 교육시설에 의존했다. 이러한 청소년들의 격리에 결정적으로 영향을 미친 것은 세속의 타락상으로부터 미래의 엘리트들을 교육기간 동안에 보호해야 한다는 근심이 제고된 탓만이 아니라, 또한 그 이상으로 수업이 없는 시간도 교육목표에 상응하여 조직되어야 최적의 사회화와 교육성과를 거둘 수 있다는 관념이었다. 이러한 맥락에서 가톨릭 종교개혁과 종교정책의 영향 아래 또한 학생국민단의 관념도 부활하게 되었다. 그 사례로 들 수 있는 것이 볼로냐의 헝가리-일리리아 학생단(Collegio Ungarico-Illirico)과 밀라노의 신흥 학생단(Collegio Nuovo)이다. 그러나 오래된 국민단 구조는 16세기 말부터 그 효과를 상실했다. 프랑스

4 대개 학위학부인 학예학부에서 B. A. 학위과정을 마치고, 상위학부에서 수학하면서 동시에 학예학부의 교사 역할을 담당하는 인원들.

에서는 이것이 1619년에 기본적으로 폐지되었는데, 특히 프랑스인이 아닌 학생들의 비중이 전체적으로 감소했고 나머지 학생들을 가지각색의 국민단 표기 아래 합치는 것이 그다지 설득력이 없었기 때문이다. 국민단이 법적으로 정착되어 있어 모든 학생들이 입학과 함께 의무적으로 하나의 국민단에 배정된 곳에서는—실제로 이 경우 출신은 반드시 결정적이지 않았다—그러나 점점 더 내부의 종파적 및 정치적 불화가 공동생활을 마비시키고 있었다.

학생과 교수들의 사회적 평판

근대 초 학생들의 등록(Immatrikulation)은 수업료 지불, 대학의 규정과 그 종파적 경향에 따른 의무를 준수한다는 서약, 그리고 학생명부(마트리켈)에 등재되는 것으로 이루어졌다. 중세에는 단 한 번의 등록으로 충분했었지만, 이제 더 정확한 통제를 목적으로 이 행위를 매년, 심지어 매 학기마다 반복하게 하고 이를 실제적인 수학(강의의 참가)과 결부지으려는 노력이 더욱 강화되었다. 연소자나 성인의 서약능력에 대한 법률적 논의에서, 특히 입학연령 면에서 여러 가지 제한이 등장했다. 물론 독일의 철학자 크리스티안 토마지우스 같은 교수의 자식들은 이미 젖먹이 시절에도 등록될 수 있었다. 여전히 공식화되지 않은 채로 남아 있는 문제는 대학의 수학자격을 부여하는 예비교육의 시험이었다. 간접적인 입학제한은 경우에 따라서는 형식적으로 또는 실제적으로 학예학부의 기초과정을 인수했던 그러한 콜레기움의 입학기준을 채용하는 결과를 초래했다. 하나의 예는 살라망카, 발라도이드 및 알칼라에 소재한 스페인의 콜레기오 마요레스였는데, 이는 또한 출신성분, 구체적으로 무어족이나 유태인의 혈통이 아니라는 점을 전제로 했다. 유태인 수학지망자는 16세기와 17세기 거의 전 기간 동안 그렇지 않아도 기본적으로 배제되어 있거나 적어도 하등의 학위를 취득할 수 없었다. 가톨릭 지역, 무엇보다 위대한 법학 및 의학 대학에서는 그러나 교황의 면제를 획득하는 것이 관행되었다. 이런 곳에서는 또한 당해 기관의 경제적 및 명성상의 이해관계에 반하는 프로테스탄트의 배제가 실제로는 거의 이루어지지 않았다. 17세기 말과 또 18세기에 비로소 이러한 규제의 부분적인 삭제가 필연적으로 따르게 되었다. 우선 유태인 학생들이 네덜란드의 대학들에서 공식적으로 학위를 받는 것이 허용되었다. 그리고 나서 프로테스탄트계의 독일 대학에서, 더욱이 근대 초의 말에는 합스부르크령 내의 대학에서도 같은 조치가 이루어졌다. 우선 이러한 금령은 현저히 세계관과 중립적인 학부, 즉 무엇보다 의학부와 법학부에서 해제되었다. 여성들의 전면적인 대학 입학 허가는 계몽의 세기에도 이루어지지는 않았으나, 수적으로 증가한 개별 사례가 17세기 말부터 알려지고 있다. 1678년 추측건대 최초의 여성이 파두아 대학 철학부에서 박사학위를 취득했다. 이는 명백히 그녀가 부유하고 영향력이 큰 출신가문의 지원을 받을 수 있었기 때문이리라. 그녀의 선례를 좇아 1732년에도 한 여성이 볼로냐에서, 이번에는 교황의 후원을 받아, 모든 종류의 방해에도 불구하고 물리학자로서 일정한 활동을 전개할 수 있었다. 1733년과 1750년에는 두 명의 여성이 처음으로 독일에서 박사학위를 취득했고, 1777년 파비아에서는 최초의 여성 의학박사가 탄생했다.

새로운 학생집단의 등장은 또한 학생인구 전체의 변화라는 배경에서 보아야 할 것이다. 물론 전 유럽에 대하여 믿을 만한 자료는 결여되어 있고, 관련된 개별 국가의 통계도 그 정확도가 상이하기에, 단지 경향에 대한 진술만 가능할 뿐이다. 등록생 수의 차원에서 장기적인 진행은 우선 분명히 대학 설립수치의 진행을 따라가고 있었다. 프로테스탄트가 우세한 북부 유럽에 대해서는 대략 1570년부터 1630년 사이에 공식적으로 교육혁명이 일어났다고 말해지고 있다. 서유럽과 남유럽에 대해서도 그 전형을 인지할 수 있다. 물론 이곳에서는 수요가 일찍부터 현저히 증대했고 더 오랫동안 유지되었던 것으로 보인다. 이에 반하여 분명한 예외를 이루는 곳이 프랑스였는데, 여기에서는 전체적으로 일컬을 만한 수요의 증대가 일어나지 않았다. 종교적·종파적 교육열과 대학교육을 받은 성속(聖俗)의 관리에 대한 군주 및 국가의 수요가 사라지면서 17세기 1/3분기 이후에는 대개의 지역에서 등록률의 감퇴가 진행되었다. 이 사태는 당대의 위기, 갈등 그리고 교육체제의 개편 및 이 "철의 세기"(헨리 카멘)에 전개된 귀족의 르네상스로 추가적으로 촉진되었다. 18세기에는 대학수학의 모순과 비통일성이 다시 한 번 두드러졌다. 분명히 우선 17세기의 격변 이후에 계몽절대주의적 개혁이 전개되면서 실용적 직업(관리, 의사, 법률가)에서 다시금 개선된 기회를 잡고자 일부 지역에서는 곧 장기지속적인 대학 등록의 붐이 시작되었다. 그 결과 처음으로 '대학졸업자의 홍수'를 지각하고 이에 대한 비판적 논의가 일어났다. 반면 다른 지역에서는 졸업자 수의 정체와 감소가 나타났다.

물론 몇 개의 기관에 대한 구체적인 수치를 볼 때 분명히 드러나는 것은, 20세기의 대중대학은 아직 맹아적으로도 나타나지 않았다는 점이다. 옥스퍼드와 케임브리지는 17세기 말부터 쇠퇴하기 시작했는데, 양호한 시기에도 단지 400명이 등록하고 있었고, 나쁜 시기에는 300명 이하 또는 200명가량이었다. 독일의 대학들에서는 16세기 초에 최대 4,200명의 학생들이 등록되어 있었는데, 1520년대 말의 위기 시에 이 수치는 약 650명으로 떨어졌다. 그리고 다시 1630년대에는 7,000명 내지 8,000명으로까지 증가했고, 이에 이어지는 1710년경의 대대적인 폭증 이후에는 대략 9,000명으로, 나중에는 최대 10,000명으로까지 증가했다. 명백히 더욱 높은 수치는 특히 예전과 다름없이 북부 이탈리아의 대학 지역과 프랑스, 또한 스페인에 나타났다. 물론 각기 눈에 띄는 내부적 재편성과 전체적으로 상승과 하락 사이의 변화가 가속화된 양상도 결부되어 있었다. 전체적으로 보아 해당 연령집단에서 수학자의 비중은

17세기 초까지 증가했고 그 이후에는, 특히 18세기에는 다시 떨어졌던 것으로 보인다. 그러나 기본적으로 그 한계는 기껏해야 1퍼센트도 넘지 못했던 것으로 보인다.

이러한 변동은 전체적으로 더욱 일관된 수학태도와 결합되었는데, 이는 증가한 졸업자의 수가 입증하는 것 같아 보인다. 달리 말하자면, 규율과 통제 그리고 교육과정과 직업경로의 형식화와 일관된 구조화, 즉 전문화는 명백히 성과를 나타냈다. 이 결과는 이미 15세기부터 대학이 점점 더 귀족화되었던 배경에서 특히 주목된다. 교수들과 대학 운영체가 증가하는 귀족들의 학업포기를 방지하기 위해, 이들에게 점점 더 많은 특권을 부여하고, 이미 언급한 바와 같이 귀족에 전형적인 교육 프로그램, 그중에서도 사회적·정치적으로 유행이 되고 있는 근대 문헌학, 특히 프랑스어와 이탈리아어 같은 과목을 제공하는 것 등으로만 대학의 귀족화가 진행된 것이 아니었다. 기사, 백작 및 군주의 자제들은 이제 그들의 하인을 대동할 수 있었다. 이들은 의전상의 우위를 누릴 수 있었으며, 학생단체를 석권했는데, 이 역시 따라서 계서화되고 봉건화되었다. 대학 또한 이들 귀족 학생들의 욕구에 따라 사치스러운 사교형식, 행렬과 축제 등을 마련했고 종종 대학의 복식 및 행동규정을 귀족적 관습에 부합시켰다. 대학은 대학 이후에 행하는 귀족들의 신사유람—이는 **학업을 위해 외지로 가는 구래의 관습**(peregrinatio academica)을 대체했다—이 본질적으로 사교 행사(친지 방문, 궁정식 대화와 생활양식으로의 입문, 엽색행각)임에도 불구하고 이를 교육과 연관이 있는 것으로 승인했다. 기존의 교과목 내에서 대학은 새로운 요구에 따른 중점—예컨대 기하학 내부에서 포술, 축성술, 관개기법을 다루는 것—을 구성하였고, 검술, 무도 등등과 같은 것들이 추가적으로 교과목 스펙트럼에 들어왔다. 그 대가로 더 고액의 졸업수수료와 기타의 납부금이 요구되었다. 귀족들이 대학 생활에 참여하게 된 것은 대학의 평판을 높여 주었다. 휴머니즘 및 기독교적 교육이상은 출생귀족이 제기한 엘리트로서의 지위 요구에 가능한 한 적응되었다. 귀족들이 이를 받아들인 것은, 지식인들에게 출생부터의 지배신분층도 교육을 받을 능력이 있으며, 따라서 개혁능력이 있으리라는 생각을 강화시켰다. 군주들이 때로는 그 지배중심기구와 궁정에서 성직자들을 몰아내고 의식적으로 대학에서 양성된 조력자들을 배치한 곳에서는, 귀족들이 시민계급 출신의 법률가와 지식인들에 대하여 자신의 입지를 강화하고자 대학교과목의 제공을 귀족을 위하여 개선하도록 하는 압력이 더욱 효과적으로 가해졌다.

대학생활과 여러 대학의 외적 현상형태를 점점 더 규정하는 이러한 경향에도 불구하고 학생의 대다수는 근대 초기에도 여전히 비귀족, 즉 본질적으로 시민계급 출신으로 충원되었다. 부분적으로는 저명하고 안락한 콜레기움과 기타의 공동시설에서 방출되기도 했지만, 이들은 교회, 군주 및 부분적으로는 사적인—이 역시 시민계급이 주도하는—재단, 기증 및 장학금 등으로 후원을 받았다. 근대 초는 이런 방식으로 콜레기움과 부어제 설립의 호황을 맞이했다. 물론 간과할 수 없듯이 귀족 자제와 시민계급 자제 사이의 경쟁은 광범한 빈민학생들(scholares pauperes)에게 부담으로 전가되었다. 더욱더 많은 수의 시민 출신 학생들은 이 시기에 양호한 처지에 놓여 있던 시민계급에서 유래되었다. 반면 영세 장인의 자제나 심지어 스스로 고학하던 빈민학생의 비중은 현저히 줄어들었다. 통계적으로 유럽의 일부에서 입증되는 대학의 과밀현상을 둘러싼 논쟁은 따라서 그에 상응하는 사회적 내용을 갖고 있었다. 비판은 즐겨 빈곤한 학생들을 겨냥하고 있었다. 이들에 대해서는 시민계급의 자제들도 해당되는 출세의 기회를 거의 양보하지 않았다. 그리고 시민계급의 자제들이 그들 나름대로 귀족화되는 경향에 포섭되었을 때는 더욱 그러했다. 그럼에도 불구하고 대학의 완전한 귀족화는 발생하지 않았다. 왜냐하면 유럽의 귀족은 시기별로 그리고 지역별로 자주 다시금 대학수학에서 이탈하고 그 대신에 자체의 교육기관을 운영하고 다녔기 때문이었다. 이에 속하는 것으로는 예를 들어 스페인의 콜레지오 임페리알(1629)과 다양한 기타 콜레지오 마요레스, 프랑스의 아카데미 로얄(Collège de Juilly)과 스페인, 신성 로마 제국, 북부 및 동유럽의 허다한 기사학교(Ritterakademie)가 있었다.

학생들이 겪는 수업형태와 수업방식은 근대 초에도 기본적으로 아직 거의 변하지 않았다. 지배적인 수업형태는 특히 이탈리아 및 볼로냐식 전통이 지배적인 지역에서, 즉 학생들이 공동체적으로 생활하지 않고 따라서 콜레기움식의 수업을 받지 않았던 곳에서는 강의였는데, 이 역시 중세와 마찬가지로 정규적 유형과 비정규적 유형으로 나뉘어 있었다. 담당강사는 수업내용을 하나하나 불러 주었고, 특히 중요한 부분은 받아쓰게 했던 것이다. 그러나 예전보다 더 분명하게 수학자들은 그들의 사회적 등급에 따라 무리를 지어 담당강사 앞에, 그리고 이제는 더 규칙적으로 서판이 붙어 있는 의자에 앉게 되었다. 그러나 이미 파리에서 출발한(그래서 파리식 modus Parisiensis이라고 부른다) 후기 스콜라학풍에서는 또한 강의와 연습을 교육적으로 등급지어 통합한 양성프로그램이 형성되었는데, 또 이를 예수회가 인수하여 세련화시켰다. 더욱이 교수들의 수업성과는 군주 측이 임명하거나 도입한 감독관청이 내용과 형식을 통제했다. 예정된 내용을 마치지 못할 경우에는 벌금형이 과해질 수 있었다. 허용되지 않은 서책을 이용하거나 금지된 주제를 강의하는 것은 어쨌든 공적인 수업에서 다소간 신속하게 해임되는 결과를 초래할 수 있었다. 수업 및 공식용어는 각각의 민족어를 사용하고자 하는 신학적, 사목적 요구와 중세 및 휴머니즘적 학문어와 함께 그에 상응하는 학문적 전통을 벗어던지려 했던 계몽사상가들의 요구에도 불구하고 18세기 내내 원칙적으로 라틴어였다.

학생들의 학문적 참여에서 두드러져 있는 것은 예전과 마찬가지로 공식적으로 그리고 규칙적으로 시행되는 토론이었다. 이제는 물론 토론이 길어지면 길어질수록 문서화된 자격논문(dissertationes exercitii cause, 연습논고)의 제시로 보충되었다. 연습논문 및 졸업논문(diessertationes pro gradu)의 증대되는 분량에서 이미 알 수 있듯이, 지속적으로 향상된 독서량이 기대되고 입증되어야 했다. 이 관행은 우선 휴머니즘에서 유래되었는데, 이를 요구하는 것은 종파적 교회가 그 역인과 지지자들이 확고한 교리를 견지하고, 논쟁에서 스스로를 견지해야 한다는 기대와 결부되었다. 둘째로 이 부분에서 장차의 국가관리들이 적절하게 풍부한 법률, 행정 및 정치적 지식을 갖추어야 한다는 요구가 관철되어 있었다. 셋째로 사회·문화적 관계가 복잡해지고 유럽의 지식이 지속적으로 확대되면서 요망되는 엘리트로서의 위치를 정당화하고 확보하기 위해서는 가능한 한 광범한 지식을 갖추는 것이 불가피해졌다.

추측건대 이러한 맥락에서도 중세적인 졸업제도가 다수의 대학 지역에서 서서히 변화했다. 더욱이 선진국에서는 한편으로 순차적인 졸업절차들—학사에서 리켄치아를 거쳐 박사학위로—의 공식적인 순서가 서서히 학문적인 전문화의 방향으로, 특히 리켄치아 소지자에게 유리한 방향으로 해체되어 나갔다. 다른 한편으로 박사학위는 그것에 선행하는 학위를 배제하기 시작했다. 그리하여 의사들과 법률가들에게는 리켄치아가 직업활동의 본래적인 전제가 되었고 학사학위는 서서히 외국인들만 취득하는 것이 되었다. 반면에 취득과정이 더욱 번거롭고, 따라서 귀족들이 거부하는 경향이 있는 박사학위가 시민계급의 관점에서는 유일하게 유효하고, 본래적인 대학의 졸업으로 출발했다. 이러한 경향들은 다시금 다음과 같은 사태가 전개되는 바에 기여했다. 즉 박사학위의 취득은 학생 및 대학생활의 중심에 놓이게 되어 계속해서 호사스러운 의례와 축제를 동반했는데, 이로써 매우 비용이 많이 드는 일이 되었다. 이는 다시금 예외적인 경우 대학에 다니지 않고도 일정한 수수료를 지불하고 박사학위를 취득하는 것도 가능하게 했다.

박사학위가 공적으로 또 대중 사이에 승인되는 바가 더욱 증대하면서 종국에는 박사학위를 하나의 귀족신분증으로 만들려는, 즉 그 소지자를 귀족신분으로 승급시키려는 다양한 시도도 이루어졌다. 원래 이런 발상은 북부 이탈리아의 대학들에서 발생했는데, 오래된 도시귀족과 귀족 전체에 대항하여 상승하는 시민계급이 벌인 투쟁에서 유래한 것이었다. 대학의 확산과 함께 이 발상은 전 유럽을 사로잡았는데, 15세기부터는 기존의 사회·문화적, 정치적 세력배치에 따라 강력하게 또는 덜 강력하게 드러났던 것이다. 완고한 출생귀족을 이런 방식으로 압박하기 위해 업적에 의거한 귀족 자격의 요구를 인정하고자 한 여러 군주들의 경향 덕분에, 유럽의 여러 지역에서 실제로 이 요구는 다소간 관철될 수 있었다. 신성 로마 제국에서 박사학위는 공납과 부역의 면제 이외에, 재판상의 특권과 복식의 특권 또한 학생들에 대한 부과조 요구권을 가져왔고, 이는 박사학위 소지자, 즉 대개의 교수들에게 봉건영주와 같은 지위를 부여했다. 박사학위를 소지한 구직자들은 예전과 다름없이 비교적 근소하지만, 문제되는 지위가 더 이상 상속, 인척관계 또는 기타의 인적 관계로 수여되지 않는 그러한 경우에서는 더 나은 채용의 기회를 누렸다.

다른 한편으로 박사학위는 반드시 신뢰할 만한 업적의 증명을 의미하지는 않았다. 특히 18세기 후반, 대학에 다니지 않고 취득한 박사학위(Promotion in absentia)와 명예박사학위로 학위의 인플레이션이 심해진 뒤에는 더욱 그러했다. 일부 선진국들에서는, 특히 프랑스에서는 그래서 대학졸업자들을 다시 한 번 지망하는 근무와 관련되는 국가시험을 보게 하는 방식으로 넘어갔다. 그러나 또한 이를 넘어서 18세기의 지배엘리트들은 점점 더 대학의 교육결과를 단순히 수용하지 않고, 통제하거나 조직적으로 보충하려는 경향이 있었다.

대학의 교수직으로 가는 경로는 영방국가가 형성되고, 전문화가 진행되고 대학이 세속화되면서 적지 않은 변화를 겪었다. 전체적으로 확인되는 바는 중세에 특징적이었던 학생교사들이 서서히 사라진 것, 즉 수학자와 교사가 더욱 분명하게 서로 구별된 것이다. 모든 수료생들이 교수활동에 참여하는 의무는 조직적이고 재정적 급부와 연계하여 각별히 적합해 보이는 후보자를 배치하고 충원하는 방식으로 대체되었다. 이와 병행하여 이제 대개의 대학들이 특별히 중요한 분과에 대해서는 그 요망되는 내용의 지속적인 존치와 제공을 보장하기 위해 공식적인 강좌(Lehrstuhl)을 설치하게 되었다. 이 두 과정은 "강력하고 '확고한' 교수들의 작은 핵심"이 형성되는 것을 촉진했고, 이로 인해 대학은 "다양한 교수요원, 박사, 석사, 리켄치아, 후보자 및 학사들로 구성된 다소간 방대한 무리"에 둘러싸이게 되었는데, 이들 중에는 특히 콜레기움에 배치되거나 이로부터 유래한 튜터들도 포함되어 있었다.(페터 A. 판더메르시) 핵심교수들(professores 또는 lectores regentes)은 강의를 담당하고, 대학자치에서 결정권이 있는 위원회와 직책에 참여가 허용되는 교수들, 즉 정규 의무강의(ordinarii)의 제공자 그리고 해당 군주가 초빙하여 이에 따라 특권이 부여된 흠정교수(professores regii, principis 또는 caesarii)로 구성되었다. 이들은 이미 곧 본래적인 대학의 동료집단(collegium universitatis, academiae)으로 포섭되었다. 바로 이들이 치열하게 방어한 공동결정의 자기충원권을 결정적으로 행사했다. 비록 결정은 형식적으로 학부, 양대 원로회 및 소원로회 또는 군주 측의 대표도 참여하는 특별위원회가 내리지만 말이다. 절차는 빈자리나 새로이 설치된 강좌직의 비공식적인 또는 (프랑스의 경우) 이미 공식화된 포고로 시작되었다. 학부나 위원회의 구성원들은 그들이 확보한 후보자 및 지원자에 대한 지식에 의거하여 최초의 후보자 명단을 작성했다. 내외부의 개인적 지원은 늦어도 17세기 초부터 또한 공식적으로 가능했다. 명단에 등재된 자들은 최상의 경우 정식 시험을 치르게 되는데, 이는 경쟁적 성격을 지녔고 포괄적인 질문지에 대한 답변, 미리 약정된 텍스트에 대하여 강의와 비슷한 주해를 하거나 또는 내용적으로 자유로운 시범강의를 하는 것으로 구성되어 있었다. 이 과정에 이어서 선발위원회의 결정이 이루어지는데, 이 위원회에는 예컨대 스페인에서는 17세기 중엽까지 학생들도 참여했다.

이렇게 놀라울 정도로 개방적이고 성과중심적인 형태에도 불구하고 대개의 교수단은 사실상 그들 자신의 주변에서 충원을 했다. 그리하여 본 장의 서두에서 언급한 가족대학이 일반적인 통례였다. 이러한 발전은 외부로 향하는 대학의 광채를 바래게 하였고 관헌 당국의 입장에서는 그 통제를 어렵게 했으며, 장기적으로 모든 종류의 범유럽적 의사소통의 폐기를 초래할 수 있어 각각의 기관이 지닌 활력을 위협했는데, 이에 대해서는 오로지 국가만이 대응을 해야 했고 또 할 수 있었다. 18세기에는 그래서 신성 로마 제국의 여러 영방에서부터 잉글랜드, 스코틀랜드 및 스페인을 거쳐 북부 이탈리아에 이르기까지 교수의 임명권은 실제로 또는 형식적으로도 국가나 대학운영을 지원하는 도시 당국으로 넘어갔다. 대학 공동체의 핵심적인 권리를 이렇게 인수하는 것은 국가에 의한 교수들의 접수를 종결지었다. 이는 오래전부터 지속적으로 강화된 감독, 군주의 지시권과 관리화에 복속시키는 것으로 드러난 바 있었다. 러시아에서만이 아니라, 심지어 오스트리아, 스페인 및 프랑스에서도 교수들을 이렇게 군주의 의지에 복속시키는 것은 때때로 전제적 성격을 취하고 있었으며, 교수를 여러 가지 면에서 궁정인으로 격하시켰다. 그럼에도 불구하고 가족대학이 지속되었던 것은 우선 교수들의 인척관계 및 기타의 관계가 대개 관료기구에까지 광범하게 펼쳐져 있던 사정 덕분이었다. 그 밖에 한 영방이나 국가가 정치적 또는 문화적 경쟁에 놓여 있었고, 또 그에 따른 상승을 위해 싸우면 싸울수록, 동종교배와 연고주의를 통해 그들의 현재 위치에 도달한 지식인들은 적절한 지적 수준을 향해 애써야 했고 적어도 때로는 외부인에게 문호를 개방해야 했다.

때때로 범유럽적으로 명성이 드높은 외부의 지식인을 고빙(雇聘)하려고 애썼던 국가는 그러나 또한 스스로를 외부와 단절하는 경향을 발전시켰다. 의심스러운 경우에는 자국 출신의 지식인들을 선호하는 것이 한편 정치적으로 현명한 선택이었다. 이들에게는 일층 제고된 국가와 군주에 대한 충성이 강조될 수 있었다. 다른 한편 이러한 사람들을 채용했을 때는 이에 소요된 재원이 계속 국내에 머무르게 되었고 이는 다시금 자신의 군주국에 이로운 일이었다. 끝으로 대개 봉급의 문제가 결정적이었다. 부유한 네덜란드는 18세기까지 그들의 모델 대학 라이덴에 최상급의 외부 지식인을 다수 끌어올 수 있었는데, 이들은 나름대로 많은 수의, 또한 경제적으로도 유익한 학생들을 유치했던 것이다. 러시아의 황제는 18세기에 자신의 국고를 활짝 열어젖혔던 한에서만이 서부 및 중부 유럽의 지식인들을 인상적인 수로 유치할 수 있었다. 괴팅겐은 브라운쉬바이크 및 하노버 선제후로부터만이 아니라, 이들 영방이 인적통합[5]으로 잉글랜드 왕권과 연계된 후에는, 그곳으로부터도 부조를 받게 되었다. 범유럽적인 포용력에 대한 의무가 종파의 차이로 좌절되지 않게 하기 위해서 동 대학의 후견인(Kurator)[6]은 교수들을 모종의 이단적인 발언 때문에 탄압하는 것을 금지했다. 이로써 그는 학문적 자유의 형성에 본질적인 기여를 한 셈이었다. 교사로서 인기가 있고 따라서 풍부한 수강료(Hörgeld)를 받기 때문에 매우 유복한 소수의 교수들에 대하여 겨우 근근이 생활할 만한 수준 내지는 불충분한 급여를 받는 절대 다수가 대비되어 있었다. 배당된 성직록과 함께 앞서 언급한 주점운영권까지 각종 권리에서 나오는 수입만이 아니라, 종교개혁과 결부된 대학의 위기, 그리고 신설대학과 강사의 증가로 인하여 수업료 수입도 16세기 전반기부

5 Personalunion: 1714년 브라운쉬바이크 선제후이자 하노버 왕이었던 게오르크 루드비히가 잉글랜드 왕 조지 1세로 즉위하여 두 왕국이 1인의 군주에게 지배를 받게 된 상황을 말한다.

6 괴팅겐 대학의 창설을 사실상 주도했던 하노버 선제후국의 추밀대신 뮌히하우젠 남작(Baron von Münchhausen)을 말한다.

터 계속 감소하고 있었다. 또한 전공과 근접한 직업적 활동 그리고 감정 평가에서 나오는 수입도 그 액수가 비로소 서서히 증가할 때는, 지속적으로 늘어나는 경쟁자들 사이에 분배되어야 했다. 그래서 국가적 급여의 확장은 결코 국가적 통제의 확장에만 기여한 것이 아니라, 종종 대학의 존립을 위해서도 필수적이었다. 그러는 사이에 18세기에 들어서 비로소 국가로부터 급여를 받는(그리고 관리가 된) 교수들(professores salariati)의 수가 성직록을 받는 교수들(professores beneficiati)의 수를 능가하기 시작했다. 각각의, 부분적으로는 중세적인, 나중에는 종교개혁과 가톨릭 종교개혁에 따른 양도에 기원하며, 그 다양성과 수익고의 면에서 거의 조감이 불가능한 오래된 기부재산은 그 결정적인 의미를 상실했다. 신성 로마 제국에서 괴팅겐은 더 이상 자체 재산을 전혀 보유하지 않으며 따라서 국가의 부조와 가능한 한 최대의 수업료 수입에 의존하는 최초의 대학이었다. 즉 괴팅겐은 수학처로서 최고의 매력을 갖추어야 한다는 압력을 받게 된 것이다.

이러한 난관에도 불구하고 근대 초에는 처음으로 교수의 경력과 같은 것이 형성되었다. 특히 프랑스, 중부 및 북부 유럽에서, 그의 생애 동안 대학에 남아 있으면서 그 내부에서, 종종 심지어 유일한 그의 가족 대학 내부에서 단계적으로 대학을 주재하는 핵심집단으로까지 상승한 사람들의 비중이 증가했다. 이와 반대로 남부 유럽에서는 더욱 자주 대학과 교수의 지위가 수입이 더 많고 명예로운 대학 외부의 공직—그것이 직접적이든 간접적이든 교회나 국가기구의 관직—으로 진출하는 도약대로 쓰이는 상태에 머물러 있었다. 이러한 경향이 예컨대 스페인과 잉글랜드에서처럼 넉넉하지 못한 대학의 수입사정과 결부될 경우, 그 변동은 현저히 가속화될 수 있었고, 또 대학의 의무를 이행하고자 하는 동기를 때때로 아주 극적으로 감퇴시킬 수 있었다. 이렇게 되면 대학을 적절한 수준에서 지속적으로 운영하는 것이 더 이상 거의 견지될 수 없었다. 이러한 상황에서 스페인 이외에 프랑스에서도 다수의 의사, 법률가 및 기타 학교의 교사들이 대학의 운영을 부업으로 지원하기 위해 대학에 들어온 것으로 보인다. 대개 그 결과는 인척 및 기타의 사회적 관계로 교수단에 편입되거나 이러한 체제가 공고해지는 것이었다.

핵심교수집단이 외부에 대하여 더욱더 폐쇄적이 되면서도 이에 상응하는 동일체 의식—바로 이러한 의식에서 문화적, 사회적 해석 및 지도 요구가 파생될 수 있었는데—의 형성은 이러한 사정으로 인하여 거의 이루어질 수 없었다. 교수단 내부의 등급서열과 복식규정, 대학의 의례행위 및 대학 내 의사결정의 참여 면에서 증대하던 교수와 학생들 사이의 격리가 지속적으로 더욱 분명하게 선언되었고, 문장(紋章), 초상 등이 성장하는 자의식을 과시했음에도 불구하고, 귀족적 지위의 요구와 관료화 사이에서 고유한 교수의 지위는 형성될 수가 없었다. 교수들은 고도의 그리고 광범한 지식의 담당자이건만, 미미하거나 불충분한 물질적 상태에 처해 있고 또 그들도 군주에게 충성을 바치는 존재라는 점이 지각됨으로써 이들에게 바치는 공공의 존중은 적어도 18세기에는 결정적으로 상대화되었다. 게다가 이미 1700년경에 특히 프랑스와 독일에서는 주로 적절한 자리를 구하지 못했던 대학 졸업자들이 행한 지식인의 적절한 역할을 둘러싸고 비판적 논쟁이 터져 나왔다. 이 논쟁에서 대학교수들은 압도적으로 몰리는 상황에 처해 있었다. 교수는 실제의 생활세계와는 거의 아무런 상관이 없는 전통적 지식의 현학적인 관리자로 여겨졌다. 그리하여 이들이 비판적인 사회적 지성으로 대대적으로 변신할 것으로는 당연히 누구도 믿지 않았다.

설비

이 시기의 대학 건축물에서도 또한 전통 혹은 지체되거나 간접적인 근대성이 확인된다. 한편 교회적인 성격이 지배적인 상태로 남아 있었는데, 그 이유는 첫째, 이는 중세의 건물이 계속 사용되었기 때문이고, 둘째, 종파의 형성과 정통주의가 이러한 경향을 더욱 강화했기 때문이다. 이 현상이 각별히 분명한 것은 예수회 대학과 대학에 유사하고 또 각각의 대학이 더불어 이용한 예수회 콜레기움의 경우에서였다. 다른 한편, 전체적으로 보아 일정한 탈교회화 그리고 세속 군주의 건축물에 적응하는 양상도 확인된다. 이미 크라카우에 소재하는 콜레기움 마이우스(1492/93)의 신축건물은 확고한 중세적 요소를 포기했다. 그리고 나중에 제네바, 알트도르프, 로잔느의 프로테스탄트 대학들도 이런 방향을 추종했다. 이탈리아의 신축건물은 궁전의 건축양식에 의거했다. 그러나 신축건물의 비중은 전체적으로 보아, 특히 재정적인 이유에서 근소한 편이었다. 1693년에 설립된 개혁대학 할레는 도시 내의 사적인 가옥 및 공간을 임대해야 했다. 18세기가 경과하면서, 유럽의 정치 사정이 진정된 후에 비로소 신축건물이 더 많아졌다. 이 경우 이중의 시각이 두드러졌다. 텍스트 학문의 대표자들은 전통적인 건축형태를 지지했던 반면, 그 외의 인사들은 점점 더 기능성과 실용성을 선호했다. 청중석이 가파른 계단식으로 올라가도록 배열된 강의실은 교수의 실험적인 전시를 가능한 한 잘 볼 수 있도록 설계된 것인데, 최초의 것으로는 극장공간에 의거하여 다시금 이탈리아에서 등장했다. 1594/95년에 건축된 파두아의 해부 시연관(theatrum anatomicum)이 그것이었는데, 조금 뒤에 피사에도 건립되었다. 우선 홀란드와 프랑스의 학생들이 이 새로운 해법을 알고 나서, 그들의 고향 대학들에 도입했다. 그리하여 1597년 라이덴, 1619년 암스테르담, 1566년 몽펠리에에 세워진 선구형태에 이어, 17세기 초부터는 프랑스의 기타 여러 대학에도 세워졌다. 독일의 대학들은 18세기에 들어서야 비로소 이를 따라갔다(예컨대 1715년 쾰른, 1727년 할레). 처음에는 단순한 개조로 만족했는데, 부분적으로 관심과 관련성이 있는 교수들이 스스로 재정을 염출하기도 했다.

그림 4 라이덴 대학의 해부 시연관(Anatomisches Theater), 1610년경(Germanisches National museum Nürnberg HB 25433)

또한 16세기 이탈리아에서는 최초의 식물원이 건립되었다(1544년 파두아와 피사, 1593년 볼로냐). 프랑스, 스페인 그리고 알프스 이북의 여러 대학들도 16세기 말과 17세기에 이에 가담했다. 심지어 최초의 병동(病棟)도 설치되었고 이러한 모범에 따라 전파되었다. 물론 이는 각기 이 분야에서 지도적인 몇 개의 대학에만 한정된 것이었다. 기타의 대학들은 지리적 입지와 소재지의 사정에 따라 부분적으로 국가 또는 자치체의 질병치료기관에 의존할 수 있었다.

식물원 및 구호원의 설립과 함께 이에 상응하는 채집물의 구축이 결부되었다. 물론 모든 대학에 대해서 이러한 박물관, 보존관(Kabinette) 등등의 전사(前史)를 가정할 수 있다. 즉 개별 교수들 또는 대학과 관련된 기타 인사들의 사적인 채집활동이 그러한 것이다. 이러한 결과가 대학의 소유로 넘어간 것은 대개 기증이나 채집자의 사망 후 암묵적으로 점취(占取)되는 경로를 통해 이루어졌다. 그러나 또한 끈질기게 수집된 것들이 관심의 결여로 다시 분산되고 상실된 사례도 허다하게 전해지고 있다. 비슷한 방식으로 세워진 천문학적 관측기지(천문대)의 경우 난관은 다소 덜 심했던 것으로 보이는데, 그 수와 질은 근대 초기 전체에 걸쳐 대학 외부의 설비와 비교할 때 그다지 인상적인 것은 아니었다(예컨대 1632년 라이덴 및 1637년 잉골슈타트).

다수의 궁정과 도시 그리고 특히 학술원에 비해 대학이 이렇게 한없이 뒤처진 것은 물론 대학 내에 지속되었던 텍스트 학문의 우위가 가져온 결과였다. 그러나 강조할 것은 또한 이러한 학문형태의 설비도 이 시기에 본질적으로 진보했다는 점이다.

이는 특히 대학도서관에 해당된다. 1400년경까지 아주 최대의 경우에서도 단지 수도원, 콜레기움, 학부, 학생 공동체 및 개별 교수들만이 언급할 가치가 있는 서적 및 필사본 장서를 확보하고 있었다. 이제, 근대 초에는 광범한 전선에서, 우선 휴머니즘의 징후로 대학 전체의 장서가 설치되었는데, 이는 목록으로 파악이 되고 규정에 따른 이용으로 접근이 가능해졌다. 이러한 발전은 프로테스탄트, 즉 종파적으로 독특하게 서적과 결부된 영역에서 특히 신속하게 이루어졌던 것으로 보인다. 이런 곳에서 기초가 된 것은 대개 몰수된 수도원의 장서였는데, 이에 영방군주 및 도시의 기증, 또한 곧이어 귀족들의 사적 기부가 첨가되었다. 이에 반하여 연속적으로 확보되는 자체의 예산에서 나오는 지속적인 서적 구입은 아직 거의 없었다. 단지 1602년에 옥스퍼드에 건립된 보들리 도서관(Bodleian Library) 및 케임브리지, 파리, 루벵 및 스칸디나비아의 수도에 소재하는 대학들의 몇몇 콜레기움 도서관들은 예외였다. 다른 대학들은 그리하여 17세기 말부터 졸업생들의 서적 기증을 규정했다. 교수들이 자신의 출판물에서 증거납본부를 제출하는 것은 15세기부터 통상적이었다. 잉글랜드와 프랑스에서는 가장 일찍(17세기) 모든 인쇄출판업자들이 그 생산물 중 한 부를 국왕에게 납본하는 의무가 도입되었는데, 이 의무적 납본부가 차후에 큰 대학들에 인계됨으로써 이들이 이익을 보았다. 더욱이 이용자의 요금으로 도서관의 서적구입에 필요한 재원을 조달하는 시도도 이루어졌다. 그러나 18세기 말까지 기증에 대한 의존은 여전히 지배적이어서, 그 결과 매우 잡다한 장서가 형성되었다.

각각의 공백부분이 분명해진 것은 학생과 교수들의 정보교환 외에도 이 무렵부터 서서히 대학에 편입되던 사서들의 문헌정리 노력과 새로이 출현한 도서관학의 덕분이었다. 대개 그러한 사서직책은 물론 추가적으로 교수들에게 맡겨지거나 도시 또는 궁정의 사서들이 부수적으로 수행했다. 그러나 군주와 귀족 그리고 수도원이나 개별적인 도시의 거대한 도서관에 비하면 대학의 장서는 양과 질에서 아직도 현저히 뒤져 있었다. 따라서 또한 몇 개의 특수사례만이, 그중 살라망카, 크라카우 및 더블린 대학 등이 보유한 자체의 도서관 건물이 특기할 만하다. 이러한 건물과 관련된 공간에는 당연히 서적만이 아니라 동시에 지도, 지구의로부터 고화폐와 기타의 유물, 그리고 동식물 표본까지 포괄하는 여러 가지 실물자료도 같이 보존되어 있었다.

인쇄술의 발명과 함께 인쇄업자들도 대학에 정착했는데, 이들은 대학과 다소간 공식적이고 직접적인 법적 관계를 맺게 되었다. 우선 16세기 초 수십 년 동안에, 이미 언급한 바와 같이 대개 공식적인 대학 인쇄소가 설치되었던 것으로 보이는데, 이들은 물론 대학금고로부터 직접 지불을 받은 것이 아니라, 스스로 그 운영비용을 감당해야 했다. 나중에 대개의 대학들은 매번 변경되는 다양한 인쇄소와 계약을 체결했는데, 이 계약은 유효기간과 내용에 있어서 자주 서로 달랐고, 또 지역의 사정에 따라서도 다양했다. 가장 오래된 대학 인쇄소 및 출판부로 꼽히는 것은 예컨대 라이덴 대학(1555년 창립)의 **오피치나 플란티니아나**(Officina Plantiniana, 1570년경부터)와 옥스퍼드 대학 출판부(1632년부터)였다. 물론 국가의 통제 및 검열 의도는 이미 16세기 말부터 일정한 형식화, 규제 및 독점을 강요했다. 또한 대학 주변의 무면허 인쇄소도 다시 사라졌다가, 18세기 후반에 비로소, 이제는 거의 전적으로 대학에서 멀리 떨어진 곳에 다시 나타났다.

이제 통제의 밀도가 증가하고 모든 학내 관계가 법제화되면서 도서관에 근접한 곳이 아닌, 총장이나 상서의 주변에 대학 기록관(Universitätsarchiv)이 정착되어 갔는데, 그 규모는 눈에 띄게 증가하고 있었다. 처음에는 특정 인물만이 접근할 수 있는 궤짝 같은 것으로 형성되었는데, 이는 차츰 전체 공간을 점유하게 되었다. 소장기록의 규모와 복잡성에 따라 더욱이 이미 특수한 기록관리 전문요원(아키비스트)이 배치될 수 있었다. 예컨대 1635년경 옥스퍼드에서는 명백히 그러했다. 종종, 특히 신성 로마 제국에서는 대학의 모든 소장물을 관리하는 일이 또한 동일한 한 인물에게 맡겨졌던 것 같은데, 이 과업은 때때로 사회적 접촉이 결여되어 나중에는 문학적으로까지 풍자되는 우스꽝스러운 성격을 띠었다.

대학의 휘장(徽章)이나 축제 문화에서는 전체적으로 탈교회화와 종파분열, 계서제화와 귀족화가 법제화, 국가화(군주의 상징과 형태의 개입과 강조) 경향이 두드러졌고, 그 견제책으로, 적어도 특수한 법적 성격의 상징적인 강조가 결부되었다. 특히 신설대학은 장려한 축제와 과시로 스스로를 현시하고 자신의 지위를 확보하고자 하는 강력한 욕구를 느꼈던 것으로 보인다. 우선 행렬, 연설, 학위나 명예의 수여 및 양도의식 그리고 처음으로 도입된 설립기념 축전 등이 예전과 마찬가지로, 대학구성원의 충성심을 강화하는 데 이용되었다.

4. 학문의 구조와 과정

스콜라 학풍의 변모, 혁신 그리고 파탄의 시작

15세기 초에 스콜라적 학문형태는 허다하며 첨예해지는 내적 긴장과 모순을 노정했다. 그 고유한 원칙으로서 **이성과 사물의 부합**(adaequatio intellectus et rei)을 입증하는 일은 지리적으로(지리상의 발견) 그리고 내용적으로(더 정확해진 자연관찰) 확대되는 경험 때문만이 아니라, 또한 계속 복잡해지는 형이상학적 및 방법적 발상 때문에도 더욱더 어려워졌다. 유명론 대 실재론의 논쟁과 결부되어 진정한 인식을 전달하고 모든 신도와 지식인들을 위해 이를 명징하게 확정할 수 있으리라는 언어와 텍스트의 능력에 대한 확신에 심각한 동요가 일어났다. 개별적인 학설과 해석학적 절차의 적확성을 둘러싸고 계속 재발하는 논쟁은 이러한 의심을 심화시켰다. 관철능력이 있는 중심적인 교회의 권위가 결여된 것도 이러한 논쟁을 악화시켰다. 실재론과 후스파 이단운동의 일시적인 결합은 1415년 콘스탄츠 공의회에서 얀 후스를 화형에 처한 뒤 외견상으로는 종결되었으나, 근본적으로 대립과 논쟁을 격화시켰다. 마침내 세속권위가 이를 질식시키고자, 각기 거부된 경향을 그들의 영향권에서 금지하는 조치를 취했다. 그러나 결과는 갈등이 더욱 공고해진 것이었다. 왜냐하면 각 영방군주들은 서로 달리 결정했기 때문이다. 예컨대 프랑스 국왕은 1474-1481년 사이에 유명론을 금지했던 반면, 독일의 대학들은 실재론을 저지하려고 했다. 개별 대학들은 이러한 상황에서 두 경향 모두에 대해서 교수직을 설치했다. 때에 따라서는, 1455년경 하이델베르크 대학에서와 같이, 심지어 신학부 전체를 이중으로 배가하는 경향마저 나타났다. 15세기 후반이 경과하면서 비로소 토마스주의적 실재론이 우세하게 되었다.

불안이 격심해진 이 상황에 외부적인 시대의 위기가 그 다양한 현상 형태로 덧붙여졌다. 그리하여 한편으로는 도그마적 논쟁에 가담하는 대신에, 스스로 실제적인 경건성에 몰두하고 일상적 과업을 가능한 한 양호하게 극복하는 가능성을 추구하는 경향이 나타났고, 다른 한편으로는 멀리 떨어져서 현재의 불화에 말려들지 않은 지식, 그리고 특히 언어의 혁신을 지향하는 휴머니즘이 제공하는 새로운 지식추구에 더욱 증진된 관심이 쏠리게 되었다. 따라서 한편으로 신학을 제외한 다른 학부들에서는 도그마에서 벗어나는 경향이 두드러지면서, 다른 한편으로는 휴머니스트의 발상이 점점 더 공감을 얻게 되었다. 즉 그 발상은 고대적 사고가 교부들이 가르치는 바와 같이, 구속사적으로 조건지어진 기독교적 계시의 준비(praeparatio evangelica)보다 더 낫다는 것이었다. 이미 고대의 지식은 오히려 신이 부성애의 발로로 오래전부터 모든 인간에게 제공하는 기독교 교의의 부분 및 핵심요소를 포함하고 있다는 것이다. 수미일관해서 숙고할 때, 이러한 발상은 필연적으로 기독교 복음의 상대화를 초래하게 마련이었다. 만약 비기독교적 또는 기독교 이전의 진리와 기독교적 진리 사이에 하등의 원리적 차이가 더 이상 없다면, 기독교는 단지 하나의 국면—경우에 따라서는 최상의 것이라 할지라도—즉 인간이 행하는 신의 인식 및 신의 발견이라는 장구한 역사적 과정에 위치하는 **하나**

의 국면으로 볼 수 있다는 것이다. 모든 휴머니스트들은 이러한 통찰을 또한 스스로 채택했다. 즉 그들은 대체로 자신들을 결코 이교도가 아니라 기독교도로 이해했으나, 고대의 도덕적, 문화적 규범을 그 가치평가에서 중세가 마련해 준 것보다 훨씬 더 높이 쳐 주었음을 고백했다. 그러나 이러한 규범 및 규범성은 위기가 빚어 낸 도전을 고려할 때, 중심적인 문제임에 틀림없었다.

고대에 대한 새로운 관계는 잘 알려진 바와 같이 단테 알리기에리(1265–1321)와 프란체스코 페트라르카(1304–1374)에게서—전자는 귀족신분의 학생이었고, 후자는 몽펠리에와 볼로냐에서 수학한 법률가였다—가장 일찍이 표현되었는데, 이는 고대의 텍스트를 열렬히 구하는 풍조를 불붙였다. 이들 자료는 우선 이탈리아 내부에서 발견되었는데, 다소간에 먼지로 뒤덮인 지하창고와 서고, 주로 교황의 장서 그리고 고대까지 소급되는 로마와 이탈리아의 위대한 귀족가문의 보고가 그 원천이었다. 이에 덧붙여 팔레스티나, 이집트 및 북아프리카부터의 수입도 증가했다. 본질적으로 교역품보다 더 차분하게 거래되었으나, 이슬람계의 공급자들이 증가하는 수요를 간파할수록, 그 가격은 당연히 솟구쳐 올랐다. 이와 병행하여 오스만의 침략으로 꾸준히 국세가 기울던 비잔티움이 주요 공급자로 등장했다.

1453년 비잔티움의 최종적 멸망 이전과 이후에는 그러나 고대의 필사본만이 아니라, 지식인과 학자들도 서방에 도달했다. 우선 이탈리아로 그리고 그곳에서 프랑스, 서서히 그리고 개별적으로는 또한 알프스 이북으로, 즉 신성 로마 제국이나 동북부 유럽, 적어도 폴란드까지 흘러들어 왔다. 이 학자들은 스스로 필사본을 가지고 오기도 했지만, 자신들이 그리스어 텍스트의 라틴어 번역자로서 최적임을 입증했고, 그들의 연결고리에 힘입어 추가적인 텍스트에 대한 정보를 제공할 수 있었으며, 고전 텍스트에 대하여 가장 권위 있는 판단을 내리는 위치에 있었다. 이들은 또한 고전 텍스트의 해독과 평가 방법을 가르쳤으며, 특히 고대의 모범을 모방하여 자신들의 운명을 문학적으로 각색하기 시작했다. 이들 중 다수는 그 밖에도 의식적으로 군주들에 봉사하는 길을 택했는데, 이는 이 군주들이 고향 비잔티움을 군사적으로 해방하도록 유도하려는 목적에서였다. 이를 위해서 당연히 특히 필요했던 일은, 비잔티움의 문화적 위대함과 그 불가결성을 찬란한 색채로 묘사하는 일이었다. 그들의 성과는 한편으로 각각의 후원자들을 위한 고풍스러운 시, 설화, 찬사, 추도사, 전기, 역사 등등으로 이루어졌고, 다른 한편으로는 목적의 응용, 예컨대 군주의 교육을 위한 고대의 정신적 자산을 개발하는 것도 있었다. 유명한 학자들이 자신의 궁정에서 활동한다는 사실은 그렇지 않아도 군주의 평판을 드높이고 있었다. 휴머니즘의 그리스인 대부들뿐만 아니라, 이탈리아인 아버지들도 말하자면, 스위스의 휴머니즘 및 대학사 연구자 발터 뤼에크가 말한 바와 같이, "낯설고 [쓸모없이] 되어 버린 구술전승의 모범을 문헌으로 전하는 것"으로 대체했다. 전면에 드러난 것은 "언어적 형상화를 포함하는 시"와 문학적으로 정교한 대화, 특히 형상화의 수단으로서의 대화였는데, 이로부터 나오는 것이 교육과 교양이며, 또한 이에 따른 자기 개선, 자아와 세계의 경험과 조형이었다. 서재에서 이제는 착실하게 고대의 흉상, 주화, 건축의 유구(예컨대 기둥의 일부) 등등에 빠져, 고독하게 독서에 몰두하려는 요구에도 불구하고 **인문학**(studia humanitatis)은 얻고자 힘썼던 영향력을 발휘하기 위해서라도 대화와 소통을 필요로 했다. 때때로 이루어지는 대화모임은 그리하여 규칙적이 되고, 이에 상응하는 지식인 협회(sodalitates)의 형성으로 이어졌다. 이러한 조직들은 설비와 재정지원을 획득하고, 마침내는 학술원(Akademie)으로까지 제도화될 수 있었다. 서신을 통한 원거리 대화로 휴머니스트의 서신문화가 번성하게 되었는데, 사적 서신으로부터 공적인 교육서신과 서신논고가 성립했다. 번역능력과 언어적 능력, 새롭고 더 읽기 쉬우며 아름

다운 문자체의 도입, 교육적 요구, 기독교 이전의 것이지만 수용 가능한 규범으로의 회귀를 통한 교리 논쟁에서의 침묵, 불균등하게 심화된 고대 세계의 지식, 고대의 텍스트에서 출발한 자연에 대한 시야의 확대라는 이 성취는 그러나 불가피하게 대학에도 영향을 미쳤고, 대학에서는 전문 분야와 학부의 시각에 따라 다양하게 흡수되고 가공되어야 했다. 이러한 흡수는 인쇄술에 의해 가능해지고 또 가속화되었다. 또한 인쇄술은 텍스트 참고—여기에서는 그 다양한 이본(異本)이 함께 수집된 기독교 정전, 저기에서는 고대의 텍스트—와 이해의 다양성을 더욱 두드러지게 나타내는 데 적합했다. 그렇다고 해서 새로운 종합과 체계화 그리고 이를 통한 기독교 신앙, 지식 및 세계이해의 공고화와 강화가 즉각 이루어진 것은 아니었다. 오히려 이런 것들이 지속적으로 분화되고, 파편화되었으며 마침내는 해체되는 길이 열렸다.

종교개혁은 휴머니즘의 전승비판과 교회비판을 중요한 부분에서 넘겨받았지만, 그것이 목표한 것은 이러한 배경에서 스콜라주의의 복구였다. 그것도 모든 것을 포함하면서, 즉 새로운 휴머니즘의 수단까지도 포함하면서였다. 이교도적인 지식과 성서 및 기독교적 지식의 차이는 다시금 근본적인 것으로 선포되고, 신학의 우위가 견고해졌다. 종파 간의 경쟁은 대학의 과업을 신앙의 공고화와 각각의 도그마를 방어하는 것에 집중시켰다. 이는 따라서 모든 방면으로 또한 더욱 제고된 교육적 및 수사학적·해석학적·텍스트 학문적 수요를 초래했는데, 이로써 이차적으로 이와 관련된 휴머니즘의 성취가 또한 전면적으로 고려되기에 이르렀다. 그 밖에 이 세상의 정치·사회적 연속성과 안정, 그리고 이승의 권세가 피안의, 즉 신의 은총을 유도하게 한다는 관념이 지배하는 곳에서, 이 이차적 근대성은 더욱 확장되었다. 이러한 관념은 의심할 나위 없이 가장 오래된 기관, 즉 교황교회가 발달시키고, 나중에는 국세가 상승하는 홀란드 및 잉글랜드와 관련하여 프로테스탄트가 넘겨받은 주장이었다.

그리하여 자기 교파 공동체의 안정성, 명성과 권세에 소용되는 모든 지식, 즉 자연과학적 및 기술적 지식은 유용하고, 고려할 만하며 또 고려할 필요가 있는 것이 되어야 했다. 한편으로 홀란드와 잉글랜드에서, 다른 한편으로 프랑스나 예수회가 이른바 '새로운 학문(sciences)'에서 거둔 다수의 진보는, 전부가 아니라 해도, 본질적으로 이러한 맥락에 기초를 두고 있었고, 자기 교파가 제시하는 해법의 우월성과 그 정당성을 입증하리라는 것이었다. 이미 17세기가 경과하면서 이러한 논증은 학문 전반에 이르렀다. 자기 학문의 우월성은 이 학문을 지탱하는 신조의 우월성을 의미했다. 그러나 다른 한편 사실로 드러난 것은 종파적인 대학이 교리를 공고히 하고 충성스러운 종사인력과 지지자를 생산하는 그들의 주요 과업에 직면하여 이러한 작업영역에서 전반적으로 후퇴하고 이를 대학 밖의 주체에 양도한 점이었다.

역사적으로 적어도 동일한 효과를 발휘하게 된 것은 직접 스콜라 철학으로부터 물려받은 노력이었다. 이 노력은 자체의 신앙경향이 신이 창조한 자연적 세계, 즉 자연과 전적으로 혹은 적어도 두드러지게 일치하고 있음을 입증하는 것이었다. 왜냐하면 이러한 교파적 전략은 명백한 불가능성, 즉 쓰여진 계시의 해석 차이를 극복한다는 초교파적 발상과 연계될 수 있었기 때문이다. 그런데 이러한 노력은 차츰 이 자연을 점점 더 전면에 부각시켜 마침내 이신론적 시각에 도달하였다. 바로 이 지점에 계몽사상이 그 혁신적 잠재력과 함께 연결되고 있다. 그것은 즉 '자연적' 이성과 합리적 논리에 따라 모든 인간적 감관(感官)을 통하여 지속적으로 자연을 파악하여, 모든 관계를 이에 대응하는 진보의 시각 아래 의식적이며 의도적으로 재구성하는 것이다.

다시금 대학의 엘리트들은 그 대다수가 이차적인 흡수에 진입할 수 있었다. 학문은 이들에게 있어서 우선 텍스트 학문으로 남아 있었다. 이 텍스트 학문은 그동안 아주 극적으로 변모했다. 첫째, 스콜라 철학에서 기초가 놓이고, 휴머니즘의 초기 국면에서 심지어 더욱 강화된 묵시적 혹은 명시적 권위에의 의존—하나의 논증은 그것이 인정된 권위 있는 저자에서 유래한 것으로 입증되면 타당하다는 입장—에서 비판적·논리적·실체적 논증으로 변화했다. 즉 하나의 논증은 논리상 합리적으로 반박할 수 없으면 진실로 간주된다는 것이다. 둘째, 텍스트로 고정되어 전승된 지식체를 박람강기로 또는 백과전서적으로 파악하고, 정리하고 또 이런 방식으로 조직하여 차후의 이용을 위해 제공하려는 시도가 좌절된 후에, 대학도 곤경에서 미덕을 만드는 일에 가담했다. 즉 지식총량에서 당면한 학문적 및 실제적, 사회적 필요에 따른 것을 의식적으로 선택한다는 것이었다(절충주의 Eklektik). 셋째, 개별 교수들은 한 발 더 나아가 더 이상 오래된 지식으로 돌아가지 않고, 인식을 의도적으로 새롭게, 이로써 일견 더욱 높은 확실성과 신뢰성의 수준으로 작업해 나가는 것이었다. 달리 말하자면, 전승된 텍스트 지식은 서서히 순전한 자료원으로 축소되었다. 이 자료원은 이때야 비로소 비판적으로 검토될 수 있었다. 근대의 문화·문명적 진보의 관념에 단호하게 가담하면 할수록, 이 자료는 더욱 거리를 두고 의심스러운 태도로 맞이해야 했다. 경탄스럽고 언어적으로 완벽한 '고대의 현자들'은 따라서 경향적으로 극복된 '늙은 잔소리꾼'이 되어 버렸다. 아직도 풍요하고 지속적인 가치가 있는 그들의 정신자산을 걸러내어 당면의 필요에 합목적적으로 동원하기 위해서는 변동하는 인식시각으로 행하는 비판적인 수용, 해독, 비교 및 해석, 즉 연구가 요망되었다. 이러한 연구가 또한 대학에서 수행되었던 것은, 무엇보다 프로테스탄트 대학에서의 시도가 입증하고 있다. 성서를 한편으로는 논리적이고 합리적으로 그 핵심적인 진술로 회귀시키는 것과 다른 한편으로는 역사화하는 것이었는데, 이는 즉 성서의 진술을 설득력 있게 그것이 성립된 맥락 속에 놓고 역사적 현상으로 파악하는 일이다.

그러나 또한 계몽사상과 그 주도 학문인 철학은 대학에 우선 교육과업을 부여했다. 이들은 또한 완벽하게 양성되고 충성스러운 계몽의 지지자를 길러 내기 바랐는데, 양성된 이들은 관리, 교사 또는 언론인으로서 그렇게 갈구해 마지않던 국가, 사회, 경제 및 문화의 개혁에 참여해야 할 것이었다. 이러한 원칙 문제에서 계몽사상은 대다수 기성 교수들로부터 호응을 받고 있었다. 그러나 이 교수들은 바로크 문화가 초래한 모든 유연화에도 불구하고, 결국에는 여전히 신스콜라주의적 정통주의 관념을 추종하고 있었다. 달리 말하자면, 유럽 최고(最古)의 지식기관에서 실험과 실험실에서 이루어지는 '신학문(즉 자연과학)'에 동등한 장소를 마련해 주는 것은 계몽사상에게도 일차적인 관심사는 아니었던 것이다.

철학부

13세기 후반부터 학예학부에서는 고전적인 3과와 4과에 '3개의 철학', 즉 형이상학, 자연철학 및 도덕철학이 덧붙여졌다. 또한 성서언어 및 오리엔트 언어와 당대의 외국어를 도입하는 시도가 이루어졌다. 물론 이는 광범한 전선에서 성공하지는 못했다. 1400년경까지 그 밖에 기존에 확립된 지식 영역 내부에서 강력한 분리 및 전문화 경향이 눈에 띄게 드러났다. 휴머니즘과 그 교육프로그램인 **인문학**(studia humanitatis)이 등장하면서 이러한 발전은 더욱 강화되었다.

휴머니즘이 제공한 최초의 충격은 이탈리아의 여러 대학 학예학부에 도달했다. 두 종류 이상의 교사집단, 즉 **아욱토리스타에**(auctoristae)라 불리며 특히 스콜라주의적 경향 아래 고대의 주석문헌을 해석하는 데 집중했던 교사들과, 1300년경부터 등장했던 시인들이 있었는 데, 이들 중 일부는 공공 영역에서 각별히 찬양받은 시인(계관시인 poetae laureatae)으로서 고대 시문학에 정통하며 이를 모방하고, 이 분야에서 강의를 제공했다. 두 집단은 통상적으로 프로토(原) 휴머니스트라는 범주로 합체되는데, 그들의 연구와 노력은 초기 단계에 머물러 있었다.

이러한 추진력의 밀도가 높아지는 일은 14세기 말 이전에는 일어나지 않았다. 그 결정적인 의미를 갖는 것은 그리스어 수업의 도입이었는데, 예를 들면 휴머니스트로서 피렌체의 서기국장인 콜루치오 살루타티(1331–1406) 및 그가 기용한 비잔티움 출신의 외교관이 1397년 피렌체 대학에 개설한 그리스어 수업과, 키케로 전문가 가스파리노 바르치차(1360–1431)가 파비아 대학(1403)과 파도바 대학(1407)에 최초의 휴머니즘적 수사학 주석 강의를 개설한 것이 그것이다. 따라서 가장 처음으로 관련된 것은 텍스트 학문적인 3과였고, 그 분야에서도 우선 수사학이었다. 이는 이어서 이런 방식으로 근본적인 혁신을 겪게 되었다. 가장 이른 휴머니스트 문법학자로 꼽히는 사람은 다름 아닌 로렌초 발라(1407–1457)였다. 그의 저작 『**세련된 라틴어 6부**(Elegantiae Latinae libri six)』는 곧 교과서로 승격되었다. 나중에 교황 피우스 2세가 된 에네아 실비오 피콜로미니(1405–1464)는 1450년 휴머니스트의 문법을 그의 유명한 서한 논고인 『**서적의 교육에 대하여**(De Liberorum educatione)』에서 제일 먼저 제시하고 모든 지식 일체의 기초로 선언했다. 1468년 사소페라토에서 태어나고, 만투아와 베로나 대학에서 수학하고, 나중에 교황의 비서이자 주교가 된 니콜로 페로티(1429–1480)는 최초의 근대적인 라틴어 문법서, 『**문법 첫걸음**(Rudimenta Grammatices)』을 내놓았다. 그는 스콜라적 문법에 대하여 휴머니스트들이 제기한 비판의 본질적인 요소들—혼란스러운 개념이해, 제한된 어휘, 오류투성이의 구문론, 세련된 어법의 결여, 낮은 수준 등등—을 그의 문법서에 반영하여 다듬어 냈다. 그리하여 이는 이탈리아를 넘어서 낡은 교과서, 특히 알렉산더 데 빌라 데이가 1199년에 펴낸 『**독트리날레**(Doctrinale)』를 몰아낼 수 있었다. 그러나 반면에 모든 대학에서 스콜라적 학문의 열쇠과목인 변증법이 휴머니스트식으로 혁신된 형태로 관철되었던 것으로 보이지는 않는다. 스콜라 철학의 정의, 구분과 삼단논법을 성공적으로 떨쳐 낸 대안적인 휴머니스트식 논리학이—더욱이 플라톤적 요소와 키케로적 요소의 혼합에 의거하여—발달하기까지는 아직 16세기까지 기다려야 했다.

15세기가 경과하면서 모든 이탈리아 대학은 적어도 학예학부의 차원에서는 휴머니즘에 포섭되었다. 그 지지자들은 스콜라 철학의 권위 있는 텍스트들을 휴머니즘의 그것으로 대체하려고 애썼고, 또한 새로운 과목을 도입하고, 각 과목의 서열을 바꾸며, 그들이 거둔 문헌학적 성과에 입각하여 문학 장르와 교수형태를 개편하려고 노력했다. **자유학예**는 따라서 **인문학**의 새로운 커리큘럼으로 대체되어야 했다. 그것의 새로운 과목들은, 그리스어와 라틴어 외에도 주로 결정적으로 평가절상된 기초 및 주도학문인 수사학에서 파생된 시학과 역사들(historiae)[7]이었다. 그중 플라톤적 기초에서 전개된 시학의 자립화에는 새로운 관념이 전제되어 있었다. 즉 시는 역사적으로 돌이켜 보면, 아마도 일어나고 있는 것 그리고 일어날 수 있었던 것의 영역만이 아니라, 또한 도덕·윤리적으로 그리고 미학적으로 가장 잘 형상화되어야 할 것도 서술해야 한다는 관념이었다. 따라서 이 새로운 지식분야는 그 자매 학문, 즉 진실로 일어났던 것의 서술과 경험적으로 진실된 것(또한 실증 일반)에 의무를 지고 있는 역사(들)로부터 분리되었을 뿐만 아니라, 또한 인생의 교사(historia magistra vitae)인 역사(들)와 같이 도덕철학적 성분을 띠고 있었다. 바로 이런 관념은 스콜라 철학의 신봉자들이 두 개의 새로운 과목을 특히 의심스럽게 여기게 만들었다. 그리하여 결과적으로 학예학 과목계열에 이를 도입하는 것은 외부로부터의 압력을 필요로 했다. 서술된 영웅들만이 아니라, 또한 그 역사서술가들에게 오래 지속되는 현세의 명성을 확보해 주기 위해서라도 사람들은 고대의 역사서술에 나타나는 역사가들의 방법을 모방하거나 능가하고 싶어 했는데, 이는 물론 일찍부터 애국주의적 충동과 결

7 이 말이 복수로 쓰였음에 유의.

합했다. 역사적으로 자기 고향의 위대함이 잘 서술된 것을 획득하고자 하는 욕구는 다시금 새로운 과목의 수용을 제고시켜 주었다. 아리스토텔레스의 도덕철학을 재평가하고 최종적으로 이를 윤리학(Ethik), 경제학(Ökonomik) 및 정치학(Politik)이라는 부분과목으로 분리하는 작업에서도 비슷한 경향이 나타났는데, 이 작업 역시 이미 초기의 휴머니즘이 수행한 것이었다.

휴머니즘은 "신구 유럽"의 기타 지역에는 전체적으로 현저히 뒤늦게 도달하였다. 더구나 이는 이탈리아 대학에서 복귀한 학생들, 떠돌아다니는 이탈리아의 휴머니스트들 그리고 이미 언급한 바와 같이 아직 각별히 밀착되어 있던 것은 아니지만, 이미 존재하는 스콜라적 지식인 공동체에 휴머니스트의 텍스트와 이념이 전파되는 것 등을 통해서였다.

프랑스에서 초기 휴머니즘 수용에 하나의 결정적인 통로를 이룬 것은 아비뇽의 교황청인데, 이곳에서는 이탈리아와 프랑스의 지식인들이 만날 수 있었기 때문이다. 프랑스의 지식인들 중 일부는 왕궁과 관계를 유지하고 있었고, 다른 일부는 프랑스의 대학과 관계를 맺고 있었다. 파리에서는 콜레쥐 드 나바르(Collège de Navarre)가 가장 일찍 휴머니즘의 충격을 받아들였던 것으로 보인다. 액스, 앙제 그리고 대개 남부에 소재한 대학들은 곧 자체적으로 이탈리아와 접촉을 유지했다. 여러 번 후퇴를 겪었지만, 마침내 1452년 파리 학예학부의 혁신으로 본격적인 비약이 이루어졌다. 1453–1473년간 파리에서 가장 중요한 개척자는 기욤 피셰(1433–1480)였는데, 그는 콜레쥐 드 소르본에서 가르쳤다. 그는 이 사고방식으로 양성된 제자들을 남겼는데, 이들은 1480년대부터 기독교 휴머니즘을 전파하고 적어도 콜레쥐의 차원에 안착했다. 그러나 프랑스의 궁정과 대도시에서 휴머니즘이 승승장구했던 것과는 대조적으로 프랑스 대학의 학예학부가 완전히 포섭되기까지는 아직도 수십 년이 더 걸려야 했다.

이와 비슷한 양상을 보여 주는 것이 이베리아 반도였다. 아라곤 왕 알폰소 5세(1396-1458)는 또한 나폴리를 통치했는데, 이미 일찍부터 이탈리아의 휴머니스트들을 자신의 궁정에 포용하고 있었다. 그러나 최초의 휴머니스트 학예학자들은 1464년에 살라망카 대학이 비로소 유치했던 것으로 보인다. 그럼에도 불구하고 이곳에서 이들이 라틴어와 그리스어 담당교수로 임명되어 새로운 노선이 확고하게 안착되기에는 1495년까지 기다려야 했다. 그동안 이미 1492년에 안토니오 네브리야(1441-1522, 살라망카와 알칼라 대학의 교수)가 최초의 속어 문법책인 『**카스티야어 문법**(Gramática castellana)』을 내었다. 또한 네덜란드에서도 1460년대 후반부터 시작했지만, 본격적인 비약은 16세기 초 수십 년 동안에 이루어졌다. 잉글랜드의 휴머니즘도 역시 주교와 궁정이 주도한 예비 단계를 겪다가, 15세기 말경에 비로소 몇몇 콜리지에, 그리고 나서 두 대학[8]의 학예학 및 예비교육과정을 석권하고 침투해 들어왔다.

중부와 동부 유럽에서는 대학이 수용하기 전에 전반적으로 궁정 휴머니즘이 선행했었다. 칼 4세의 휴머니스트적 성향은 페트라르카와의 서신왕래를 통해 지지되고 있었는데, 그의 가장 중요한 창조물인 프라하 대학을 애초에는 거의 건드리지 않고 있었다. 16세기로의 전환기에 비로소 이에 따른 변화가 학예학부에 두드러지게 나타났다. 헝가리의 루드비히 대왕(1326-1382)은 페트라르카 외에 살루타티와도 서신을 주고받았음에도 불구하고, 그의 대학이 휴머니즘을 환영하게 할 수 없었다. 이곳에서 휴머니즘은 궁정의 문화운동으로만 남아 있었다. 반면에 크라카우의 경우에는 휴머니즘과 관련된 고위 성직자들의 노력이 이미 1449년에 수사학과 시학의 강좌를 설치하도록 영향을 미칠 수 있었다. 오스트리아에서는 황제 막시밀리안 1세가 빈 대학과 해당 학부의 격렬한 반대를 무릅쓰고 독일의 원조 휴머니스트 콘라트 켈티스를 시학 및 수사

8 옥스퍼드와 케임브리지 대학을 말한다.

학 교수직에 적어도 어느 정도 안착시켰고, 이로써 전환기를 맞이할 수 있었다. 물론 이를 위해서는 위로부터 엄청난 압박을 가할 필요가 있었고, 마침내 1497년에 이르러서야 비로소 이런 조치가 이루어졌던 것이다. 신성 로마 제국의 다른 지역에서도 역시 주도권은 가장 극명하게 성속의 군주들이나 도시의 엘리트층이 발휘했다. 이들은 무엇보다 이탈리아와 이탈리아에서 귀환한 독일인 휴머니스트들을 후원했다. 그리하여 예컨대 페터 루더(1415-1472) 같은 이는 1456년부터 하이델베르크, 에르푸르트, 라이프치히 및 바젤에서 휴머니즘 계열의 강의(lectiones)를 처음에는 공식적인 수업 프로그램 밖에서 제공했다. 바젤에는 1464년에 본격적인 **인문학 및 수사학**(ars humanitatis sive oratoria) 교수직이 설치되었다. 다른 대학들에서도, 나중에 다시 스콜라 철학의 아성이 되어 버린 쾰른까지도, 이미 세기 전환기 이전에 휴머니즘의 경향을 보이고 있었다. 이에 따른 교수내용의 변동은 그러나 16세기 초에나 비로소 1516년 신설대학인 비텐베르크 대학에서 처음으로 입증된다. 그다지 명예롭지 못한 반대 사례를 이루는 것이 스코틀랜드의 4개 대학, 성 앤드류스, 글라스고우, 애버딘 및 에든버러였다. 휴머니즘의 영향을 받은 이탈리아 대학을 나온 스코틀랜드 출신 졸업자가 이미 존재했고 이에 따른 활동을 전개했었으나, 1580년대에 휴머니즘 프로그램을 학예학부에 도입하려는 시도는 우선 로마식의 스콜라 철학, 그리고 개혁교회의 엄격주의와 이것이 고집한 새로운 양상의 스콜라 철학에 밀려 좌절되었다. 그리하여 스코틀랜드 대학들은 17세기 초에나 비로소 휴머니스트들을 초치하기 시작했다. 그러나 이를 대표했던 크리스토퍼 A. 업튼이 평가하듯이, 본격적인 휴머니즘은 더 이상 존재하지 않았다.

수리적 학문 4과는 자연히 언어적으로 방향이 잡힌 휴머니스트들의 관심권 밖에 놓여 있었다. 따라서 이들의 발전은 15, 16세기에 우선 다른 종류의 영향력에 귀속되어 있었다.

올라프 페더젠의 확인에 의하면 4과는 15세기에 급속히 변동하고 있던 유럽 사회의 계산 및 기술적 도전에 더욱 미치지 못하고 있었다. 무엇보다 이베리아 반도의 대학에서 이러한 분야의 대표자들은 예컨대 대항해 활동이 진전되어 가는 중에서도, 필수적인 항해술과 지리학의 지속적인 발달에 거의 참여하지 못했다. 이러한 작업은 오히려 국왕의 위원회와 특수기관이 수행했다. 물론 이러한 기관에는 당연히 허다한 대학의 졸업자들이 속해 있었고, 이들은 때로는 수학자 페드로 누녜스(1502–1578)의 경우와 같이 대학(여기에서는 코임브라 대학)으로 돌아가기도 했다. 마찬가지로 대학의 수학과 기하학은 군사 및 민간 영역에서 팽창하는 기술 학문, 즉 건축, 역학, 수력학, 공학 등에 볼만하게 참여한 적이 거의 없었다. 대학의 학문은 오히려 그들의 이론적 시각에 집착하고 있었고, 종종 실제적인 응용 가능성에 대해서는 노골적으로 반대했다. 그 결과 대학 외부에 특수한 전문학교가 설립되었고, 대학 자체의 지식 제공은 그 의미를 지속적으로 상실하게 되었다. 기본적으로 동일한 발전이 이 시기의 천문학에서도 발견된다. 그 실제적인 관찰활동도 마찬가지로 새로운 인식의 출발점으로 취해지는 대신에 우선 이미 알고 있는 사실의 확인에 쓰이고 있었다. 그럼에도 불구하고 대학의 텍스트 학문이 대학 외부의 '새로운 학문(과학)'에 베푼 것은 적지 않았다. 최근의 연구가 비로소 밝힌 바와 같이, 무엇보다 휴머니즘의 수사학이 진전되면서 문헌학 및 언어학적으로 근본적으로 개선된 은유와 유추(Analogie)는 경험으로 파악한 새로운 사태의 기술과 파악을 위한 도구로서 매우 의미심장했던 것이다.

끝으로 언급할 것이 음악이다. 휴머니즘은 4과의 이 마지막 과목이 놓여 있던 스콜라 철학적 맥락을 해소했다. 그 대신에 휴머니즘은 음악을 시학의 곁에 위치시켰다. 물론 일종의 시녀적 위치로 배치했다. 왜냐하면 음악은 단지 좋은 소리로 청각을 즐겁게 하는 반면 시는 정신을 사로잡기 때문이다. 이에 따라 음악은 이제부터 언어에 적응해야 했다. 이러한 입장은 음악의 실제에서도 거의 혁명적인 결과를 초래했다. 동시에 이루어진 것이 고대의 운율에 다시 결부시키는 일이었다. 음악은 휴머니즘의 관점에서 보면 또한 윤리적, 도덕적 그리고 의학적 기능을 인수할 수 있었다. 심지어 오직 이러한 면에서만이 음악은 자유학예(artes liberales)의 구성요소로 간주되는 것이 허용되었다. 이렇게 개념상 새로운 규정이 대학의 실제에 어떤 결과를 가져왔는지는 지금까지 아직 정확히 확인된 바 없다. 인지되고 있는 한, 음악이라는 과목은 독립적으로 존속되기보다는 오히려 시학 또는 수사학과 겹쳐진 것 같다.

또한 학예학 휴머니즘(artistischer Humanismus)의 고전적 시기는 주로 에라스무스(1466-1536)라는 이름과 결부되어 있다. 그는 사제의 사생아로 태어나 어느 수도원에 맡겨졌다. 그리고 사면으로 출생의 결함에서 벗어난 뒤 1492년에 사제서품을 받고, 1495년에는 파리에서 신학과 철학을 수학했다. 그곳에서 그는 이탈리아의 망명자들과 휴머니스트들을 알게 되었다. 1499년 에라스무스는 가정교사 자리를 얻어 런던으로 갔는데, 그곳에서 그리스어를 완벽하게 익히고 또 여러 소중한 지인을 사귀었다. 이들 덕분에 그는 나중에도 새로 잉글랜드에서 체류할 수 있었다. 휴머니즘의 본국을 여행하고, 케임브리지에서 최초로 그리스어와 신학교수를 역임한 다음에 에라스무스는 바젤, 브뤼셀, 루벵 그리고 프라이부르크 임 브라이스가우로 자리를 옮겼다. 그의 지칠 줄 모르는 편집활동은 고전 작가, 그중에서 세네카, 수에토니우스, 키케로, 리비우스 및 아리스토텔레스만이 아니라, 또한 초기 기독교 작가 및 교부들, 히에로니무스와 아우구스티누스, 그리고 신약성서(그리스어판, 1516년)에까지 미쳤다. 부분적으로 주목을 끈 그의 저술로는 교회를 비판하는 『**우신예찬**』(1511)과 1516년에 출간된 『**대화집**(Colloquia)』, 더욱이 고전어에 대한 문헌학적 논고와 교육론 등이 있다. 성공적인 교육활동은 불가피하게 평온과 시간을 전제하기 때문에, 이 네덜란드인은 평화주의의 역사에서 고도로 중요하게 된 논증으로 전쟁을 거부했다. 물론 그는 터키인에 대한 방어전쟁은 예외로 하였다. 인간의 자유의지에 대한 루터와의 불화 그리고 모든 종류의 교회 비판에도 불구하고 종교개혁을 따르지 않겠다는 에라스무스의 결심은 그에게 상대적으로 특수한 역할을 부여했다. 휴머니즘의 전 유럽적 네트워크에서 그가 점하고 있던 열쇠와 같은 지위는 그럼에도 불구하고 계속 유지되었다. 그리하여 그의 서신교환을 통해 이 시대의 중요한 휴머니스트들이 대부분 파악되고 그 위치가 설정된다.

로마 교회는 휴머니스트들을 종교개혁의 길잡이로 보았기 때문에, 휴머니즘은 종파분열이 진행되는 동안 로마에서는 힘겹게 유지되거나 또는 더 이상 거의 발전할 수 없었다. 특히 완고하게 로마적이었던 예수회 대학들은 휴머니즘을 단지 산발적으로만 고려했을 뿐이었다. 휴머니즘의 효용이 이교도적 기원의 산물이라는 결함을 능가하는 한, 프로테스탄트 기관에서의 상황은 다소 유리했다. 이 점에 대해서 하등의 의심을 품지 않은 인물은 필립 멜란히톤(1497–1560)이었다. 그는 독일어권에서 초기 휴머니스트였던 요하네스 로이힐린(1455–1522, 튀빙겐과 잉골슈타트 대학교수 역임)의 조카였고 루터의 동조자였다. 그는 1518년부터 새로운 대학 비텐베르크의 그리스어 교수에 취임했는데, 루터의 교리에 초기 휴머니즘적 자양분을 공급한 것은 그의 덕분이었다. 그리고 이는 곧 프로테스탄트 교육체제의 번성으로 이어졌다. 그는 작센의 신생 대학을 이런 방향에서 개혁하고 일련의 논고를 집필했는데, 이는 바로 학예학부와 신학부의 수업에 도입되었다. 그리고 저술과 교수활동으로 루터파의 교회에 바로 도움을 제공한 또 다른 루터파의 휴머니스트가 있었는데, 그는 쉬트라스부르크 김나지움—이로부터 나중에 대학이 탄생했다—의 창건자인 요하네스 쉬투름(1507–1589)이었다. 칼뱅 측에는, 그리고 휴머니스트들과 스콜라주의자들 사이의 논쟁 전체에 대해서도, 페트루스 라무스(라메, 1515–1572)가 언급될 수 있다. 그는 이미 자신의 마기스터 학위논문을 방어하면서 격렬한 아리스토텔레스 비판자로서 유명해졌다. 그리고 나중에 그의 주저 『**아리스토텔레스적 징벌**(Aristotelicae animadversiones)』과 『**변증법 강요**(Dialecticae institutiones)』로 인하여 파리 대학으로부터 규탄을 받고 추방되었다. 라무스는 논리학과 수사학을 하나의 체계적인 방법으로 결합하는 시도를 했는데, 이는 스콜라적 도출의 인위성을 극복하는 것이었다. 그의 구상은 일목요연한 다이어그램으로 도시될 수 있는데(소위 '라무스의 도표'), 결국 비상하게 성공적이었음이 입증되었다. 이는 진정으로 대학의 논리학과 변증법을 개혁하는 것으로, 전 유럽과 아메리카에까지 전파되었다.

그러는 동안에 그 주류에서 프로테스탄트 휴머니즘은 오히려 스콜라적 특성을 띠게 되었다. 이는 점점 더욱 견고하고, 혁신에 대해서는 오히려 그 개방성이 감소한 교육 프로그램을 발전시키고, 휴머니즘적으로 확장된 문학 장르의 스펙트럼을 다시 규제하고, 한시적으로 더 자유롭고 활기차게 되었던 수업형태인 강의, 토론 등을 새로 형식화했다. 그리고 문제성 있는 성과, 허구적이거나 해학적인 논저들, 즉 종파적으로 우려되는 주제를 다루거나 기독교 학문의 진지함에 어긋나는 것들을 대학에서 사라지도록 조치했다.

이러한 경향은 자연히 또한 휴머니즘에 따라 등장한 모든 종류의 지식에도 해당되었다. 즉 이들 지식은 신앙적으로 의심스러운 자료를 이용했고 또 성서적, 기독교적 관념, 어찌됐든 지배적인 해석과 조화될 수 없으며, 학예학부의 형이상학이나 또한 자연철학의 틀에서도 흥미롭게 보일 수 있는 것이었다. 자연철학은 결코 사라지지 않았다. 널리 전파된 베니토 페레이라 S. J.(1535–1610, 로마 대학의 교수)의 교과서, 『**모든 자연물상의 보편적 원리와 양상에 대한 15부**(De communibus omnium rerum naturalium principiis et affectationibus libri XV)』(1576)가 입증하듯이, 이는 심지어 예수회의 영역에서도 살아남아 있었다. 루터파 측에서도 중요한 것은 예를 들면 요한 토마스 프라이기우스의 『물리학적 제 문제(Questiones physicae)』(1579)와 같은 것이 있었다. 이른바 비의적(秘義的) 학문(Hermetik), 즉 신플라톤적, 피타고라스적 및 유대교적(카발라) 텍스트에 지지되고 있던 지식체계는 그동안 대학에 거의 정착될 수 없었다. (또한 정당한 형식으로도 파악이 가능한) 이들의 기본 사상에 의하면, 자연은 신적 지혜의 보편적인 지시맥락으로 볼 수 있고, 또 대우주(Makrokosmos)는 소우주(Mikrokosmos)에 대응하며, 천지만물과 인간은 상호적으로 제약하기에—구체적으로 무엇보다 인간의 운명에 대한 성좌(星座)의 영향이 그러하다—따라서 점성술, 점성학적 및 유사치료적 의학 등등도 정당화될 수 있다(빌헬름 쉬미트-비게만)고 한다. 이러한 사상은 배척되었다. 또한 (신적) 비밀(아르카눔)을 다룬다는 것은 이러한 사고경향의 특징이면서도 프로테스탄트의 텍스트 신뢰와 합리주의적 텍스트 해석과 분명히 배치되고 있어 의심스럽게 여겨졌다. 그리고 마지막으로 명백한 규범 위반, 예컨대 연금술, 즉 인간은 물질을 변화시킬 수 있다는 발상—이러한 능력을 오직 신에게만 맡기는 대신에—또는 마법 및 신비적 인식론, 그리고 또 그리스의 철학자 피론(265–275 B.C., 그의 이름에서 '피론주의'라는 말이 유래)에 따른 인식회의주의와 같은 것들은 모두 단호한 배격에 봉착했다. 코르넬리우스 아그리파 폰 네테스하임(『비의 철학에 대하여(De occulta philosophia)』, 1510/33, 『학예의 불확실성과 허망함에 대하여(De incertitudine et vanitate scientiarium et artium)』)의 사상도, 쟘바티스타 델라 포르타스(『자연의 마법(Magia naturalis)』, 1558)의 그것도 따라서 공식적으로 강의나 토론하는 것이 허용되지 않았다. 17세기에 들어서 비로소 이러한 사고에 대한 알레르기적 반응이 적어도 몇 개 대학과 학예학부에서 사라지기 시작했다. 특히 그것은 예수회 출신의 만능 지식인 아타나시우스 키르허(1602–1680)와 17세기 후반에 등장한 케임브리지의 신플라톤주의 학파 덕분이었는데, 이들에게서 그런 사조가 다루어지기도 했다.

휴머니즘이 몰아낸 형이상학이 남긴 진공지대에는 또한 휴머니즘에서 시작하여, '바로크'의 학문이론 및 방법으로 더욱 발전된 역사사상이 치고 들어왔다. 설득력 있는 "형이상학적 구성개념"이 더 이상 존재하지 않았던 곳에서 중요해지게 마련인 것은 역사적으로 위치가 설정된 텍스트에 고정된 통찰의 총체를 수집하고, 이를 역사적 및 체계적으로 정리하는 것이었다. 이것은 하나의 이론적 욕구로서, 어렵지 않게 모든 지식의 개관과 정리에 대한 실제적인 욕구와 결합했다. "그리하여 르네상스 이래의 문헌학 및 수사학적 전통은 백과전서로 특징지어졌는데, 이는 형이상학적 구성요구에 대항하여 구상된 장르로서 그 전통은 오늘에까지 미치고 있는 것이다."(빌헬름 쉬미트-비게만) 또 이러한 백과전서의 완성에는 휴머니즘으로 영감을 받은 학예학 계통의 대학교수들이 대대적으로 참여했다. 단지 일부의 대표자와 그 작품들만을 이 자리에서 예거(例擧)할 수 있다. 그레고르 라이쉬의 『**애지의 집성**(Margarita Philosophica)』(쉬트라스부르크, 1502)은 아직 과도기의 작품이었고, 테오도르 츠빙거의 『**만물의 극장**(Theatrum universitatis rerum)』(바젤, 1565), 프란시스 베이컨의 『**지식의 존엄성과 증대에 대하여**(De Dignitate et Augmentis Scientiarum)』(런던, 1623)—물론 베이컨은 학문의 제도화는 오히려 위험하다라고 확신했다—그리고 요한 하인리히 알쉬테트의 『**백과전서 7부**(Encyclopaedia septem tomis distincta)』(헤르보른, 1630) 등이 그것이다.

학예학부의 여러 학문이 종파주의 및 절대주의 국가권력의 강제에 복속한 결과가 어떠한 것이었는지는 정치학(Politica)의 사례에서 잘 드러날 수 있다. 정치학은 우선 아직 인문주의적 도덕철학의 지류로 수행되다가, 16세기 말에 특히 네덜란드의 실용 정치적 후기 휴머니즘의 영향 아래 더욱더 권력정치의 부담을 지게 되었다. 네덜란드의 후기 휴머니즘은 한편으로 스페인에 대항하는 홀란드의 봉기에 기여하려 했고, 다른 한편으로는 종파적 내전의 종식을 목표로 했던 것이다. 가장 중요한 권력이론가인 피렌체의 고관 니콜로 마키아벨리(1469-1527)는 그러나 그의 종교 및 교회 비판적 경향 때문에 대학에서는 결코 수용될 수 없었다. 이에 따라 해당 분야에 관심을 갖는 정치사상가들, 특히 네덜란드인 유스투스 립시우스(1547-1606)는 루뱅, 예나 및 라이덴에서 문헌·역사·정치학 교수직을 대표하고 심지어 비로소 창설했는데, 덜 의심스러운 타키투스로 회귀했다. 결정적으로 헬름쉬테트의 교수 헤닝 아르니세우스(1575-1636, 의학 교수였으며 동시에 도덕철학 강의를 위임받음)가 새로운 정치사상에 유효한 신아리스토텔레스적 학문기초를 창출하고 나서, 정치학(Politica)은 거의 모든 루터파 및 칼뱅파 또 일부의 가톨릭 대학(루벵, 쾰른)에서 독립적인 학예학부의 과목으로 승격되었다. 이는 통치에 실제적인 정치적 정당화 및 헌정(憲政)지식을 전달하는 것과 함께 이러한 틀에서, 특히 헤르만 콘링(1606-1681, 헬름쉬테트의 의학, 법학 및 정치학 교수)과 요한 하인리히 뵈클러(1611-1672, 쉬트라스부르크) 덕분에, 18세기 초기까지 근대 초기 국가형성에서 중요한 역할을 수행했다.

네덜란드의 모델 대학 라이덴은 그러나 본질적으로 새로운 학문인 정치학의 산출에만 기여한 것이 아니라, 또한 18세기 중엽까지 일반적으로 후기 휴머니즘 문헌학과 역사의 중요한 중심이었다. 이 대학은 일시적으로 고대 언어 교수직과 더불어 또한 헤브라이어—이는 에든버러에서도 1642년에 설치했다—및 아랍어 강독을 위한 교수직도 설치했다. 그 밖에도 라이덴 대학은 당대의 새로운 학문적 맹아에 대해서도 비교적 가장 개방적이었다. 역사를 경험과 동의어로 생각하는 발상에서 출발하고 새로운 학문(과학)의 이념과 결합하여 이 대학은 4과 과목의 수학화와 실험 관련성을 한껏 추진하였다. 그 결과 한편으로 무엇보다 자연철학의 경험적 자매로 박물학(natural history, Naturgeschichte)과 새로운 실험적 형태의 물리학이 성립되었는데, 이들을 학예학 및 철학부에 위치시키는 것은 점점 더 의문스러워지게 되었다. 이에 따른 수업의 개혁이 1670년대에 이루어졌는데, 이는 무엇보다 특히 의학도를 위한 화학 실험실의 설치와 결부되었다.

그러나 전체적으로 보아 데카르트주의(르네 데카르트, 1644년 출간된 『철학원리(Principia philosophiae)』의 저자)와 뉴턴주의(아이작 뉴턴, 1643-1672, 케임브리지 대학 교수)는 18세기로의 전환기부터 비로소 질적으로 아리스토텔레스적 철학과 학문이론 을 압박하고 이로써 계몽사상을 준비하기 시작했다. 한편 예컨대 야코보 자바렐라(1533-1589, 파두아 대학의 논리학 교수)가 논리학을 도구주의적 및 방법론적으로 새로 규정함으로써 아리스토텔레스의 이론은 새로운 특징을 획득했다. 이러한 경우에서도 다시 우선 군주국의 간섭이 새로운 주도적 시각을 학예학부—이 무렵에는 철학부라는 호칭이 선호되었다—에 도입했고, 이로부터 학문적 변동이 진척될 수 있었다. 이 주도적 시각은 본질적으로 세속화와 공리주의였다. 학예학부에 서식하고 있던 과목들은 이제부터, 즉 종파주의 시대의 끝 무렵, 종파정책의 정점이며 경계표지로서 파멸적인 30년 전쟁이 종식된 후에는, 신학부와 신학 및 종교적 사고방식, 심지어 (순전한) 텍스트 학문 일반의 영향을 몰아내는 데 기여할 것이었다. 이는 국가와 사회의 강화에 도움이 되도록 현세적으로 유용하고, 구체적이며 실용적인 지식영역과 방향제시—경제학, 기술, 의학, 자연과학—에 유리한 것이었다.

물론 신학의 패권적 요구를 불식시키는 데 명백히 참여한 것은 단지 소수의 대학 철학자들뿐이었다. 이들은 교회권력과 세속권력의 연합이 애초부터 덜 강력하게 발달하거나 쇠퇴한 곳, 즉 예컨대 독일이 아닌 곳에서 움직였다. 이에 반하여 더 많은 수의 지지자들은 내용상 매우 복잡다기한 철학부 교수들의 시도를 엄격한 신학 및 교회비판을 포기하고, 대안적인 규범 모델로 특히 휴머니즘적 도덕철학의 연장 속에서 이를 시험하는 것으로 보았다. 이러한 영역에서 성공적인 학부로 꼽히는 것은 스코틀랜드의 학부로, 이들은 새로운 도덕철학을 독특한 상식철학(common-sense philosophy) 및 경제철학의 초기 형태와 결합했다(애덤 스미스, 1723-1790, 애덤 퍼거슨, 1763-1816). 또한 이들은 벌써 일찍부터 보편사(Universalgeschichte) 교수직도 설치했다(에든버러, 1719).

제도 및 인사상의 확장이라는 관점에서는 때때로 환영받았지만, 내용상으로는 오히려 회의적으로 평가받은 것이 새로운 응용학문이었다. 이는 관헌당국의 압박으로 이제 학부에 설치되었는데, 특히 관방학(Kameralistik, 재정학, 국민경제학, 경제학 제 분야)이 그러했다. 예컨대 새로운 관방학(1727년 할레와 프랑크푸르트 안 데어 오더)에 (내용상 쓸모없어지거나 심지어 거추장스럽게 되어 버린) 정치학(Politica)이 희생되어야 했던 곳에서도 눈에 띄는 저항은 없었다. 반면에 관방학은 새로운 국가학의 지위를 자처하고 있었다. 18세기 말까지 아니면 늦어도 19세기 초까지 가톨릭적인 남부유럽의 군주들도 특히 예수회의 해산(1772년에 금지)에 의거하여 철학부에 가장 중요하게 여겨지는 응용학문을 추가적으로 또는 기왕의 전공스펙트럼을 희생시키면서 강요하는 데 성공했다. 그럼에도 불구하고 천박한 공리주의에 대한 교수들의 저항은 매우 강력하여, 도처에서 계몽된 학술원에 더해서 이제 실용적인 응용욕구에 부응하는 고등전문학교가 성립되었다. 최고의 지식기관은 따라서 더욱더 긴밀하게 적어도 잠재적인 경쟁자와 경합하게 되었다. 신학부의 쇠퇴에 상응하여 대학 내부에서 전개된 철학부의 상승은, 다른 무엇보다 이제 박사학위의 선호와 결합되었다. 따라서 그 상승은 대학이 봉착한 새로운 도전이라는 역사적인 상황에서 전개되었는데, 이는 상이한 해법을 제시했다. 프랑스 및 이탈리아, 잉글랜드의 경우는 대개가, 스페인, 독일 및 포르투갈의 기초학부(즉 철학부)는 다수가 한편으로는 새로이 지적, 정신적 흡인력을 상실했고, 다른 한편으로는 계몽사상이 유발한 실용지식 또는 전문가 양성의 욕구를 강제적으로 수용함으로써 특정한 면에서는 다시 젊어질 수 있었다. 각 분과학문 간의 차이는 심화되고 오래된 분과학문 집단은 의심할 나위 없이 새로운 집단과 더욱 심한 긴장관계에 처하게 되었지만, 학부의 명칭은 그대로 유지될 수 있었다.

새로운 분과의 진출은 어쩔 수 없이 또한 철학부에서의 교수형태마저도 변화시킬 수밖에 없었다. 이미 비고전적인 언어과목(헤브라이어, 아랍어, 단순한 교습 차원에서 진행되는 현대언어들), 또한 고전어마저도 처음에는 휴머니즘과 함께 제고된 가치를 단순한 구어적 강의에 부여했지만, 학생집단의 축소, 특히 튜터식 지도의 형태로 이루어지는 강화된 지도가 각각의 모국어를 더욱 강하게 관련 짓는 것을 강요했다. 학습내용이 복잡해지는 것과 교육의 구상에 대한 논쟁은 유사한 효과와 결부되었다. 특히 예수회는 그 연관성을 선명하게 인식하고 있었다. 이 모든 변화는 교육적 요소를 더욱더 고려하게 했는데, 휴머니즘은 이를 처음으로 학문적으로 고민했고 또 예수회와 병렬해서 실천에 옮겼던 것이다. 이미 1738년에 괴팅겐 대학에서는 이런 배경에서 새로운 수업형태로서 세미나가 형성되었는데, 이는 세기말에 역사가들이 수용하여 19세기에 신속히 전파되었다. 끝으로 언급할 만한 것은 개별 분과의 자립화와 전문화는 학문적 기초지식을 습득하는 기초학부로서의 철학부의 성격을 잠식하기 시작했다는 점이다. 따라서 더욱 두드러지게 된 것은 단지 개별적인 학예 및 철학계 과목의 수학, 또는 중점적으로 3과의 개별과목 또는 4과의 개별과목을 수학하는 것이었다. 순수한 수학의 입문수학은 예컨대 이미 18세기 초부터 케임브리지 대학에서 발달했는데, 물론 이는 처음에는 뒤따르는 곳이 없었다. 이 내적인 변동은 앞서 말한 형식화와 분과학문화의 경향과 함께 제한되었다. 예전에 바로 학예학부에서 높았던 학업중단 비율이 17세기 말부터는 줄어들었다. 수학기간도 부분적으로 단축되었던 것으로 보인다. 상위학부 중의 하나로 옮겨가는 것도 더 일찍, 그리고 더 자주 이루어지는 경향이었다. 그 반대 경향은 단지 특정한 대학 지역에서만 나타났는데, 이들 지역에서 대학의 수학은, 즉 영미권의 신사(Gentleman) 양성이라는 이상과 같이, 높은 신분층을 위한 일반적인 교양습득을 강력하게 지향하고 있었던 것이다.

상위학부

전통적으로 논란의 여지가 없던 최고 학부, 신학부는 15세기 초 유명론–실재론 논쟁과 기타의 갈등에 따라 내적 불화와 분열과정에 처해 있었던 반면, 법학과 의학의 발전은 한편으로 탈교회화 및 세속화에 의해, 다른 한편으로는 실용에 대한 지속적인 개방으로 특징지어졌다.

이는 특히 의학에 해당되었다. 휴머니즘이 도래했을 때, 물론 의학은 고대에 천시된 기술학(ars mechanicae)으로서 대학에 적합하지 않다는 의심에 다시금 저항해야 했었다. 그러나 다른 한편으로 그 이론적 전제와 방법의 더 정확한 검토가 등장하여 의학은 철저하게 일정한 철학적 기초를 확보하게 되었다. 학예학부의 교사들 중 의학으로 이전하거나 두 영역에서 교수역량을 보였던 이들은 이러한 측면을 심화하려고 했다. 이에 해당하는 논증과 의학의 휴머니즘적 혁신은 통상대로 우선 고대 고전, 즉 히포크라테스와 갈레노스의 정확한 독해를 수행해야 했다. 이러한 토대에 입각한 가장 중요한 의학의 개혁자로 꼽히는 자는 아마도 페라라에서 가르쳤던 니콜로 레오니체노(1428–1474)였으리라. 그에 이어 또 다른 휴머니스트적 대학의학자들이 가담하여 고전을 새로 편집하고 새로 주석을 가하여 공공에 등장했다. 1525년에는 갈레노스의 그리스어 전집(Opera) 초판이 5권의 폴리오판으로 간행되었고(알디나 출판사), 1541년에는 최초의 라틴어판이 뒤따라 출간되었다.

이러한 의학의 텍스트화는 레오나르도 다 빈치(1452–1519)에서 유래하는 학문적인 전시용 데생의 발명과 함께 다가왔는데, 그동안 임상적 요구에는 단지 부분적으로만 도움이 되었다. 또한 휴머니즘에 내재해 있는 경험적·자연과학적 조류와 접촉하여 종종 일종의 균형이 찾아들곤 했다. 예컨대 갈레노스의 판본은 해부학적 연구와 실험 생리학의 태동에 "결정적으로" 영향을 미쳤다.(니콜라우스 마니) 왜냐하면 휴머니스트 의사들은 갈레노스의 진술을 경험적으로 검증해 보려고 노력했기 때문이다. 그러나 주로 '경험적으로'라는 것은 우선 단지 '대상에 즉하여 보여 주는'이라는 뜻을 의미했던 것으로 보인다. 어찌됐든 초기의 휴머니스트 의사들에게 더욱 중요하게 보였던 것은 의학의 도덕철학적 의상이었는데, 이는 예컨대 해부 시연관과 식물원에서 분명해지는 바와 같다. 이들 시설은 동시에 윤리·도덕적 교육기관으로서 이용될 것이었는데, 예를 들어 그 시연이 이루어질 때는 해당하는 고대의 도덕논저가 읽혀졌던 것이다.

이 다른 경향은 이탈리아에서 시작한 다음에 다시 라이덴이 대표했다. 이곳에서는 우선 대학의 차원에서 생물학 및 생리학적 가설을 실험적으로 검증하는 근대적 방법이 개발되었다. 해부학 강좌의 두 번째 보유자였던 페터 파우브(1564–1672)는 명백히 이러한 목적에서 최초로 개의 생체해부를 시행했다. 이어서 요한 데 발(1604–1672), 얀 스밤메르담(1637–1680) 그리고 샤를 드렐링쿠르(1635–1694) 등이 그 뒤를 따랐다. 그들이 중요시했던 것은—종종 처음에는 아직도 종교적 관념에서 출발했지만—무엇보다 혈액순환, 혈압, 근육의 움직임 등을 입증하는 일이었다. 그들의 출판물을 통해서 실험과 관련된 전문개념만이 아니라 그 방법까지도 아주 힘차게 전파되었다. 실험이 반복되면서 더욱 신속하고 분명하게 그 초기적인 불일치, 모순점 그리고 부족함이 계속 드러났는데, 그 결과 실험의 통제와 기술(記述)이 차츰 세밀해지고 개선되기에 이르렀다. 그 시연(試演)은 물론 여기에서도 자주 아직 사변적인 성격을 지니고 있었다. 기압 및 신학적으로도 논란이 되던 진공 또는 전기의 고전적인 시연에서는 특히 그러했다. 그 밖에 대학사는 원래 철학부에, 말하자면 자연철학 및 박물학(Naturgeschichte)의 영역에 속하면서도 오히려 의학부에서 이루어졌던 기타의 실험에 대해서는 아직도 거의 아는 바가 없다. 조명과 함께 행해지는 전시시연과 기타의 광학적 효과, 또한 화학실험 등이 그러한 것이다. 이런 것들은 후기 휴머니즘과 초기 계몽사상기에는 불균등하게 의학부에 더 잘 정착했는데, 여기에서는 그 정당성이 더 용이하게 방어될 수 있었다.

의학적 직업활동의 대대적인 진흥은 이 과목이 휴머니즘적으로 변형되는 것을 의미했다. 특히 휴머니즘적인 '우아한' 의학은 의사들을 수사학적으로 더 단련시켰고, 더욱이 그 공공에서의 출현과 지불능력이 있는 고객과의 교제라는 점에서, 또 전문 및 학문언어의 구사라는 면에서 더욱 그러했다. 휴머니즘 의학은 고대적인 치유지식의 전 범위를 새로이 개척하고, 그러면서도 또한 전문지식 전체를 백과전서식으로 파악하고 체계적으로 정리하는 과제를 제기했다. 의학 지식의 개척과 정리는 오직 라틴어로만 이루어졌다. 그리하여 의학의 라틴어 전문언어는 거의 전적으로 휴머니즘에 소급되는 것이었는데, 이는 또한 오늘날에도 여전히 채택되고 있다. 고대의 텍스트에 나오는 약초의 재발견과 자연계에서의 발견으로부터 하나의 포괄적인, 18세기까지 이어지는 유효한 약학체계가 나왔다. 인간의 본질에 대한 휴머니즘적 발상은 새로운 양상의 의학 분과, 예컨대 식이요법과 같은 분야의 이론적 및 실제적 근거설정을 가능하게 했다. 끝으로 대학에서 육성된 휴머니즘적 학식에 의거하여 이루어진 갈레노스식 체액설 의학의 완성과 그 초기적인 의문시 역시 중요한 성과로 꼽힐 수 있다. 왜냐하면 두 의학 거두(principes medicinae), 즉 히포크라테스와 갈레노스의 전승된 저작 전체의 문헌학적 및 주석 작업은 진전된 단계에서 불가피하게 그 공백과 모순점도 드러냈기 때문이다. 그 시연시도, 모방 그리고 마침내 실험은 특정한 진술을 반박하고 그 교정을 강요했다. 오류입증과 성공적인 교정은 다시금 의학자들의 자의식을 강화했고, 또 이들이 새로운 검증과 자립적인 인식을 추구하도록 자극했다. 의학의 휴머니즘적 혁신은 따라서 그 두 번째 국면에서는 당연히 이미 언급한 해부와 함께 임상적 실험 및 연구열을 초래했던 것이다. 리하르트 퇼너가 보여 주었듯이, 휴머니즘적 의학에서는 따라서 바로 권위라는 개념이 근대화되는 변동을 겪었는데, 이는 최종적 참고점인 '자연의 권위'에 왕좌를 씌우는 형태로 나타났고, 또한 이에 상응하여 혁신에 우호적인 전공 특유의 분위기를 창출하는 형태로도 나타났다.

물론 의학부가 처한 상이한 대학 및 전체 사회적 환경에서 상대화되고 저해되는 경향도 산출되었다. 여러 대학에서 신학부의 감독과 검열은 바로 의학부에 집중되어 있었는데, 이는 겉으로 보기에도 피안에서 이루어지는 영혼의 충만보다 이 세상에서 육체의 안녕을 우선하기 때문이었다. 다른 한편으로 대학 밖에서 활동하는 의료시술자들과의 날카로운 경쟁은 대학의 의학이 그 학문적 우위를 강조하는 목적에서 문헌학적으로 비중을 더하는 것에 기여했다.

휴머니즘적 의학이 진보한 것만이 아니라 대학 교육을 받은 사회적·정치적 엘리트 측이 대학에서 양성된 의사를 찾는 수요가 증가한 사정 역시 작용하여, 늦어도 16세기 중엽부터는 실제로 모든 대학들은 의학부를 갖추게 되었다. 이렇게 증설된 의학부의 수업에서는 실습의 비중이 지속적으로 증가했다. 1632년부터 신학이 지배하고 있던 파리 대학조차 매년 이루어지는 전시 해부수업을 개설했다. 20년 후에는 네덜란드에 뒤이어 북유럽의 다른 곳에서도 외과술이 도입되었다. 1700년경부터는 서서히 병상 실습수업도 일반화되었다. 물론 이론적으로 철저히 정비되었고 부분적으로는 심지어 고유한 분과로까지 격상되었지만, 윤리적·신학적으로 여전히 우려되는 산부인과는 제외되었다. 기본적으로 교수들이 아직도 교대로 제공했던 일반적인 의학 수업 대신에, 이미 전문화와 특수분과의 형성이 등장했다. 18세기 중엽부터 의학부의 전공 정전(Fächerkanon)은 적어도 주요한 대학에서는 고도로 근대적인 방식으로 더욱 확산되었다. 심지어 수의학도—파두아에 최초로—이미 등장했다.

이러한 발달이 결정적으로 가속화된 것은 두 가지 학문적 패러다임의 변경뿐만 아니라 또한 계몽사상의 유용성 관념에 따라 의학의 중요성이 제고된 덕분이었다. 이미 16세기 말부터 인체를 압력이나 운동과 같이 물리적인 힘으로 규정되는 기계로 파악하는 역학적 의술(iatro-mechanische Medizin)이 휴머니즘을 통해서 갱신된 휴머니즘적 의학(Humoralmedizin)을 몰아내기 시작했다. 이 새로운 인체의 고찰방식을 야기한 실험과 통찰은 데카르트주의와 뉴턴주의에 영향을 받은 광범한 지식인 대중에게서 커다란 반향을 불러일으켰다. 그리고 그 우호적인 결과로 국가 엘리트로부터의 지원도 더욱 강화되었다. 반면에 18세기 말경에 의료역학(Iatromechanik)의 기본적인 테제가 맞지 않으며, 또한 오류인 것으로 평가해야 마땅하다는 인식이 전파되었다. 따라서 그 대신에 서서히 생기론적 의학이론이 대두하였는데, 이들 이론 중 할레 대학의 의학교수 게오르크 에른스트 쉬탈(1660–1734)의 이론이 가장 큰 의미를 획득했다. 이 이론은 인체가 생명력(vis vitalis)에 의해 지배되고 있다는 가정에 기초하고 있는데, 따라서 그 입장에서도 특정한 시험 및 연구의 시도를 야기했다. 그러나 그 선행 형태와 달리 생기론은 하등의 체계적인, 심지어 형이상학적·철학적으로 지지되는 관점도 제공하지 못했다. 오히려 생기론은 주로 휴머니즘 의학과 역학의학(Iatromedizin)에 대한 비판적 이의제기의 조합으로 이루어졌다. 즉 이는 처음으로 현대적으로 모든 의학적 진술에 대한 회의와 그 실험적 검증을 요구했던 것이다. 생기론이 관철되지 못한 곳에서조차, 이에 따라 지배적인 역학의학도 더욱 강하게 자기비판을 수행해야 함을 느끼게 되었다. 최후의 위대한 역학의학자인 헤르만 뵈르하페(1668–1738, 라이덴 대학 교수)와 그의 수제자 알프레히트 폰 할러(1708–1777, 괴팅겐 대학 교수)는 그리하여 임상 및 실험의학의 가장 중요한 선구자로 꼽히고 있다. 역학의학과 생기론에 비하여 각별하게 유리하지 않았던 것이 의료화학이다. 그리하여 이는 일찍부터 교수직이 창설되었음(1609년 마르부르크)에도 불구하고 다시금 의미를 상실하고 나중에야 비로소 적절하게 제도화되었다. 화학은 그것이 일차적으로 갖는 의학과의 연관성에도 불구하고 우선 철학부에 정착했다.

실습은 기본적으로 계속해서 더 많은 시간이 들었기에 의학부의 수업 형태와 졸업자격은 물론 이론교육에 집중된 채였다. 물론 허다한 학생들이 18세기까지 실습을 전혀 하지 않거나 아니면 마지못해서 참여했던 것으로 보이기도 한다. 따라서 의학생들도 우선 이론적 강의를 수강해야 했고, 그에 따른 토론에 참여하고, 해당되는 복습과정도 참석하며, 시험 및 연습용 논고 등도 작성해야 했다. 즉 의학은 대개가 문헌 학습인 셈이었다. 물론 좀 더 엄밀하게 관찰할 때 드러나는 바는, 이러한 의학 자격에 요구되는 텍스트의 분량은 기타 학부의 작업량에 비해 점점 더 줄어들고 있었다는 점이다. 이에 반하여 수학과정에서 획득한 실제적 역량의 시연을 위한 기회는 점점 더 형식화된 자치체나 국가의 시험이 제공했다. 이 시험은 의사집단에 편입되거나 관직에 취임하는 것을 계기로 시행되었다. 이러한 시험은 물론 두드러지게 점점 더 추가적인, 즉 대학을 졸업한 뒤에 수행하는 실습을 전제했다.

두 번째로 높은 학부, 즉 법학부가 근대 초에 겪은 발전에 대해서는 우선 다시금 유럽에서 18세기까지 표준적이었던 이탈리아 법학 영역에서 이루어진 휴머니즘의 수용이 결정적이었다.

이 분야에서는 1400년경에 모순적인 상황이 형성되었다. 한편으로 대학의 법학은 예전과 다름없이 고대적 연관성을 보존하고 있었다. 로마법 대전(Corpus iuris civilis)은 직접 고대에서 유래했는데, 도시와 영방국가의 요구에 강력히 지향되어 있던 변호사와 공증인의 양성은 고대 수사학, 특히 키케로의 요소를 허다하게 채용하고 있었다. 다른 한편으로 다시 페트라르카와 로렌초 발라를 필두로 다수의 휴머니스트들은 스콜라 철학적으로 운영되던 법학을 왜곡되고, 거칠거나 아니면 지나치게 사소한 문제에 집착하는 것으로 보았다. 이러한 판단의 근거는 당대의 법학이 정확하지 않게 고대의 법에 연결되어 있고, 법률가들의 언어가 결함이 있거나 매우 야만적이기까지 하다는 평가를 낳게 했다. 이러한 비난을 관련 당사자들이 환영하지 않았으리라는 점은 자명하다. 이에 따라 일정한 거리와 개혁의지가 휴머니스트들 사이에서조차도 일정한 목표를 달성할 때까지 균형을 유지했다. 그 목표는 결국 법과 법해석을 통하여 현실을 지속적으로 개편할 수 있으리라는 전망에서 법률과 그 수학과정을 휴머니즘적으로 개혁하는 의지를 관철시키는 것이었다. 더욱이 휴머니스트 작가들, 예컨대 조바니 다 이몰라(1436년 사망)같은 이들은 법의 능력이 인간을 도덕적으로 '고귀하게' 할 수 있고, 심지어 인문학의 스펙트럼에서 이 지식영역이 우위를 점한다고까지 가정했다.

휴머니즘적 법학은 따라서 법학에 대하여 유리스프루덴츠(Jurisprudenz)[9]라는 개념을 선호했는데, 이것이 어떻게 이루어져야 할지는 우선 피렌체의 교수 안젤로 폴리치아노(1454–1494)가 개발했다. 즉 텍스트비판의 역사–문헌학적 방법을 법률문헌에도 적용하는 것이었다. 이 작업에서는 스콜라철학식으로 개개의 조목을 이미 알려진 체계에 배열하는 것이 해석의 목표여서는 아니 되고, 역사적으로 재구성되는 정치적·법률적 맥락에서 저자 및 입법자의 의도를 밝혀내는 것이어야 했다. 이러한 프로그램을 교과서적으로 구현한 것은 우선 마테오 그리발디 모파(『법학수학의 방법과 근거에 대해서(De methodo et ratione studendi)』, 1541)였다. 이러한 기초 위에 곧 공식적인 로마법의 휴머니스트 학파가 성립되었는데, 이는 신속하게 확산되어 곧 모든 대학을 석권했다. 밀라노의 법학교수 안드레아스 알키아투스(1492–1550)는 1528/9년에 부르쥐 대학으로 옮겨 가면서 새로운 방법을 대동했는데, 여기에서는 또한 더욱 영향력 있는 자크 쿠야(1522–1590)가 가르치고 있었다. 이 두 사람은 이 새로운 방법을 결정적으로 더 발전시켰다. 통상적인 해석방식(이탈리아 방식 mos italicus)과 대조하여 따라서 갈리아 방식(mos gallicus, 즉 프랑스 식)으로 불린 휴머니즘식의 해법은 그들의 학

9 말 그대로의 뜻에 따르면 '법률적 지혜'라는 의미가 된다.

생들 및 텍스트와 함께 이어서 특히 독일과 네덜란드로 이전되었다. 여기에서 하나의 수사학적인, 특히 그 스타일이 강력하게 전면적으로 개편된 변종, 즉 이른바 '세련된 법학'이 성립되었는데, 그 대표자들은 고도의 언어적 기술로 두드러졌었다. 이러한 역량과 자격은 물론 우선적으로 법적 실무, 즉 법정에서 요구되었기에 휴머니즘적 법학은 그 중점을 이미 주로 대학의 외부에서, 예컨대 잉글랜드에서는 특수 법학교 같은 곳에 두게 되었다.

이에 덧붙여 이때부터 종파분열 및 종파적 교회 그리고 종파적으로 폐쇄적인 고려를 하는 국가들의 신스콜라주의적 경향이 첨가되었는데, 특히 이들 국가로서 역사-문헌학적 법률비판과 그에 수반되는 법규범의 상대화는 바로 아직 시효만료가 된 것이 아니었다. 종파적으로 특별히 부담이 많았던 신성 로마 제국에서는 그리하여 이탈리아 방식(mos italicus), 즉 후기 주석학파식의 법률해석이 지배적이었다. 이베리아반도의 대학들에서는 종파적 분쟁과 비교적 무관하였기에, 여러 가지 방식과 구상이 균형을 유지하고 있었다.

그럼에도 불구하고 이어지는 법학의 학문적 발달에서 갈리아 방식(mos gallicus)의 의미는 결코 과소평가될 수 없다. 역사-문헌학적 시각에서 로마의 법원(法源, Rechtsquellen, 『유스티니아누스 법전(Codex Justinianus)』, 『학설휘찬(Digesten)』)과 권위 있는 교회법 텍스트(Decretum Gratiani)에 접근하는 것은 불가피하게 체계적이며 비교적으로 포착해야 하는 거리를 창출해 냈다. 이로써 16세기부터는 로마법의 내용을 특정한, 무엇보다 실무적 요구에 의해 권장되는 사항영역에 따라 묶음을 짓는 방식이 관철되었는데, 이는 원전의 순서에 따라 배열하는 전통적인 교수프로그램을 대체했다. 텍스트의 확정과 주로 관습법에 지배되는 현행 법률실무 사이의 차이를 지각하면서 점진적으로 법률비교의 방법이 성장했다. 마침내 이 두 가지 방법은 17세기가 경과하면서 유럽 법률사상의 로마적 기반이 지속적으로 역사화되는 사태에 결정적으로 기여했다. 이로부터 다시금 유럽 전역에 걸쳐 각 지역 또는 영토권역, 그리고 나중에는 민족법의 지속적인 개척과 고양된 평가가 제기되었다. 이러한 변동이 가장 일찍 전개된 곳은 자연스럽게 로마법에 가장 덜 포섭되어 있었고 종교개혁이래 낡은 교회의 교회법과 가장 엄격하게 격절되어 있었던—물론 도중에 자체의 교회법이 들어왔지만—북부 유럽 지역이었다. 이에 따라 프로테스탄트 대학 및 법률가들은 법률의 지역화를 가장 단호하게 옹호한 선구자들이었다. 독일에서 이러한 개척자들 중의 한 사람은 이미 언급한 정치학자이자 의학자이며 법률가였던 헤르만 콘링이었는데, 그는 헬름쉬테트 대학의 교수로서 1643년에 그의 핵심저작인 『**게르만법의 기원에 대하여**(De origine iuris germanici)』를 출간했다.

법률자료를 당면의 요구에 따라 배열·정리하는 방식이 지속된 것은 다만 역사적 변동에 대한 적응의 한 형태였다. 이미 16세기부터 대두되던 또 하나의 다른 형태를 이룬 것은 이에 상응하는 수학프로그램과 교수요목 및 마침내는 교수직의 변환이었다. 이러한 전문화와 현대화는 이탈리아와 스페인에서 가장 일찍 관철되었던 것으로 보인다. 볼로냐와 파두아에서는 상법과 형법이, 살라망카와 다른 곳에서는 다소 늦게 고대적인 맹아가 있었지만 근대 초에 혁신이 이루어진 자연법이 가장 일찍 이러한 조류에 따라 전문적으로 분기해 나왔다. 자연법은 이베리아 세력이 해외로 팽창하고 또 이와 결부되어 새로이 발견된 종족들과의 접촉을 법률적으로 다루어야 하는 문제에서 그 성립의 동인을 얻었다. 이는 도미니쿠스교단의 수도사 프란치스코 데 비토리아(1483/93-1546)와 예수회 수도사 프란치스코 수아레스(1548-1617)가 개발했다. 자연법은 살라망카에서 네덜란드로 전파되었는데, 여기에서는 이것이 후고 그로티우스(1583-1645)가 근대적인 국제법을 창안하도록 동기를 유발했다. 또 한 명의 중요한 자연법 이론가는 이 분과의 예수회-가톨릭적 기원을 망각하거나 은폐했는데, 그는 사무엘 푸펜도르프(1632–1694)였다. 그는 신성 로마 제국에서 그리고 나중에는 스웨덴에서 최초로 이 분야를 대표했는데, 물론 처음에는 철학부에서였다(하이델베르크).

법학(Jurisprudenz)은 16세기 말부터 대학과 사회의 위계질서에서 상승하기 시작했다. 그리고 더욱 멀리 18세기까지 주도학문의 지위를 향유했다. 이러한 사태는 종파화되고 정통주의로 형해화된 신학 때문만이 아니라, 또한 경향적으로 모든 종류의 기독교적 규범성을 수용하려는 태세가 소멸된 것에 말미암은 것으로 볼 수 있다. 휴머니즘의 도덕철학은 이미 말한 대로 최초로 기독교 이전적이고 종파를 초월하며, 또는 심지어 기독교 자체를 초월하는 규범적 토대를 제공했다. 또한 자연법 관념도 나름대로 휴머니즘에서 강력한 영감을 제공받았다. 이와 같은 두 사조, 즉 휴머니즘 도덕철학과 자연법 관념에 지지되어 법률과 법학은 사회변동과 국가형성에 따라 제기된 규범수요를 충족시키는 데 더욱 더 적합했다. 특히 대학의 법학이 이러한 배경에서 안출해 낸 가장 중요한 일련의 개념군에 꼽히는 것은 비상시의 위법에 대응하는 주권국가의 (자연적) 권리로서의 국가이성과 이러한 국가적 비상사태 자체라는 법적 의제(法的擬制, Rechtsfigur)였고, 또한 더욱 근본적인 것으로는 고유한 법적 영역으로서의 공법(ius publicum) 및 계약이론과 초기적인 자유권 및 시민권사상 등이었다. 따라서 법률을 공부하는 자는 사회적 가치와 질서에 대한 표준적인 관념을 함께 획득할 수 있었었는데, 이는 그의 지각과 행동에 영향을 미치지 않을 수 없었다.

이미 17세기 말부터 법학부는 각국의 국법 집성에 참여하고 있었는데, 이는 불가피하게 그에 따른 헌정관념과 결부되어 있었다. 벌써 그 이전부터 법학교수들의 감정평가 활동은 현저히 확대되었는데, 이들은 또한 검열에도 관여하고 있었다. 유럽의 법학교수는 따라서 모든 종류의 변이 속에서 진행되는 국가형성의 상시적인 동반자이며 대개 믿을 만한 지지자였다.

본보기로서 바젤 대학의 정교수 바질리우스 아머바하(1533–1591)를 들 수 있겠는데, 그는 바젤의 법학교수였던 보니파티우스 아머바하(1495–1538)의 아들이었다. 아직 17살도 채 되지 않아 이 휴머니스트 법률가는 우선 바젤에서 학예학 학사학위를 취득하고, 이어서 튀빙겐, 파두아, 볼로냐 및 부르쥐에서 특히 민법을 수강했다. 그는 한동안 쉬파이어에 설치된 제국법정에 머물다가 다시 볼로냐로 가서, 1561년 법학박사(Doctor legum), 즉 민법(Zivilrecht) 박사학위를 취득했다. 바로 이어서 그는 바젤 대학의 총장이 되었다가, 1562년에는 로마법의 교수직을 받았다. 1564년에 그는 수입이 더 많은 판덱트학[10] 정교수로 자리를 옮겼다. 이와 함께 그는 통상 변호사로 활동하였고, 추가적으로 1581년부터 시참사회원의 직을 수행했다. 통틀어 그는 120건의 감정평가서(consilia)를 작성했는데, 이는 모든 법률영역에 관련되지만, 그러나 공법적 영역, 특히 자치체의 법에 관련된 중점을 두고 있었다. 그의 감정서는 늘 신에 대한 희구와 함께 시작해서 끝나며, 스콜라적으로 테제와 반박테제에 따라 구축되었다. 상대방의 의견에 대한 의심의 근거(rationes dubitanti)를 제시한 다음에 필자의 견해로 더욱 설득력 있는 결정의 근거(rationes decidendi)를 제시하고, 이는 예상 가능한 반론(objectiones)을 재반박하는 수법으로 보증되어 있었다. 결정적인 참고기반을 이루는 것은 로마법이었는데, 이는 그동안 지역의 법보다 우선되었으며, 그 해석은 갈리아 방식에 따라 이루어졌다. 감정평가서의 약 3/4은 독일어로 작성되었는데, 단지 전문용어의 완전한 독일어식 표기만이 포기되었을 뿐이었다. 전체적으로 감정평가서는 바젤시 참사회의 지배권 요구와 명령관철 노력을 대대적으로 지지하는

---

10 라틴어로 'pandectae' 또는 'digesta'로 표기되는데, 로마의 법률가들이 남긴 저작을 고대 말기에 편집한 집대성. 현재까지 로마법(Corpus iuris civilis) 전승에서 가장 중요한 부분을 구성하고 있으며, 이미 중세 후기부터 볼로냐를 비롯한 대학에서 집중적인 주석·연구가 이루어져 왔다.

것이었다. 아머바하의 휴머니스트로서의 성격은 그의 방대한 골동품과 희귀물 수집으로 드러나는데, 이로써 그는 유럽 박물관의 역사에서 중요한 인물 중 한 명이 되기도 했다. 그러나 개인적인 법률가만이 아니라 법학부 전체도 감정평가서를 제출할 수 있었다. 신성 로마 제국에서 법학부는 근대 초기 전 시기에 걸쳐 종종 평결단(Spruchkollegien), 즉 조언을 제공하는 기관으로 기능했는데, 그 결정은 지역 법정에서 구속력 있는 것으로 통용되었다.

끝으로 주목되는 바는 법학부가 18세기 전반부터 또한 계몽국가의 노력에 포섭되어 대학에 경제 및 재정에 관련된 응용학문들을 설치하게 되었다는 점이다. 예컨대 웁살라 대학에서는 1741년 스웨덴 의회의 결의에 따라 설치된 공공경제(oeconomica publica)의 교수직이 다른 곳에서와 같이 철학부가 아니라, 법학부에 배치되었던 것이다.

수업의 형태도 이러한 배경에서 비록 모순적이기도 하지만, 점진적인 변동을 겪게 되었다. 한편으로 교수의 사택에서 열리는 보충 및 심화수업이 지속적으로 의미 있게 되었다. 이런 수업은 교수가 자신의 판단에 따라 학생을 초대하기도 하고, 또는 복습담당교사, 튜터 및 대학에 근접한 개인교사가 개최하기도 했다. 몇 종의 법률가 전기가 입증하듯이, 특히 다시금 이탈리아에서, 그 밖에 일부의 프랑스 및 스칸디나비아 대학에서 본래의 대학 수업은 대규모의 강의와 토론에 한정되어 있었던 반면, 이 주변에는 반쯤 공식적인 것부터 사적으로까지 열리는 수업이 번성하고 있었다. 이러한 수업이 대학으로부터 멀어질수록, 경우에 따라서는 더욱더 개방적인 토론이 이루어지며, 교회에 대항하는 법학의 규범적 요구가 특히 계몽사상의 전조 아래 더욱 숨김없이 드러났기에, 수학자들은 이러한 차원에 속하는 독서 및 사고의 열매를 수확할 수 있었다. 달리 말하자면 대학의 수업은 마침내 적어도 부분적으로는 계몽사상기의 독서 및 사교문화로 이전되었다.

다른 한편으로 전문화 경향과 형식화 및 통제압박은 바로 법학에서 진정으로 비판적인 계몽적 학문 및 사고의 역동성이 성립되는 것을 저해했다. 그 대신에 법학분야에서 제기된 대개의 새로운 맹아는, 예컨대 이미 독일의 초기 계몽사상가 크리스찬 토마지우스(1655-1728)가 대표하듯이 이를 추진하는 주체, 특히 군주국을 위한 하나의 체제안정적 근대화 프로그램으로 축소되었다. 세기말경에야 비로소 소수의, 특히 계몽사상과 때로는 초기 자유주의에 포섭된 대학에서 분위기의 변화가 일어났다. 그리고 뒤늦게야 비로소 광범한 전선에서 수학기간의 단축과 더 근대적인 수학 및 시험규정이 관철되었다.

전통적으로 대학 학문의 왕좌로 여겨졌던 신학부에서의 발전은 어떤 모습이었을까? 1400년부터의 상황은 외면적으로 우선 거의 모든 대학에 신학부가 설치되어 있던 것이 특징이었다. 즉 예전에 존재하던 파리와 옥스퍼드의 독점은 최종적으로 폐지되었다. 학문적으로는 이미 말한 바와 같은 학파 및 노선투쟁이 특징이었는데, 이는 의도하지 않게 또한 기존의 진술에 대한 일반적인 회의, 비판적 자세 그리고 초보적으로 학문적 비판의 스콜라적 방법을 권면했다.

이 와중에 휴머니즘이 대두되었다. 스콜라적 논쟁은 인위적이고, 쓸데없으며 또 신앙과 교회에 도움이 되기보다는 오히려 해가 된다는 것이었다. 도대체 이러한 논쟁들이 나타나고 또 계속해서 새로 불붙었던 것은, 우선 기독교 원전의 역사-문헌학적 해독이 결여되어 있던 사정과 신학과 제도교회가 사용하는 야만적인 라틴어의 탓으로 돌려질 수 있다는 것이었다. 두 번째 비판은 역시 스콜라주의가 권장하고 지지했던 계율, 축제 및 의식 등의 고도로 세세한 이행을 통한 신앙구조의 외면화에 지향되었다. 공허한 형식으로 굳어진 축제, 회개, 금식계율 및 성유물 숭배에 대한 조소는 에라스무스의 『**대담집**(Colloquia)』에서만이 선호된 주제가 아니었다.(아우구스트 벡) 반면에 스콜라적 신학은 이러한 비판에 대하여 제도교회의 제재수단의 도움을 받아 매우 성공적으로 대처할 수 있었기에—『대담집』은 1900년까지 금서목록에 올라 있었다—휴머니즘의 성서문헌학과 접하는 것은 더 어려워졌다. 이미 로렌초 발라의 『**신약성서에 대한 주해**(Adnotationes ad Novum Testamentum)』(1505)는 교회가 정전화하고 따라서 신학부에서 사용하는 교부 히에로니무스의 성서텍스트 불가타를 다루고 있어서, 더 이상 무시될 수가 없었다.

또한 휴머니스트들의 성서연구에서 가장 중요한 업적인 라틴어 번역을 첨부한 그리스어 신약성서의 에라스무스 판본(1516)도 대처해야만 했다. 에라스무스의 협조를 얻어 휴머니즘적이며, 개정된 신약성서 판본을 내고자 하는 알칼라 대학의 계획은 그러나 내외적 이유에서 거의 이루어진 바가 없었다. 그러나 한편 이러한 방식으로 성립된 『**콤플루텐스판 성서**(Biblia polyglotta complutensis)』(1514–1517)는 다시금 거의 신성화된 불가타 텍스트에 대한 너무나 심한 존숭으로 특징지어졌다. 다른 한편 종교개혁과 그에 이어진 종파분열은 또한 바로 신학부에 대하여 새로운 조건을 창출해 냈다.

종교개혁은 로마의 신학에 대한 휴머니스트들의 비판을 수용하고 이들이 요구한 성서번역 프로그램을 각각의 국민언어로 수행했다. 그리고 이러한 여러 방향들 중 각자가 각기 자신들의 판본을 정전화하였는데, 이는 우선 상이한 신앙적 요구를 따른 것이었다. 그 대신에 휴머니즘의 역사–문헌학적 비판과 결부된 경향, 즉 전승 텍스트만이 아니라 계시 텍스트마저도 역사적 자료로 축소하려는 경향은 배제했다. 또한 루터나 칼뱅적 방향의 신학부들에서도 따라서 점차 성서를 해석하고 교리와 사물의 부합(adaequatio doctrinae et rei)을 입증하는 데서 새로운 스콜라주의가 광범히 형성되었는데, 이는 새로운 신앙을 한계 짓고, 체계화하며 제도화하는 목적에서 전개된 전문분야의 확대 및 내적 변형과 결부되었다.

루터파에서는 단기간 동안 비교적 개방적인 개혁신학에서 정통주의로 전환하는 것이 창건자의 사망 후에 곧 이루어졌다. 의인론(義認論)[11]을 둘러싼 이른바 오시안더파 논쟁[12]은 이를 되돌릴 수 없게 만들었다. 가장 중요한 교과서로는 1521년에 출간된 멜란히톤의 『공동체론(Loci communes)』이 최초의 것이었다. 장 칼뱅의 복음은 처음부터 더욱 체계적으로 작성되었고(『기독교 강요(Christianae religionis Institutio)』, 1586), 개혁자의 생전에 그리고 이어서 테오도르 드 베즈(1519–1605, 로잔 및 제네바의 교수)에 의해 도그마적·정통주의적 변형을 거쳤다(『기독교 총람(Summa totius christianismi)』, 1555). 외면적인 숭배로부터 "언어의 숭배" 및 "언어적·예배적 소통"(요하네스 발만)으로의 전환은 두 가지 경우에서 신학부에서 언어와 연관된 과목의 스펙트럼이 확장되는 것을 촉진했다. 이는 특히 성서해석학의 지속적인 전문화와 경우에 따라서는 성서언어를 위한 강좌의 설치, 또한 설교론의 자립화가 포함되는 형태로 이루어졌다. 조직 및 제도적 필요 그리고 이와 수반하여 대두되는 새로운 교회와 국가의 관계를 조정하는 필요성에 대응하여 이제 각기 독특한 특징을 구비한 교회법의 재도입이 이루어졌다. 그치지 않는 로마 교회와의 대결 그리고 낡은 교회를 수세기 동안의 타락 후에 혁신한다는 자체의 요구는 교회사 교수직의 설치로 나타났다. 1600년경에는 루터파의 신학자들과 함께 기타 개혁교파의 신학자들도 신학의 본질(De natura Theologia)을 둘러싼 논쟁에서 또한 그들의 직업적 자의식에 대한 새로운 확신을 창출해 냈는데, 이에서는 스콜라주의적 기본성격이 우세했다. 1610/1625년에 예나의 신학교수 요한 게르하르트(1582–1637)는 루터교파에 잠정적으로 완결된 신학 저술을 "구속사적 인식

11 기독교 신학에서 구원의 문제와 관련하여 논하는 중심개념의 하나로서, 인간의 죄로 훼손된 신과 인간의 관계를 회복하는 문제를 논구. 종교개혁기에 개혁교회와 로마 교회는 각기 중첩되면서도 강조점이 다른 교리를 전개하였는데, 개신교에서는 의인의 방도로서 신앙을 강조하고, 가톨릭 교회에서는 신앙만으로는 불충분하여 의로운 사랑의 행위가 부수되어야 함을 주장.

12 오시안더는 종교개혁기 뉘른베르크를 중심으로 활동하다 쾨니히스베르크 대학의 신학교수가 된 신학자로서 멜란히톤의 지지자와 상이한 의인교리 설파. 멜란히톤파는 죄를 진 인간은 크리스트 앞에서의 의인 이후에도 여전히 죄인으로 남아 있다는 설을 주장함에 반하여 오시안더는 크리스트의 정의(正義)는 인간에 대한 크리스트의 믿음에서 이식된다고 주장.

질서, 즉 하나의 이론적 모델에 따라 구축된 교의학"(발터 쉬파른)에 따라 출간했다(『신학공동체론(Loci communes theologici)』).

분석적이며 체계적으로 17세기에 더욱 더 견고해진 이러한 교의학의 입장에서 신학자들은 다른 학부의 활동을 미심쩍은 눈으로 지켜보았다. 이들은 해당되는 계기가 나타나기만 하면, 경고하거나 검열하는 자세로까지, 심지어 표적이 되는 죄인을 제거하는 목표로 개입해 들어왔다. 이는 처음부터 헤르메스학파[13] 및 플라톤적 경향이 등장했을 때부터 거의 일관적으로 그러했다. 그리고 종종, 교회비판적인 역사—문헌학적 접근에 대해서는 그렇게 철저하지 않았다 해도, 결국 더욱이 18세기 깊숙이까지 데카르트 및 뉴턴주의적 경향에 대해서는 특히 수미일관했었다. 철학부로부터나 혹은 대학 외부로부터 이에 상응한 영향을 받은 지식인들은 어찌됐든 교수들의 충원권이라는 틀에 가로막혀 신학부에는 하등의 진출기회를 갖지 못했다. 그러나 모든 프로테스탄트 학부와 신학자들이 하나의 폐쇄적인 팔랑크스를 구축했다는 인식은 잘못이리라. 신성로마 제국의 루터교파 학부에서는 단지 지속되어 온 순수 루터파(Gnesio-Lutheraner)와 필립 멜란히톤파의 긴장만이 아니라, 또한 새로운 개별적인 신학자와 신학적 개별문제에서 유래하는 논쟁이 계속 긴장과 분열을 조장했다. 칼뱅주의에서는 츠빙글리파적 요소의 부분적인 습합이 갈등을 배태하고 있었던 것으로 입증되었지만, 더욱이 이는 소규모 공동체 차원에서 등장하고, 직업적 신학으로 해명해야 할 관념의 차이이기도 했다. 네덜란드에서는 루터파와 칼뱅파 및 그 각 분파 사이의 논쟁이 대학까지 관련지어 늘 반복해서 파열했다. 잉글랜드에서는 신학자들의 광기

---

13 Hermetik: 고대에 기원을 둔 종교적 계시 및 비의학(秘義學) 이론. 그리스 신화에 등장하는 신 헤르메스와 이집트의 신 토트(Thot)의 전설적인 결합체 Hermes Trismegistos에서 그 명칭이 유래. 17세기까지 이 전설적인 인물이 창안한 종교교설을 신봉하거나, 그 텍스트를 연구하는 흐름이 존재했는데, 이 교설은 연금술, 심령술 등과 결합하여 서구 비의학의 원조를 형성, 한편 17세기에 자연과학적 세계관의 탄생에도 일조.

(rabies Theologorum)가 심지어 내전의 원인으로까지 꼽히고 있었다.

로마 가톨릭 측은 종교개혁의 발발 후 초기 수십 년 동안에 우선 이 사태가 야기한 충격을 정리해야 했다. 충성을 견지하고 있던 대학들은 따라서 전래되어 온 프로그램과 교수직의 스펙트럼을 유지하고 있었다. 단지 새로운 논쟁신학적 접근방식과 논고들이 내용적으로 이와 상응하여 겨냥된 수업과 시험참고서 및 교과서의 형태로 등장하였고, 이와 관련된 간행물이 두드러지게 증가했다. 지역적(주교구 차원) 그리고 예수회의 개혁을 제외하면, 새로운 상황에 대한 적응은 비로소 트리엔트 종교회의(1545–1563)가 진행되면서, 그리고 더욱 결정적으로는 군주 및 군주국의 지원과 함께 이루어졌다. 이는 이른바 두 번째의 스콜라철학이라는 구상으로 성립되었는데, 이는 한편으로 '스페인' 및 '이탈리아 학파' 그리고 도미니쿠스 교단과 예수회에 의해, 다른 한편으로 각별히 개혁에 열성적인 주교들과 성당참사회에 의해 지지되었다. 포섭된 것은 이탈리아와 스페인 및 포르투갈 같은 가톨릭 국가와 더불어 로마 가톨릭 측에 남아 있거나 신성 로마 제국과 동부 유럽에서 재탈환된 지역이었다. 프랑스에서는 재속사제의 연합, 즉 오라토리움 및 그 성원이 전면에 등장했다. 물론 개혁은 무엇보다 대학 외부의 세력에 의해서 그리고 대학을 포함하지 않는 조치를 통해 추진되었다. 그리하여 대학은 비로소 차츰 이에 편입되었다. 그러나 1587년 바티칸 국가출판부가 설치되었는데, 이는 학문적 저작과 사목실제에 통용되는 저작들을 출판하고 주로 또한 대학에 배포했다.

이미 그 이전에 모든 신도들에게 구속력 있는 로마적 교리문답서가 안출되었는데, 이는 특히 대학에서 사용될 것이었다. 여러 차례의 시도를 거쳐 나아가 새로운 불가타가 구속력 있는 성서판본으로 성립되었다. 그동안에 나온 다른 출판물도 마찬가지로 통일된 의식에 관련되었다. 공식적인 교부들의 저작 출판도 시도되었으나, 이는 좌절되었다. 반면에 이단과의 논쟁을 위해서 또 로마 교회의 내부 사정을 정리하기 위해 의미심장한 공의회텍스트의 새로운 판본은 출판이 이루어졌다. 모든 가톨릭 신학부는 이러한 텍스트들을 전제하고 대학의 수업에서 사용해야 했다. 더욱 직접적으로 가톨릭 신학부에 깊숙하게 작용했던 것은 1566년에 착수하여 1582년에 완료된 『교회법 대전(Corpus iuris canonici)』의 신판본이었다. 그럼에도 불구하고 로마의 교회본부는 전적으로 해당 대학 학부에서 이루어지는 사제양성에만 의존하려고 하지 않았다. 장차의 주교, 성당참사회원 및 사제들은 오히려 이제는 추가적으로 로마 자체에서 양성되어야 할 것이었다. 그것도 새로이 세워진 특수한 고등교육기관에서. 가톨릭 신학부로서는 이로 인하여 상대적으로 의미를 상실하게 되었는데, 물론 이는 각지에서 이루어지는 각종의 구체적인 작업에서는 반드시 표출되지 않았다.

로마의 반격에서 가장 중요한 대학 거점으로 꼽히고 있던 것은 두에, 루벵, 프라이부르크 임 브라이스가우 그리고 잉골슈타트 및 딜링엔이었다. 과장 없이 확인될 수 있는 것은 예수회가 구래의 신앙을 견지하는 대학들을 구제했다는 점이다. 이와 대조적으로 예컨대 빈 대학과 같은 곳은 일시적으로 예수회 학교의 졸업생이 수학하고 졸업하도록 허용하는 것을 거부했다. 이것이 은폐된 프로테스탄트적 경향 때문인지 아니면 가능한 한 광범한 자율성의 관철을 목적에서 한 것인지는 더 이상 결정할 수 없다.

모든 경우에서 신학부의 전체적인 운영은 이단의 박멸과 교황교회의 강화로 전위되어 있었다. 다수의 기관에서는 이러한 시각에서 새로운 과목으로서 논쟁(논쟁신학 Kontroverstheologie)을 도입하기에 이르렀다. 그러나 또한 기존의 과목 스펙트럼도 이에 적응했다. 도덕 신학으로부터 양심문제

(casus conscientiae)의 올바른 취급을 위한 학문으로서 결의론(Kasuistik)[14]이 등장했는데, 이는 시대상황에 직면하여 특히 자주 나타났다. 이단 측이 제기한 교회의 타락이라는 비난과 개혁요구에 대결하면서 교회사가 더욱 강화되기에 이르렀다. 이와 결부되어 적대세력인 프로테스탄트 측에서와 마찬가지로 이제부터 진지하게 실제로 성서언어를 위한 교수직이 설치되었다. 불가피하게 더 강화된 평신도의 지도와 배려라는 점에서 사목신학적 과목도 중요성을 획득했는데, 그 결과 이들이 부분적으로 자립하기도 했다. 모든 과목에서 점점 더 간단한 요약과 교수법적으로 최적화된 교과서가 저술되었고, 수업에서 이용되었다.

교의학과 성서해석—16세기 말부터 토마스 아퀴나스의 고전적인 『**신학대전**(Summa theolgogica)』이 더욱 논란이 분분해진 페트루스 롬바르두스의 『**명제집**』을 대체했다—은 물론 데카르트주의와 뉴턴주의의 포괄적인 해석요구에서 성장해 온 도전과 씨름해야 했다. 예컨대 생애 내내 가톨릭 신도로 머물러 있던 데카르트의 관념을 생산적으로 다루어 보려는 용의가 전혀 결여되지는 않았으며, 칼뱅주의로 넘어간 조르다노 브루너(1548–1600)의 지지자였던 도미니쿠스회 수도사 토마소 캄파넬라(1568–1639)는 심지어 교황의 개입으로 구금에서 풀려났고, 또한 수도원장 피에르 가상디(1592–1655)와 같은 아리스토텔레스 및 스콜라주의적 철학의 반대자도 내내 그다지 괴롭힘을 당하지 않은 상태에 있었으나, 전체적으로는 이와 같은 도전을 외면하는 경향이 관철되었다. 학문적인 확신이라기보다는 제도교회의 강제에 근거를 둔 이 전략은 결국 반대파 교회의 신학과 비교하여 가톨릭 신학이 새로운 계몽사상에 개방적이 되기까지 일반적으로 더 오래 걸리는 결과를 초래했다.

이 사태의 현저한 책임은 물론 신학과정의 철저한 조직화, 형식화 및

---

14 사회적 관례나 법률, 교회 및 성전의 율법 따위에 비추어 양심의 문제나 도덕 문제를 해결하려는 학문.

통제가 지고 있었는데, 이러한 조치들은 17세기부터 국가의 압박에 의한 것은 아니라 해도, 특히 국가의 지지로 광범하게 관철되었다. 이단박멸의 새로운 욕구가 낡은 불화를 완전히 불식시키지 않았음은 한편으로 둔스 스코투스 교의를 담당하는 교수직, 다른 한편으로는 프란치스코 데 수아레스 교의를 담당하는 교수직이 대개의 스페인 신학부에서 17세기까지 계속 존속하고 있었다는 사정이 입증하고 있다.

18세기에 대해서 일반적으로 타당한 것은 신학부들이 더욱더 자기 정당화와 방어의 압박을 받고 있었다는 점이다. 이러한 압박에서 한편으로 신학부는 스스로를 외부와 단절시키거나, 다른 한편으로 세기의 마지막 3분기부터 개혁신학의 출현을 진흥했다. 이 개혁신학의 초기적 대표자로 꼽히는 인물의 한 사람은 예컨대 프린스턴에서 가르쳤던 미국의 청교도 조나선 에드워즈(1703-1758)였다. 이들의 관심은 각 교파의 교설에서 나타나는 일치점을 계몽사상의 이성원리 및 계몽적 이성윤리로 입증하고 이러한 방식으로 '이성적인 신학'을 개발하는 것이었다. 이에 대한 저항은 요한 미하엘 자일러(1751-1832)의 사례가 보여 주듯이 거의 늘 엄청난 것이었다. 그는 예수회에서 육성된 사제이며 1780년 잉골슈타트의 교의학 교수였는데, 1784년부터 딜링엔에서 사목신학 및 윤리학 교수가 되었으나, 1794년에는 다른 '계몽사상가들'과 함께 해임되었다. 1799년에 그는 다시 바이에른의 국가대학으로 귀환할 수 있었다. 1829년에 그는 심지어 레겐스부르크의 주교로 선출되었다. 그에게서 높이 평가되는 바는 오히려 계몽사상의 각인을 받은 신학의 교육적 개선이었는데, 즉 무엇보다 실제적인 개혁성과였다. 다른 종류의 사례는 루터파 신학자인 요한 잘로모 제믈러(1725-1791, 할레 대학의 교수)의 경우였다. 그는 대대적인 적대시에도 불구하고 역사적·비판적 신학의 관철에 중요한 역할을 수행하였고, 이로써 정전비판에 성공했다(『정전의 자유로운 연구에 관한 논고(Abhandlungen von freier Untersuchung des Canon)』, 1771-1775).

지식추구와 의사소통의 형태 및 조건

근대 초기에서 "학식활동의 실제"(헬무트 체들마이어, 마르틴 무슬로브)는 서적에 집중되어 있었다. 서적은 동일한 장정과 내용으로 대량 구비되었고 또 적어도 구비될 수 있었다. 물론 이는 그동안에 설립된 대학도서관과 예전과 다름없이 중요한 학생숙사의 도서관과 교수들의 개인장서가 어떻게 갖추어지고 보충이 어떻게 기능하는지에 달려 있었다. 15세기에는 대학도서관의 장서량이 일반적으로 아직 미미했었다. 케임브리지의 퀸즈 콜리지는 1472년에 단지 199건의 필사본을, 쾰른은 1474년에 여전히 342건 정도를 소장하고 있었다고 한다. 소르본은 그 장서를 1480년경까지 대략 두 배로 늘렸다(약 3,500건). 규모가 더 큰 이탈리아 대학들은 이미 14세기부터 1200건에서 1500건의 서책(코덱스)을 구비했던 것으로 보인다. 독일에서 발명된 인쇄술이 채용된 뒤에는 우선 대학 및 학문적 인쇄소의 수가 가파르게 증가했다. 그리하여 이미 1698년 로마에 대해서는 포괄적인 도서관 안내책자가 간행되었다.(칼로 피아차)

그럼에도 불구하고 인쇄소들이 교재의 제작에 거의 부응하지 못했기에 서적의 획득이 처음에는 아직도 여전히 오래 걸릴 수 있었다. 이런 사정은 1520년대까지 일부의 산발적인 증거가 입증하고 있다. 그리하여 멜란히톤은 1524년에 행한 그의 데모스테네스 강의에서 유일하게 텍스트 한 부를 갖고 있었기에 학생들은 이로부터 베껴 써야만 했다고 한다.

스페인에서 라틴아메리카로 송출된 서적의 분석에서 알게 된 바로, 예컨대 멕시코 시티의 대학은 가톨릭계 대학에서 통상적인 사전류와 문법서, 아리스토텔레스 판본 및 주석, 예수회원 마누엘 알바레스의 수사학 교과서, 유클리드 주석 및 다른 수학서적 그리고 특수한 현지상황에 적응하여 건축학 논저 및 축성술 교본만을 획득한 것이 아니었다. 오히려 가장 중요한 선적물은 또한 관련된 교의학, 제례학 및 성자전 문헌, 나아가 히포크라테스 및 갈레노스 주석 그리고 외과학 및 약학논저 등을 포함하고 있었는데, 이는 아마도 1582년 그곳에 최초로 설치된 의학교수직 보유자를 위한 것으로 보인다. 그럼에도 불구하고 라틴아메리카의 대학도서관들은 그렇지 않아도 대개가 18세기에 비로소 성립되었는데, 그 이전에는 수도원의 장서에 의존해야 했었다. 그리고 그마저도 대개 매우 빈약하고 어떤 경우든 최신의 지식수준에 걸맞게 갖춘 것은 결코 아니었다. 북아메리카 식민지의 콜리지에서 상황은 명백히 더 나았다. 왜냐하면 그곳의 교수들은 모국과 긴밀한 관계를 유지하고 있었고, 이를 서적 수집을 위해 이용할 수 있었기 때문이다.

프라이부르크 임 브라이스가우에 대해서는 대학장서가 매우 비동질적이었음이 입증되었다. 그럼에도 불구하고 이곳에서는 전체 대학이나 학부차원에서 그리고 분과학문에 특유하게도 모든 분과에 이로운 백과전서류 및 사전류 그리고 학술저작의 수집이 각별히 강조되었다. 18세기의 마지막 3분기부터 비로소 라틴어 인쇄본은 다수 독일어 인쇄본으로 교체되었다. 세 번째로는 프랑스어 인쇄본이었다. 다른 언어로 이루어진 인쇄물의 생산은 아직도 거의 비중을 차지하지 않았다. 물론 19세기 초부터 강화되는 영어 인쇄본의 특수한 역할은 일정한 예외를 이루고 있었다. 라이덴에서도 전체적으로 보아 완결된 장서가 거의 형성되지 않았다. 그리하여 반복해서 또 교수들의 개인장서와 교회 및 세속의 설비 그리고 주변의 장서보유자가 참조되어야 했다. 이미 17세기 초부터 라이덴에서는 어쨌든 원거리 대출 같은 것이, 물론 아직은 제도라기보다는 반복되는 행사로서 형성되었던 것으로 보인다. 네덜란드의 모범 대학에 비교적 적게 소장되어 있던 것은 스페인 및 이탈리아어 인쇄본이었다. 달리 말하자면 이곳에서도 신앙의 분열이 눈에 띄는 것이다.

이미 13세기부터 대학에서는 눈으로만 하는 묵독과 광범한 독서가 낭독, 소리를 통한 지식습득 그리고 소수의 서적에 집중하는 독서보다 우선했던 것으로 보인다. 어쨌든 문단, 문단표제, 색인 등이 등장하고 증가한 텍스트의 외양 변화가 이러한 가정에 부합한다. 게다가 이미 17세기 초에 지적인 독서에 대한 성찰과 안내서가 출판되었다(Francesco Sacchini S. J., 『읽기의 진보와 함께 하는 서적목록에 대하여(De ratione libros cum profectu legendi)』, 1614, Jeremias Drexel S. J., 『만학의 금광(Auri fodina artium et scientia omnium)』, 1638). 이러한 변화는 모든 종파에 해당되었고 특히 휴머니즘이 초교파적으로 지적인 독서의 기초를 구축하자, 유럽의 독서문화는 새롭고, 방법상 결정적으로 개선된 특성을 발전시켰다. "가능한 한 외워야 마땅한 권위 있는 서적을 반복해서 읽는 것과 특수한 독서기법과 발췌기법을 응용해야 할 광범한 독서의 조합은 근대 초의 지적인 독서에 공통적이며, 초교파적으로 유효한 기반을 이루었다."(헬무트 체들마이어)

발췌는 이중으로 이루어져야 하기 때문에—읽은 순서대로 하는 채록, 내용적 서열에 따른 새로운 채록—, 나아가 읽은 것을 새로운 양상으로 표출하고 정리하는 방식이 나타났다. 말하자면 읽은 것은 특히 카드 상자의 발명 후에는 자유롭게 재조합될 수 있었다. 어떤 경우든 각각의 학문관에서 도출되는 정리 모델이 그 구속력을 상실할 때 특히 그러했다. 바로 이것이 앞에서 논구한 변동으로 인하여 점점 더 그렇게 되었는데, 이는 다른 무엇보다 백과전서류의 변화무쌍한 구성형태에서 읽어 낼 수 있는 바와 같다. 지식의 신학적 기초가 흔들리면서 이미 17세기 말부터 여러 대학교수들과 대학 외의 지식인들은 지식 정리의 전통적인 연역적·규범적 질서 및 서열모델을 역사적 질서로 대체하려고 시도했다. 지식의 순서와 분류를 결정하는 것은 더 이상 신으로부터 유래하는 모든 지식에 대하여 계시가 미리 부여하는 질서와 장르구분이 아니라, 지식의 보존체, 즉 텍스트의 성립이나 발견에 따라 구축된 체계여야 했다. 그러나 또한 이 현세적이며 경험적인 해법, 즉 문헌사(historia literaria)적 방법은 좌절되었다. 특히 감당할 수 없는 자료의 양과 자료구분의 불명확성 때문에 그러했다. 그리하여 알파벳 순서대로의 정리라는 순전히 외면적인 해법만이 남았는데, 이는 지금까지 지배적인 것이다. 지식을 자유롭게 다루는 방법의 본격적인 정점은 따라서 초보적으로 17세기 말부터 지식인의 역할을 둘러싸고 전개된 프랑스인과 독일인의 논쟁, 그리고 계몽사상이 '이성적 독서'의 원칙을 도입했을 때 비로소 도달했다. 왜냐하면 이러한 구상이 의미하는 바는 변동하는 인식관심에 따라 모든 종류의 독서물 및 지식자료와의 자유로운 조우를 허용하는 것이었기 때문이다. 물론 그 조우는 오직 비판적이고 이성적으로 이루어지는 한에서였다.

근대 초의 대학이 이와 같이 완전한 독서의 개방을 거의 동의할 수 없었던 후에, 그 교수들은 가능한 한 많이, 확실한 독서결과의 총괄을 스스로 작성해 내고 이를 학생들에게 제공하려고 애썼다. 각 종파가 권장하거나 의무적으로 읽어야 할 것으로 제시한 서적의 목록은 따라서 점차적으로 편람(Kompendium), 사전류 그리고 마침내 정기간행물로 보충되거나 결국에는 대체되었다. 예전보다 훨씬 더 열심히 근대 초기의 교수는 그동안 독서를 통한 지식습득의 노력에서 벗어나 이미 텍스트 생산에 몰두해야 했다. 이러한 생산은 교수활동과의 긴밀한 연관 속에서 이루어졌다. 그리고 아직도 거의 연구되지 않은 교수활동의 실제가 비로소 최근에 입증한 바에 의하면, "'바로크식'에서 '초기 계몽사상식'의 지식운영"으로 전환되는 과정에서는 높은 수준의 유연성이 특징적이었다는 것이다.(파울 넬레스) 그러나 또한 광범한 독서가능성에 직면하여 구어로 이루어지는 교수활동의 의미에 대한 근본적인 질문이 이 시기에 최초로 제기되어야만 했다. 피에르 라메는 유명해진 파리 대학의 개혁에 관한 그의 저작(1562)에서 이 문제를 논의했다. 그의 대답은 아주 현대적으로 인간의 고등한 수용 및 학습능력을 강조했는데, 이는 듣기와 말하기 또한 멀티미디어적 학습과 결부되어 있다.

비록 늦게 등장했지만, 독서는 그럼에도 불구하고 교수에게 강의의 부담을 줄여 주었고, 이로써 자신의 독서와 사고를 위한 더 많은 여지를 남겨 주었다. 18세기 중엽에 나온 어떤 개혁논고, 요한 크리스토프 쉬프링거의 『**프로테스탄트 대학에 대한 새로운 고찰**(Neues Raisonnement über die Protestantischen Universitäten)』(1769)은 이러한 연관성을 명백히 했다. 즉 교수는 학생들의 강화된 자가독서에 의해 자기 연구를 수행하기 위해 "자유롭게" 될 것이고, 또 되어야 한다는 것이다. 반대되는 방향의 급진적인 해법제안에 따르면, 즉 자신의 장서를 장만하고 이용하는 것은 수학자들에게는 거의 독학으로 이루어진 대학을 의미하는데, 이로써 교수를 완전히 포기할 수 있으리라는 것이다. 그러나 이런 제안은 드물었고 대학에 대한 모든 비판과 중상에도 불구하고 관철되지 않았다. 즉 바로 18세기에는 교과서와 교수법적으로 최적화된 모든 교본류가 외형적으로 폭증했음에도 불구하고, 이미 당시의 대학은 자신이 서적지식의 재생산을 위한 기관 이상이라는 것을 의식하고 있었다. 또한 구술적인 졸업시험 형태도 따라서 너무 경직되게 상상해서는 아니 된다. 기본적으로 그리고 단계적으로 그 형식성이 강화되었고 그런 한에서 문자성에 근접해 있었지만, 무엇보다 토론은 항상 자유로운 구술성의 요소로서 남아 있었고, 내용적으로도 그에 상응하는 비판적 잠재력이 결부되어 있었다. 토론이 인쇄에 도달하기까지, 다시 이러한 속성을 상실했던 것은 기본적으로 이런 가정에 반하는 것이 아니다. 학생들의 강의필기가 불법적으로 인쇄되었다는 사실 또한 이런 가정을 강화해 준다. 이 또한 구어의 자유가 더 확대되었음을 분명히 알려 주고 있다. 이러한 자유를 지각할 수 있기 위해서, 가상적으로 아주 권위 있는 텍스트가 불법인 것으로 선언되는 일도 있을 수 있었다. 언필칭 또는 실제로 불법적이며 익명인 인쇄본이 다시금 비판적인 주석논고를 작성하는 동기를 유발했는데, 이로써 논쟁의 활기가 새롭게 강화되었다.

오랫동안 이러한 변동이 아직도 거의 건드리지 않고 있거나 건드려서는 아니 되는 것이 권위 있고, 정전화된 교본 텍스트였다. 따라서 이를 확실하게 보증하기 위해, 바로 근대 초의 대학에서는 검열이 행해졌다. 그 가장 중요한 제도적 조건은 의사소통의 통제가 15세기부터는 교회로부터 세속 관헌당국 및 성립 중에 있던 국가로 넘어갔다는 점이다. 그리고 텍스트와 인쇄본의 검토와 판단에는 처음부터 대학 자체가 그리고 더욱 본질적으로 신학부가 참여하고 있었다. 이미 1479년 식스투스 4세가 최초의 교황 검열규정을 발포했을 때, 그 시행은 한 대학, 이 경우는 쾰른 대학에 위임되었다. 1540년대부터 밀라노, 마드리드 그리고 베네치아는 검열규정을 결의했는데, 그 문안작성과 실행에는 마찬가지로 특히 대학구성원을 가담시키고 있었다. 로마교황청의 심문재판소(Inquisition)가 1542년에 창설된 후에 유럽의 가톨릭 지역에서는 교회와 세속의 검열권 요구가 왔다 갔다 하다가, 1570년대 초에 비로소 원칙적으로 교회 측으로 기울어졌다. 그러나 어떤 경우에서든 대학의 참여가 강화된 조건에서 마무리될 수 있었다. 로마 교회는 모든 의사소통경로를 통제한다는 요구권을 당연하게 대학 자체로까지도 확장했다. 학생과 교수들도 감시되었고 서적의 몰수도 제외되지 않았다. 신학부 또는 검열단으로 등장했던 그 대표자들은 이로써 대학 내부의 권력행사에서도 효과적인 도구를 장악하게 되었다. 그리고 이 도구의 동원은 근대 초 대학의 안정화에 그리고 따라서 그 정체(停滯)에 결정적으로 기여했다. 이 점에서는 단지 외부적 통제의 측면만 주의해서는 아니 된다. 또한 그 의미에서는 더욱 심각했던 텍스트 생성의 조건으로서 검열이 갖고 있는 측면도 유의해야 한다.

물론 프랑스에서와 같이 검열을 더 직접적으로 세속권력이 행사하는 곳에서는 검열기준이 통일적이지 못하고, 변덕스럽거나 불분명하여 결코 물샐 틈 없이 시행될 수 없었다. 또한 대개의 예수회기관 도서관에도 예컨대 금서로 지정된 에라스무스의 저작이 비치되어 있었다. 게다가 늦어도 17세기 초부터 검열은 도처에서 하나의 이중장부를 발달시켰다. 따라서 검열은 지식인들과 대학구성원들에게 일반 평민에 대해서 보다 좀 더 큰 여지를 허용했다. 벌써 18세기 말 프랑스에서 활동하던 대학 밖의 철학자들[15]과 언론인들은, 중요한 사상과 인식을 질식시키는 위험을 감수하지 않으려면, 지식활동과 학문을 식자들의 비판이라는 형태로 자기검열에 맡겨져야 한다는 발상조차 안출했다. 이러한 통찰은 학문의 자유에 대한 요구에서 나온 것인데, 이는 이미 17세기 후반부터 눈에 띄었으나 18세기에 비로소, 그러면서도 아주 완만하게 확산되었다. 예컨대 1737년 괴팅겐 대학의 학칙은 물론 교수들이 가르치고 판단하는 자유(docendi sentiendique libertas)를 확고히 규정해 놓았다. 그러나 대학의 실제에서 근본적으로 비판적인 견해는 드물었고, 경우에 따라서는 예전과 다름없이 경력에 위험한 것으로 입증되었다.

원칙적으로 주어진 가능성 뒤에 이렇게 물러서 있는 것은 자연스럽게 이미 언급한 대학 안팎에서 지식인이 수행해야 할 역할에 대한 논쟁이 실제로 그다지 큰 영향을 미치지 못했었다는 사정과 관련이 있다. 이 좌절된 개혁시도의 출발점은 다음과 같은 인식이었다. 즉 대학과 교수의 위신이 한편으로는 궁정과 궁정인에 비하여, 그리고 다른 한편으로는 단지 철 지난 지식을 현학적으로 반복하거나 관리할 뿐이라는 귀족 및 시민계급의 비난 때문에 나락으로 떨어져 있었다는 것, 그리고 그 위신은 다시금 고양되어야 하리라는 것이었다. 이 문제의 해법으로 제안된 것은, 우선 순전한 현학적 자세를 벗어 던지고, 둘째로 대학 지식의 유용성을 분명하게 제시하고 고양시킬 것, 그리고 셋째로 자신들의 위치와 역할을 더욱 현저하게 기타의 사회적 위치와 역할로부터 대비시키는 일이었다. 이러한 제안은 모두 비판적인 자기인식을 전제하고 비판적인 강조점을 포함했다. 따라서 전체적으로 보면 이미 18세기 초에 대학교수

15 계몽사상가 일반을 지칭.

들이 비판적인 공공 지성으로 거듭날 길이 열릴 수 있었을지도 모른다. 그러나 이런 일이 이루어지지 않았던 것은 가족대학으로서 근대 초기 대학이 지니고 있던 사회적 제도의 탓으로 돌릴 수 있다. 그럼에도 불구하고 이러한 담론은 대학을 근대화하는 결과를 초래했다. 말하자면 이는 의심할 나위 없이 고급한 지식교환의 확대와 그 비판적 적재(積載)에 기여했다.

휴머니스트들의 문인공화국(res publica literaria)이 15세기부터 전 유럽에 확산되었고, 특정한 지역과 역사적 국면에서 조밀해졌으며 또한 종교개혁과 종파분열에 의해서도 완전히 해체되지 않았음에 대해서는 이미 언급했다. 대학교수들의 네트워크는 단지 그 일부를 구성할 뿐이었다. 이것은 주로 문헌학적 발견자의 기쁨으로 지탱되는 더 광범한 체제의 한 요소였다. 그러나 지식을 예전보다 더 대량으로, 그리고 더 조직적으로 수입하고 수출하기에는 더없이 적합했다. 더욱이 출발점으로 감안해야 할 것은 대학이 비록 영방이나 중소 군주국가 체제에 포섭되고 종파별로 편입되어 그 포괄적인 관계가 약화되거나 단절되었을지라도, 국제적으로 주목을 받고 평판이 높은 교수들 사이에 이루어지는 의사교환의 박자는 맹렬하게 증진되었다는 것이다. 가장 중요한 휴머니스트적 매체인 서신은 이미 휴머니즘 자체와 함께 학문적인 장르로서 대학에 들어왔다. 즉 **예비교육 서신**(epistola propaedeutica)이라고 알려진 이러한 장르의 문건은 특히 학예학–철학부의 수학입문서였다. 또한 종파분열은 그 밖에 나름대로 교수들이 참여하는 네트워크를 창출했는데, 언급할 만한 것으로는 무엇보다 예수회의 '인터내셔널'과 제네바에서 시발한 칼뱅주의 '인터내셔널'이 있다.

유럽 지식인들의 의사소통이 밀도가 높아진 데 대한 근대 초의 두 번째 추진력은, 물론 특징적인 공백과 매듭이 있었지만, 전 유럽에 퍼져 계몽사상가들의 네트워크가 형성된 것이었다. 이제는 분명히 더 희박해진 교수들의 네트워크는 물론 그 일부만을 구성한 것에 지나지 않았지만, 이 경우에서도 학식의 교환은 현저히 개선되어 나타났다. 교수들은 이를 서적출판, 우편 및 교통로에 더욱더 의존하면서, 의사소통의 잠재력을 전체적으로 더욱 결정적으로 향상시킬 수 있었다.

이 획기적인 향상과 함께 물론 더욱 진전된 탈인격화와 대량화 그리고 이제는 또한 의사교환의 상업화조차도 대학에 등장했다. 17세기 말부터 종교개혁 이후 처음으로 공개강의를 들을 수 있게 되었는데, 이에는 대학에 속하지 않는 도시의 청중들도 참여했다. 적어도 몇몇 교수들은 대학구성원이 아닌 청중 앞에 행하는 추가적인 강의를 개설하기 시작했다. 계몽사상에서 유래한 논집과 정기간행물도 학문영역의 주변부나 그 외곽에서 작용하는 교수들의 텍스트에 자리를 마련해 주었다. 더욱 의미심장한 것은 대학에 학문적인 정기간행물이 등장한 것인데, 이는 더욱이 인상적으로 다양한 장르와 놀라울 정도로 비판적인 질을 갖추었다.

동시에 더욱 밀도가 높아지는 비판적인 경향의 거울이자 동력기관은 서평 잡지였다. 유럽 전역에 널리 알려진 것으로 꼽힌 것은 라이프치히 대학의 교수들이 주관한 『학식자들의 문집(Acta eruditorum)』이었다. 이 잡지를 통해서 본질적으로 지식인들의 비판이 대개 또한 종파 및 종교적 당파성에서 동기가 유발된 공격이나 뭉뚱그리기식의 비판에서 방법적인 내용비판으로의 변화가 이루어졌다. 물론 이는 아주 늦게서야, 19세기가 경과하면서 완결될 것이었다. 이 과정은 불가피하게 외양상의 귀결, 예컨대 각주가 근거제시에서 비판적인 주해로 또는 방법적인 추가지시로 변모하는 것과 결부되어 있었다. 그 밖에도 이는 불가피하게 교수의 사회화와 충원에서 교수 그리고 대학 문화와 그 기능의 자기인식과 자기의식에도 영향을 미쳤다. 비판적인 논쟁에 단지 학술원 회원이나 기타 대학 밖의 지식인들만이 참여했던 곳에서는—비판적인 학술잡지의 본래적인 모범은 1665년부터 간행된 런던 왕립학술원(Royal Society)의 학술지인 『**철학적 의사교환**(Philosophical Transaction)』이었다—물론 이와 같은 대학의 근대화 과정이 전개되지 않았다. 그리고 이에 따라 대학에 대한 공공의 평가는 정체되고, 형해화되고, 혁신에 적대적이며 또 개혁할 능력이 없다는 식으로 계속 나빠졌다.

근대 초의 대학은 상술한 이유에서 새로운 실험, 실험실 및 장비과학의 네트워크에서는 불충분하게 대표되고 있었다. 이러한 분야는 17세기부터 자체의 기지(基地)와 대인관계를 창출해 냈고, 그때부터 호기심이 가장 중요한 동력이었다. 결국 이들은 또한 세기 전환기에서 다양한 선례를 제공했던 애국자 협회와 단체 속에 단지 부분적으로만 포섭되었다. 전통적인 의사교환의 차원, 학생과 교수의 지리적 이동성이 국가의 형성과 종파분열 때문에 중세에 비하여 현저히 후퇴한 만큼, 이러한 사정은 더욱 더 결함으로 치부되어야 했다. 군주국 대학 및 가족대학은 세계에 대한 경험과 세계에 대한 호기심을 단지 예외적인 경우에만 포상을 했다. 이들은 이러한 행위를 오히려 불신의 눈초리로 보았다. 18세기 초 3분기부터 유럽 대학에서 라틴어가 서서히 퇴장한 것도 따라서 전적으로 양면적인 귀결을 초래했다. 이는 전통적인 교회 및 지식인 언어와 결부된 내용적·방법적 함의와 주형(鑄型)을 폐지하고, 모국어로 연결된 집단 내부에서의 의사교환을 용이하게 해 주고 개선했던 한에서는 하나의 해방을 의미했다. 그러나 이는 역으로 경계를 넘어서는 유럽 공통의 의사소통을 어렵게 하여, 또한 제한을 의미했다. 유럽의 새로운 공통어(lingua franca)로서 프랑스어는 적어도 프랑스의 국세가 우세했던 시기, 즉 17세기 후반부터 18세기까지도 외국의 대학으로는 두드러지게 확산되지 못했다.

5. 시대의 결산

유럽의 대학사에서 근대 초기는 외견상 그 전반기에는 일단 수적 증가와 공간적 확산으로 특징지어졌다. 대학은 이제 아직 이 물결에 포섭되지 않았던 '신유럽' 지역으로만이 아니라, 또한 이미 이를 넘어서 신대륙, 아메리카까지 전파되었다. 동시에 대학은 지속적으로 초기 근대국가에 더 강력하게 접수되고 도구화되기에 이르렀다. 이러한 경향과 함께 다음과 같은 사태가 초래되었다. 우선 교수층이 속인으로 충원되고 그 역량이 전문화되었다. 그리고 전문직과 결부된 수학과정(교회요원, 법률가 및 의사의 양성)의 의미가 제고되었으며, 생계를 위한 지식인의 문필활동이 최초로 등장하게 되었다(17세기부터), 또한 '가족대학' 체제가 형성되었으며, 대학의 생활양식이 귀족화되는 경향이 다소간에 강력하게 등장하였다. 대학문화가 귀족화되는 경향은 귀족자제들을 수입원으로서 유치하고, 귀족에 연계되어 초기 근대국가에 참여하며 또한 이로써 이러한 차원에서 의미를 획득하여, 스스로에 귀족이 누리는 평판을 갖추기 위함이었다. 이러한 발전요소가 대학으로서는 1790년부터 혁명 프랑스에서 재앙이 되었다. 프랑스의 대학은 완벽하게 폐지되었던 것이다.

이념사적으로 근대 초기의 대학은 우선 휴머니즘으로 풍부해졌다. 그리고 곧 이는 종교개혁과 종파분열에 흡수되었는데, 그 결과 부분적으로 다시 교회화되고 정통주의적으로 경화되는 경향이 나타났다. 이는 또한 휴머니즘의 미래지향적인 맹아와 그 귀결을 희생시키게 되었다. 그럼에도 불구하고 종파 간의 경쟁은 또한 생산적인 학문적 역동성을 발전시켰는데, 이는 17세기 중엽부터 계몽사상의 형성과 관철에 기여했다. 휴머니즘의 경우에서와 같이 계몽사상의 중심은 물론 대학 외부에 소재했다. 단지 소수의 대학만이 계몽사상의 전조 아래 개혁되었다. 전래된 과목 스펙트럼이 계몽사상의 시각에서 '유용한' 학문분야로 확장된 것은 주로 국가의 압력으로 전개되었다. 그러나 또한 계몽사상의 관념과 방법은 대학의 전통적인 학문에도 밀고 들어와 지배적인 텍스트 학문에서 현저한 진보를 야기했다.

이 생산적인 수용은 대학의 의사소통 및 매체상황 그리고 이에 따라 지식의 추구방식이 현저히 변화했기 때문에 더욱 용이하게 이루어질 수 있었다. 인쇄술의 발명에 따라 지금까지 가장 중요한 지식 저장고였던 교수자와 수학자들의 기억이 부담을 덜게 되었다. 지식의 공급도 대대적으로 확대되었다. 인쇄술은 학문적 문헌장르의 근대적 스펙트럼이 전개되는 것을 가능하게 했는데, 이는 또한 지식인 문화에 결정적으로 영향을 미쳤으며 또한 이로써 지적 비판의 등장에 기여했다. 대학의 장서는 공식적으로 대학도서관으로 넘어갔다. 이미 늦어도 1600년경에는 대학의 장서와 지식체는 계통적인 검색수단 없이는 더 이상 파악이 불가능해졌다. 그리하여 한편으로 백과전서류의 가치가 분명하게 평가절상되었고, 다른 한편으로 처음으로 근대적인 서적 목록 시스템, 지식배열 및 지식검색 시스템이 성립되었다.

16세기 후반부터 대학은 또한 새로운 경험적·실험적 학문에 포섭되었는데, 이는 부분적으로 휴머니즘의 맥락에서, 부분적으로는 이 맥락 외부에 존재하는 활동가(광학기구 제조자 등)의 영향으로 이루어졌다. 그러나 아직도 이에 따른 방법적 절차(실험, 실험실의 연구)는 주로 전시적으로, 이미 그전부터 알고 있던 바를 입증하는 데 동원되었다. 왜냐하면 교의학적-스콜라주의적 성격을 지녔던 학문관이 인식 가능한 세계는 끝이 없고 끊임없이 지속적으로 연구되어야 한다는 통찰로 교체되는 것은 아주 완만하게 진행되었기 때문이다. 특히 종교개혁과 종파분열이 신스콜라주의적 경향을 야기한 상황에서는 더욱 그러했다. 다른 한편으로 교수법, 지식전달의 개선을 목표로 하는 조직적인 방법의 발명과 동원은 현저한 진보를 거두었다. 이는 우선 휴머니즘으로부터, 이어서 종교개혁과 종파분열, 끝으로는 계몽사상으로부터 자극을 받은 것이었다. 또한 전통적인 교수 및 시험방식, 강의와 토론은 형해화되던 국면은 제외하고 전체적으로 더욱 유연해지고 역동적이 되었다. 학위논문의 규칙적인 인쇄는 이 자격부여 문건을 더욱 비판적으로 되어 가는 지식인의 담론에 서서히 노출시켰다.

그러나 이러한 담론은 이미 주어진 정치적·국가적 그리고 문화적 틀 안에서 더욱 오래 고착되어 있었다. 따라서 비판적인 지성은 근대 초의 대학에서는 단지 맹아적으로만, 우선 휴머니즘 속에서 그리고 계몽사상 속에서 발달했다. 그러나 이와 대조적으로 대학이 생산하는 전문적 지식의 중요성은 바로 극적으로 증가했다. 대학에서 양성된 자들이 국가, 교회 그리고 사회의 높은 지위를 차지하거나 적어도 차지해야 한다는 것은 자명하게 되었다. 비록 귀족들은 불규칙적이며 단기적인 수학에만 한정했지만 말이다. 유럽 엘리트들의 의사소통은 따라서 사실적 지식, 방법적 지식 및 방향제시적 지식의 공통적인 기반에 의거할 수 있었다. 비록 종파적 분열과 영토국가의 격막이 이 기반을 분리하거나 각각의 더욱 특수한 지식으로 보충하고 새로이 배열했다 해도 대세는 변하지 않았다. 아직도 대학은 모든 종류의 내외적 분화(分化)에도 불구하고 진정한 유럽적 기관이었다.

제 3 장

• 유럽 대학의 역사 •

근현대

국가형성, 국가경쟁, 기술 및 자연과학의 발달, 산업사회 시대의 국가대학

1790~1990

제3장

근 현 대

국가형성, 국가경쟁, 기술 및 자연과학의 발달,
산업사회 시대의 국가대학

1790-1990

1. 전제와 포괄적인 발전

18세기 말에 대학은 2세기 동안 지속되는 변동의 국면에 돌입했는데, 이는 또한 대학의 기본구조를 포괄하는 것이기도 했다. 이 기간은 이하 4단계로 구분된다.

유럽에서 위기와 초기의 개혁 단계는 프랑스혁명과 함께 시작해서 19세기 중엽 이후에 종료되었다. 잘 알려진 바와 같이 계몽사상의 여러 원칙을 신봉하던 혁명가들의 눈에 1790년경의 대학들은 본질적으로 구체제의 기둥이며 상징이었다. 그리하여 이들은 이 기관을 개혁하려는 정도에 머물지 않고, 마침내 1793년에는 완전히 폐지하였다. 그 대신에 고등전문학교(Spezialhochschule)가 설립되었다. 이는 한편으로 각 학부의 전통에, 다른 한편으로는 계몽사상기의 학술원 및 전문학교의 전통에 결부되어 있었다. 예컨대 몽펠리에, 파리, 스트라스부르 대학의 의학부는 고등의학교(Éoles de Santé)로 존속했다. 보르도에서는 1808년에 3개의 독립적인 학부(신학, 인문학 및 자연과학)가 인가되었다. 수도에는 이른바 그랑제꼴

(Grandes Écoles: Écoles normales, 1794; Écoles Polytechnique, 1795)이 설립되었다. 국립 교육기관으로는 왕립학원(Collège Royal, 1530년에 설립)을 개편한 꼴레쥐 드 프랑스(Collège de France)가 마침내 설립되었다.

혁명과 나폴레옹의 군대가 전 유럽을 석권하면서 대학에 대한 반감과 함께 그 대안인 고등전문학교 모델이 전파되었다. 예컨대 이탈리아에서는 일시적으로 오래된 대학 몇 곳이 폐교되었다(1805년 제노아, 1806년 파두아, 1811년 살레르노 대학). 그러나 독일에서 몇 개의 대학이 소멸된 사정—대개 가톨릭계 대학이 이에 해당되는데—은 본질적으로 경제 및 정치적 변동에 기인하는 것이었다. 1814/15년 프랑스의 패배 이후 모호한 상황이 전개되었다. 한편으로 낡은 국가들은 그 제도와 함께 통틀어 놀랄 만큼 퇴락한 것으로 드러나, 말하자면 철저한 근대화가 요구되었다. 승자의 모델을 무제한적으로 채택하려는 노력은 그사이에 결국 일종의 자발적인 프랑스화로 귀결되었는데, 단지 포르투갈만이 이러한 방안으로 결단했을 뿐이었다. 이에 따라 실제로 추구한 바는 하나의 중용지도(中庸之道)로서, 보존되어 온 것을 전도유망한 새로운 것과 결합하는 것이었다. 일반적으로 관습적인 군주지배를 시민적(부르주아적) 민족주의 및 자유주의와 결합하는 것만이 아니라, 또한 대학을 신구의 처방에 따라 근대화하는 것이었다. 교양귀족 빌헬름 폰 훔볼트(Wilhelm von Humboldt, 1767–1835)의 이름과 결합되어 있는 프로이센의 개혁시도는 자주 새로운 출발로 과도하게 평가되어 왔으나, 실은 이러한 연관 속에 그 위치를 설정할 수 있다.

이 융커의 후예는 이상주의적 학문 및 교육개념에서 출발하면서도, 이를 실제적인 조직 관념과 결부시켰다. 모든 종류의 직접적인 유용성의 요구에서 벗어나 그 자체의 원칙에 따른 연구로서 수행되는 학문을 통해서만 인간은 스스로를 도야하고, 윤리적으로 완성해야 한다는 것이다. 이러한 학문은 고독하게 서재에서만이 아니라, 무엇보다 앞선 자(교수)와 초심자(학생)의 자유로운 대화 속에서 이루어져야 하는 것이었다. 이에 상

그림 5 취리히 공과대학의 실험실, 19세기 중엽(Universität Zürich Unimagazin 1997, Nr.3/Bulletin der FTH Zürich Nr. 267, 1997.12.)

응하여 조직적으로도 학문의 자유, 연구로서 수행하는 학문, 연구와 교수의 일치, 모든 학문의 존재, 전체 대학에 대하여 포괄적이며 통일성을 부여하는 철학부의 기능이 확보되어야 할 것이었다. 따라서 프로이센의 정치적 엘리트에게는 이 상황에서 영예로운 독일 대학을 최고의 학문기관으로 개조해야 할 의무가 부여되었다. 이 기관은 한편으로 믿을 만한, 더 낫게는 최량의 정치가와 관료를 양성해 내고, 다른 한편으로는 경제적 및 정치적으로 유용한 지식을 생산하며, 끝으로 프로이센의 지적·문화적 평판의 앙양에 결정적으로 기여해야 하는 것이었다. 이 두 가지 요청의 결합에서 서서히 개혁대학이 성립되었는데, 이것이 이제는 오로지 훔볼트식 대학 또는 베를린 모델로 불릴 수는 없게 되었다. 이 두 가지 방식의 특징부여는 실비아 팔레체크가 구명한 대로 오히려 1900년경부터 개시된 신화화의 결과였다.

프로이센식의 문제해결 방식과 함께 다른 방식으로 시도하는 개혁도 전개되었다. 예컨대 영국과 미국에서는 일반교양에 치중하는 기초과정(학부교육 undergradudate education 및 교양교육 liberal education)과 고급단계의 전문교육(대학원교육 graduate education)을 더욱 강력하게 구분했다. 학문이 연구이어야 한다는 요구는 프랑스 혁명의 지적 결과—계몽사상이 공포와 전쟁으로 파탄난 뒤에 아직도 더 발견되어야 하는 지적 구성체를 통한 계몽의 극복—와 함께 또한 학술원(Akademie)과 일부 대학에 둥지를 튼 "새로운 학문"의 성취에서 제기되었다. 요구되는 연구자를 가능한 한 많이 양성해 내고, 가능한 한 강력하게 참여시키고자 하는 필요성은 이들을 다시금 대학에 배치하거나 이미 그곳에 현존하고 있던 포괄적인 가능성을 확장하도록 했다. 논란의 여지없이 신속하고 결정적이었으며, 학문적 업적의 생산에서 여타의 독일대학을 압도했던 베를린 대학의 성과는 이미 1840년대에 프로이센 모델을 전면으로 부각시켰다. 인상적인 추종과 속도로 인접한 독일의 근린 국가들만이 아니라 미국 및 유럽 식민지, 심지어 아시아의 엘리트들도 실재했든 혹은 이른바 성공모델로 알려졌든, 이런 요소들을 채택하여 이를 다소간에 수미일관하게 관철해 나갔다. 이러한 과정에서 각기 상이하고 역사적으로 변동하던 전제조건과 충동으로 인하여 물론 각기 독특한 해결책이 등장했는데, 이에 덧붙여 각기 자체적인 동력이 전개되었다. 그리하여 19세기 말이나 심지어 20세기 초에 소위 훔볼트식이라고 알려진 방식으로 근대화를 추진했던 아시아의 대학들은 이 시기에 실제로 독일 대학을 모범으로 채택했으나, 시간이 경과하면서 전혀 다른 경로를 취하게 되었다.

1880년경에 시작되는 국가대학의 제2단계에서 신인문주의 및 이상주의적 교육사상은 국민교육과 제고된 국가적 특권의 커리큘럼으로 변모했고, 산업적 지식의 생산은 현저한 의미를 획득하게 되었다. 우리는 이 단계에서 결정적으로 국가기관이 되거나 적어도 국가에 밀착된 대학을 목도하게 된다. 이러한 대학에는 고위 관료 및 문화적 엘리트의 양성과 함께 이제는 시민계급을 국가에 결속하는 교수활동을 전개할 중등학교 교사와 산업국가에 필요한 기술 및 비기술적 전문요원을 양성하는 임무도 부과되었다. 산업적 수요의 충족은 물론 대학에만 부과된 임무는 결코 아니었다. 이러한 과업에 부응하여 다수의 고등전문학교 및 교육기관이 설립되었는데, 이들 기관은 이미 대학과 같은 권한, 특히 졸업 및 학위 수여권을 획득하기 시작했다(고등공업학교 Technische Hochschule 및 고등상업학교 Handelshochschule).

대학이 겪게 된 이 새로운 양상의 도구화가 또한 대대적인 내부의 도전과 결부되었음은 자명한 일이었다. 유럽 대륙의 모든 대학들은 국가와 사회의 측면에서 점점 더 심한 압력을 받게 되었는데, 이는 요망하는 학생대중을 실제로 받아들이고 전원에게 동일하게 적용되는 규정에 따라 가급적 신속하게 교육목표를 달성하도록 하여 그에 상응하는 졸업자격이나 학위를 갖추게 하는 것이다. 이러한 압력은 우선 대학이수과정을 공식화하고 법규화하는 것이었다. 예전에는 학생들의 대학입학 자격이 그다지 본질적인 것으로 여겨지지 않았음에 반하여, 이제는 대학입학 자격과 결부된 학교의 졸업이 더욱 공식적으로 요구되었다. 훔볼트가 천명한 바의 자유로운 수학 대신에 수학과정이 더 강화되고 엄밀하게 규정되어 가면서 필수적인 과목의 수강이 더욱더 늘어났다. 자신이 개설하는 강좌에 대한 진입여부를 자유롭게 결정할 수 있었던 교수의 권한도 진입을 희망하는 학생들의 요구에 제약되었다. 교수와 연구에 결정적이었던 세미나에서의 자유로운 작업도 서서히 각종의 규정으로 통제되었다. 교수들이 이제야 비로소 획득한 모든 수업에서의 자유로운 주제 선택도 국내적 및 국제적으로 정치적으로 유용하고 특권을 부여하거나 또는 기술적 및 경제적으로 특히 중요한 것을 수행하고자 하는 기대와 갈등하게 되었다. 더욱이 국가와 사립대학의 운영자를 포함하는 사회집단은 보충 및 추가적인 교수진을 설정했다. 즉 이런 방식은 요망되는 수업을 제공하고 수학의 효율성을 제고하기 위한 것이었다. 학사(Bakkalaureus), 석사(Magister), 박사(Doktor) 등의 학문적 학위 취득에 더불어 국가가 인가하는 전문 자격 및 디플롬졸업(Diplomabschlüsse)이 등장했는데, 자주 후자가 전자를 압도하기 시작했다.

연구의 우위와 공공의 기대압력은 나아가 가족대학의 지역적 자기 충원이 종국에는 전국적인 전문가 및 대학의 지평이라는 틀에서 평가된 업적에 의한 충원에 밀려나게 하였다. 각 전공영역의 상황에 따라 이로써 학문적인 사제 체제가 형성되었는데, 이 체제에서는 선발과 도태가 결정적으로 이루어졌다. 그 배경에서는 또 이와 결부되어 모든 대학의 형식적인 동등성에도 불구하고 전국적인 대학의 서열이 등장했다. 이는 후순위 대학의 상승욕구에 힘입어 때로는 추가적인 성취동기를 유발하고 새로운 발전 동력을 가져오기도 했다.

그러나 또한 내부의 학문적 발달이 이 고전적 시기에 전개된 근대 대학의 발흥에 기여했다. 자연과학, 기술 및 의학의 예상하지 못한 성공에서 새로운 양상의 진보 낙관주의가 성장했는데, 이는 또다시 더욱 제고된 경쟁을 촉진했다. 이와 같이 무제한적인 자의식으로 무장한 이러한 전공분야의 대표자들은 그 국가적 중요성, 참신성 및 그들이 담당하는 인식분야의 진보, 그들이 구사하는 방법의 효용성 그리고 더욱이 그들이 과시하는 정치, 사회적 해석과 지배력의 측면에서 철학 및 정신과학 분야의 대표자들에게 대대적으로 도전했다. 그리고 그 결과는 우선 새로이 불붙은 생산성의 경쟁이었다.

그러나 이미 1900년경부터 위기현상이 나타났다. 여러 전공영역의 경쟁은 두 '문화'의 대립적인 병렬을 초래했는데, 이는 또한 대학의 통합성을 위협했다. 즉 신인문주의적 교양지식인 집단과 자연과학적 기술인력 집단의 대립구도가 그것인데, 이는 '순정한' 문화와 단지 '물질적'인 문명의 대립으로 나타나게 되었다. 그러나 양측에서 진보 낙관주의는 위축되기 시작했다. 자연과학과 기술에서 무한한 복잡성의 인식, 1899/1900년경부터 특정한 물리적 현상에 나타난 불확정성의 인식은 당시까지 확고한 것으로 여겨진 자연법칙을 의문시하게 되었고(양자이론), 마침내 체념과 피로현상을 초래하게 되었다. 정신과학 분야에서도 대중에게 교양을 부여하려는 노력의 덧없음이 입증되거나, 지그문트 프로이트(1856–1939, 1902년부터 망명이 강요된 1938년까지 빈 대학의 교수로 재직)에 의해 교양으로도 해소할 수 없는 인간 본능이 발견됨으로써 작업 의욕이 감퇴되었다. 이는 인간적인 교육과 교양의 능력을 근본적으로 의문시하거나 적어도 현저히 제한하는 것이었다. 특히 유럽 대륙의 교수들 다수는 더욱 더 과부하되고 있었음을 느꼈다. 대학은 속물적인 대중으로 넘쳐나고 있었다. 학문의 자유와 성공적인 연구는 이러한 압박 속에서 얼치기 교양인들을 다루어야 하는 필요성에 직면하여 불가능하게 될 것이었다. 국가에 의한 대학의 통제는 교수들을 교체 가능한 관리로 강등시켰고 교수들에게는 결정적인 그들의 개인적인 천재성과 동기를 위협했다. 전문화와 분업성은 동일한 효과를 초래했다.

새로운 학생층 및 학생대중과의 접촉이라는 면에서의 생산적인 해결책, 즉 지도와 교육의 강화와 같은 해결책에 대해서 대륙의 교수들 대다수는 영미의 동료들에 비하여 그다지 탐탁지 않게 생각했었다. 그리고 국가의 대학행정도 재정적인 이유에서 미지근하게 반응할 따름이었다. 이에 상응하여 국제적인 대학 및 학문적 소통이 이미 심각하게 훼손되었던 1차 세계대전 말기에 유럽대륙과 영미세계의 대학이 나아간 길은 분리되기 시작했다. 유럽대륙의 대학은 정치적·사회적·재정적으로 비상한 난국에 처하거나 심지어 독재와 공포정치 그리고 새로이 개시된 전쟁의 국면에서 심각한 내외적 손상을 겪었던 반면, 특히 미국의 대학은 미국이 세계강국으로 등장함에 힘입어 더욱 강화된 가치평가와 급속한 발전을 향유하게 되었다.

민족주의 및 군주제적 정서에 깊이 함몰되어 있던 독일의 교수들은 1918년부터 1945년 사이에 거의 예외 없이 바이마르 공화국이 제공한 혁신의 기회를 거부했다. 또한 프랑크푸르트 대학과 같은 도시대학조차도 1914년 의식적으로 독일 민족주의의 권력 파토스에 거리를 두고 창립되었음에도 불구하고 결코 실제적인 예외를 이루지 못했었다. 이미 제국시대에 기초가 놓인 제도적인 발전은 이 시기에 완성되었으나, 독일의 교수들은 이를 결코 받아들이지 않았다. 교수단의 분화(객원교수 Extraordinarius의 영입)를 통하여 기본적으로 예전과 다름없는 조합주의적 제도가 변형되었다. 교수층 하위에 위치하여 학문적 인력으로 구성되는 '중견층(Mittelbau)'이 등장하였다. 새로운 권력배치의 가능성을 초래하는 거대연구소, 연구소, 세미나[1] 및 의학교실 주임의 등장에 따라 기존 강좌

1 독일대학에서는 19세기가 경과하면서 학문의 전문화에 따라 특정 전공의 연구와 교수 조직, 즉 우리네 대학의 학과에 해당하는 단위가 형성되었는데, 이 조직을 19세기부터 오늘에 이르기까지 자주 세미나

체제(Lehrstuhlsystem)가 상대화되었다. 전통적인 4학부 모델에 대한 회의가 증대하고 이미 부분적으로 이 체제가 폐지되었다. 철학부는 자연과학 전공분야의 확장으로 이미 그 균형을 상실하고, 자연과학과 경제학 분야가 학부체제로 자립해 나갔다. 또 신설대학은 더욱더 완전한 4학부 체제를 포기하였다. 대학이 고수하던 연구와 교수의 일치도 더 양호한 재정지원을 받고 더욱더 높이 평가되는 국가 및 기업이 지원하는 대규모 연구에 도전을 받게 되었다. 사적인 재정지원 주체의 협의요구가 증대하면서 국가의 통제가 이미 도전받거나 보완되기에 이르렀다.

나치의 위협과 도구화에 직면하여 독일 대학은 완전히 실패했다. 그 고도의 지적 인식 및 해석 요구에도 불구하고 시대의 진단에 종사하던 학문 분야의 대표자들은 다가오는 위험을 알아차리지 못했다. 역사가들도 예외가 아니었다. 유대인 동료들의 분리와 추방이 이루어지는 상황에서 교수단의 동료의식은—적어도 진정한 의미에서는—존재하지 않았고, 소수자들이 지체 없이 희생될 수 있었던 순전한 지위상의 이해관계만이 존재했음이 입증되었다. 약 6,000명의 현직 교수들 중 15-20%가 추방되고 또 나치 체제가 특정한 전공 및 학문영역을 지원함으로써 제공된 출세의 기회가 대개 주저 없이 수용되고 이용되었다. 시류에 따라 진행된 구조 변경 및 응용학문으로 지향된 전공영역의 재배치 또는 이와 결부되어 교수직을 담당하지 않던 학문적 인력의 비중 상승도 대개 이의 없이 수용되었다. 모든 종류의 독재체제 중 가장 범죄적인 체제에 대한 독일 대학의 저항은 전혀 없었다. 파시스트 이탈리아와 동유럽 독재체제하의 대학에서도 이와 비슷한 사태가 발견된다.

1918년부터 1945년 사이 소비에트 공산권에서는 옛 대학구조의 철두철미한 파괴와 새로운 체제의 설치가 특징적으로 전개되었다. 이 체제

(Seminar) 또는 연구소(Institut)로 표기한다.

는 연구와 교수를 완전히 분리했다. 연구는 광범하게 설정되지만 엄격하게 중앙집중식으로 통제되는 학술원 조직망에 배치되었고, 그 틀 안에서 상응하는 학위를 취득할 수 있었다. 대학은 전공별로 전문화된 교육기관으로 강등되었고, 전체 전공범위는 새롭게 규정되고 조직되었다. 모든 학문적 작업은 마르크스, 엥겔스, 레닌 및 스탈린의 교설에서 도출되어야 했고, 늘 이 교설로 회귀되어야 했다. 이에 상응하여 도처에 포괄적인 교수직과 강사직, 기초 및 동반수학과정, 그리고 출판을 통제하는 기구가 우후죽순 격으로 설치되었다. 대학의 수업에서는 가능한 최선으로 두뇌와 심정에 이데올로기적 의식화가 이루어지도록 하는 모든 수단이 동원되었다. 수업은 거의 전적으로 주입식으로 이루어졌고 다수의 복습 및 암기식 연습과정이 동반되었다. 학생들은 대학에서만이 아니라, 기타의 생활에서도 엄격하게 감시되고 통제되었다. 이러한 수단의 최적화 그리고 절대적으로 체제의 노선에 충실하며 동시에 전문적인 역량을 갖춘 것으로 입증되는 전문가의 생성이라는 최종목적의 달성을 위해 학생기숙사의 편입조차도 엄격하게 규정되었다. 이러한 현상과 학술원에 집중된 소비에트식 학문체제는 본래적인 의미에서의 유럽적인 요소에 거의 부합될 수 없었다.

이 자리에 요약되는 네 번째 국면은 1945/50년대 이후에 전개된 동서 대결 및 냉전의 국면이었다. 이 국면의 특징은 국제적인 블록 간의 갈등이 국가 간의 경쟁을 초월했다는 점이다. 그리고 양대 진영에서는 각각의 지도적인 강대국에서 출발하여 대립적인 통합경향이 등장했는데—'미국화' 대 '소비에트화'—이는 교양 및 문화과학뿐만 아니라 자연과학과 기술의 목표지평을 상대화하고 변형시켰으며, 통틀어 정치-사회적, 경제 및 기술적으로 직접 유용한 영역은 새로이 그 비중과 의미가 확대되었다. 이러한 사태에 대한 적응은 물론 상이한 템포와 강도로 이루어졌으며, 따라서 이 새로운 관련과 요소가 각국마다 오래되고 상이한 요소와 전적으로 불균등하게 조합되는 결과를 초래했다.

통합과 모스크바로 지향된 학문와 학문기관의 중앙집중은 소비에트 진영에서 거의 전체적인 현상이었다. 단지 자연과학 및 공학적 첨단연구—우주항공기술, 원자핵 기술—분야에서만 일시적으로 완전한 이데올로기적 교화와 동원이 포기되었을 뿐이었다. 그럼에도 불구하고 어떤 경우에든 1970년대까지 종종 이데올로기적 경쟁심은 존재했던 것으로 보인다. 이는 소비에트 학문이 스파이 행각으로 획득한 서방의 지식을 이용하는 것을 넘어서 특히 무기연구에서 자립적인 인식에 도달하는 것을 가능하게 했다. 이에 따라 보다 많은 물질적 자극이 요구되었던 것도 명백해졌다. 이에 평행적인 전개양상이 정신과학의 영역에서도 명백히 드러났다. 그러나 이 분야에서는 대체로 늦어도 1960년대 말부터 스콜라적인 화석화와 유인책만이 입증될 뿐이다. 공산주의 이론의 새로운 동력은 1960년대 중반부터 등장하면서 당시의 체코슬로바키아에서 이른바 프라하의 봄을 초래했는데, 이는 기존의 연구소와 학문기능의 권역 외부에서 등장했다. 티토의 유고슬라비아에서는 이러한 동력이 일정한 수준의 관용 심지어 후원마저도 누리게 되었는데, 이는 한편으로 모스크바의 종주권 요구를 거부하며, 다른 한편으로 서방의 인정과 지원을 획득하려는 의도에서 가능한 것이었다.

이 시기의 대학사는 적어도 두 개의 부분국면으로 구분될 수 있다. 이 점에서 1960년대 말 및 1970년대 초, 특히 1968년을 결정적인 해로 경계지어 볼 수 있다. 독재와 전쟁으로 황폐화된 나라에서 부흥은 우선 자체의, 그리고 모범으로 여겨졌던 전통으로의 회귀를 통해 이루어졌다. 따라서 독일에서는 특히 훔볼트식 모델이 현창되었는데, 실제로 이는 결코 존재한 적이 없었던 것이다. 프랑스에서는 이미 1896년에 독일의 모델을 고려하여 다양한, 특히 정신 및 문화과학 학부의 통합체로서의 대학이라는 것이 어찌 됐든 이론적으로 복구되었지만, 우선 더 오래된 고등전문학교 구상으로 돌아갔다. 근대적인 연구대학이 프랑스에서는 1968년부터 비로소 설치되었다. 그러면서도 대학 외의 고등교육기관, 연구소 및 실험실이 완전히 폐지되는 것은 아니었다. 오로지 네덜란드, 특히 이미 19세기에 강력하게 독일식 모델을 지향했던 벨기에는 그 개혁에 우선 다시 고전적인 관념을 전제했다.

그러나 서방의 전승국, 즉 미국의 모델이 가한 영향력은 더욱 증가했다. 미국의 학문은 특히 공학 및 자연과학 분야에서 의심할 나위 없이 세계표준을 구현하여, 서유럽은 새로이 이를 지향해야 했다. 더욱이 새로운 사회과학적 지식이 미국과 관련을 맺게 되었는데, 이는 현대 민주주의적 산업사회의 운영과 개선을 위해 불가결한 것으로 여겨졌다. 이미 1950년대 말부터 이 새로운 지식과 지식수요에 상응하는 전공 및 전공영역을 설치하는 작업이 우선 부분적으로는 철학부에서, 또 부분적으로는 이미 늦어도 전간기(戰間期)에 존재했던 경제학 계열의 학부에서 시작되었다. 특히 사회학과 정치학은 이때부터 우선 미국식으로, 다소간에 영국식의 모범에 따라 명백한 민주화 학문으로 기능했다. 그러나 또한 철학부의 전통적인 전공에서는 부차적이지만 유럽 강국의 견인력이 명백해졌다. 서유럽의 역사가들은 적어도 미국을 더욱더 그들의 시야에 넣으려 함을 선언했다. 영어영문학은 부분적으로 미국학을 지향하게 되었다. 즉 전통적인 영국지향성이 제한되기에 이르렀던 것이다. 부분적으로 이미 미국학(Amerikanistik)이 특수전공으로 분리해 나왔다. 문헌학에서는 전체적으로 미국식 언어학의 초기적 영향이 눈에 띄게 드러났다. 서유럽의 철학자들은 미국 특유의 철학, 아니면 그렇게 알려진 실용주의(pragmatism)를 더욱더 진지하게 다루기 시작했다. 교육학에서는 처음으로 미국의 고전 및 교육학이론 그리고 경험주의적 연구가 진지하게 수용되고 음미되었다. 미국의 심리학과 심리분석도 공식적으로 유럽에 상륙했다.

자연과학 및 공학분야 그리고 반대학(半大學)적 혹은 대학 외 연구기관 및 고등교육기관이 미국의 모범에 따라 근대화된 최초의 추진력은 1957년 스푸트니크 충격이 가져왔다. 이 최초의 인공위성을 지구궤도에 쏘아 올린 것으로 시현된 소비에트 과학의 우월성에 대응하기 위해 서방 과학의 모든 역량이 결속하고 협조할 것이 요구되었다. 상호 간의 교환이 더욱 긴밀하게 진행되었다. 이에 상응하는 협력사업과 조직이 성립되었다. 동시에 미국의 재정적 우월성과 정치적 우세로 인하여 이때부터 결정적으로 고도기술의 중심이 미국으로 이전하는 결과가 초래되었다. 모든 서방 국가는 광범하게 '모든 우수인력자원의 개발'에 진력하였다. 이는 과학적·기술적 진보를 가속화하고 이로써 적대세력에 응수하기 위함이었다. 대학정책은 따라서 다시금 더욱 제고된 형태로 교육정책의 구성요소가 되었다. 또한 문화과학 및 교양학문의 적절한 진흥 역시 순전히 동등한 배려의 근거에서만이 적합한 것이 아니라, 이 또한 민주 사회의 공고화라는 목적에서 불가결해 보였다. 불가피한 귀결로 학생 수는 급격히 증가했으나, 이에 반하여 교수진, 연구시설, 학부 및 대학의 확장은 여전히 지체되어 있었다. 게다가 정치사회적으로 그렇게도 강력하게 제시된 민주주의 원칙과 부분적으로 더욱더(서독, 프랑스, 이탈리아), 또 부분적으로는 덜 강력하게(스칸디나비아) 구성된 계서제, 즉 바로 비민주적인 대학문화 및 교수단의 문화 사이의 갈등도 서서히 불거졌다.

이 긴장과 갈등은 이른바 1968년의 학생운동으로 터져 나왔다. 이 운동은 소수의 미국 대학에서 출발하여 순식간에 대개의 서구 대학을 휩쓸거나 적어도 스쳐 지나갔는데, 또한 그 핵심에서 전 세계적인 미국화의 경향을 초래했다. 물론 이 운동은 정치 및 이데올로기적 측면에서 반미적 성향을 띠고 있었지만 말이다. 한편으로 대학에서 동등한 시민권과 민주적인 공동결정권을 쟁취하기 위한 투쟁, 그리고 다른 한편으로 베트남 전쟁에 대한 항의 및 해방과 개인적인 삶의 충족을 추구하는 노력에서 발생하였으나, 그 영향은 본질적으로 겨우 다시금 힘겹게 복구되던 전통적 대학구조에 심각한 동요를 초래한 것이었다. 보편적 차원의 학문론 및 인식론적 식견을 거의 갖추지 못하고 오래전부터 아주 미세한 지식영역의 전문가로 변형된 교수들은 그럼에도 불구하고 여전히 포괄적인 교양과 세계해석, 그리고 권위의 독점을 주장했던바, 이러한 태도는 철저한 '문제제기'와 근본적인 비판을 통해서 도전을 받게 되었고, 종종 그 허상이 충분히 폭로되기도 했다. 현대사의 극우 및 극좌 전체주의와 논란을 거듭하는 가운데 성인들에게 지향되었던 도덕적·정치적 극단주의와 민주주의 원칙은 이제 교수들과 대학에 향해졌다. 이 반항의 다양한 부정적 형태, 즉 비속어에서 더러운 욕설까지 이르는 언어적 폭력, 전화, 출판물을 동원하고 인신적인 모독까지 포함하는 작은 테러행위 등에 대해서는 이 자리에서 더 상세히 언급하지 않겠다. 주목할 것은 '학생혁명'의 가장 중요한 귀결이다. 왜냐하면 이는 그 직후에 바로 이어지는 대학사의 국면만이 아니라 오늘에까지 그 영향을 미치고 있기 때문이다.

부정적인 결과로 꼽을 수 있는 것은 대학문화의 각종 상징, 의식, 타이틀 및 여러 가지 형식들이 대대적으로 폐지된 것이다. 왜냐하면 이러한 것들은 대학의 정체성을 결정적으로 지탱해 왔기 때문이다. 긍정적인 결과는 오래전부터 필요했던 대학과 학문의 강력한 자기반성이었다. 그리하여 현대적인 교육사회학, 대학교육론, 학문 자체에 대한 연구, 그리고 특히 새로이 사회사적으로 지향된 대학사가 성립하게 되었다. 대학의 민주화와 사회개혁에 대한 호소는 민주화된 대학에 의하여 이제 교수 이외의 대학요원들과 학생들도 참여하는 새로운 방식의 대학 내 공동결정 형태로 구현되었다. 학문적인 작업의 주제선정에서 현존하는 상업사회 및 민주주의 문제를 더욱 유의하는 경향을 가져왔고, 민주주의적 및 서구적 가치판단 기준과 평가의 개방을 초래했으며, 대학시설과 학생 및 대학 졸업자들이 예상을 초월할 정도로 폭발적인 양적 증대를 가져왔다. 따라서 교육체제 전반의 과학화와 고등교육으로의 개방이 더욱 증대하게 되었다. 이로써 단번에 조망이 가능하고, 계서제적으로 조직되었으며, 그 존엄과 전통을 의식적으로 과시하던 정교수대학(Ordinarienuniversität)은 마침내 대중대학(Massenuniversität)으로 변모했는데, 이는 그 특수한 조합적 성격, 지적 우위와 학위수여의 독점권을 결국 상실하고, 명확히 규정된 '투입(Input)'과 그에 상응하는 '산출(Output)'의 기대로 움직이는 산업사회의 한 경영체로 전락할 위협을 받게 되었다.

이러한 역할로는 우선 다음과 같은 사정이 첫째로 꼽힐 수 있다. 대학은 중하층 및 '특권이 없는' 소수집단을 위하여 사회적 상승의 통로로 기여해 왔다는 점이다. 이로부터 우선 무엇보다 이 시기 서유럽 모든 국가에서 확립되고 허다하게 논의된 노동자가계 출신의 대학입학 통계가 설명된다. 둘째로 다시금 민주화기능을 들 수 있다. 세 번째 기대는 산업사회의 물적 재생산과정에서 대학이 담당하는 역할에 관련된다. 대학 및 대학 외 기관이 수행하는 학문활동은 궁극적으로 이러한 재생산과 물질적 복지의 부단한 상승 동력이 되어야 한다는 것이다. 이러한 목표설정은 동서 양대 블록의 경쟁이라는 관점에서 여전히 각별히 중요하게 보이는 산업적·경제적으로 유용한 자연과학 및 기술적 지식의 진흥과 함께, 이제 또한 경영 및 경제학적 노하우의 배양을 집중적으로 제고시키는 결과를 초래했다. 그리하여 경제학부와 관련 전공도 이와 함께 1970년대 말부터 과도하게 번성하게 되었다.

경제 그리고 이와 직접 관련된 사회현상에 개입하여 늦어도 1980년대부터 사회과학도 등장했다. 비판적이고 민주주의이며 해방적인 일반 사회과학(사회학)에서 서서히 각종의 연계 사회학(노동사회학, 노령사회학, 사회사업의 사회학 등)이 산업사회의 개별적 문제에 대한 문제 확인자 및 교정자로 등장했다. 새로운 대학의 운영단위로 인하여 교수직과 학내기구가 팽창하는 현상, 대학, 학부 및 전공단위 사이에 상호 간의 인지와 의사소통이 일국 내의 틀에서조차 더욱더 상실되는 사태는 1960년대 말과 1970년대에 역사적으로 유례없이 전개된 제도적·인구적 성장파동의 결과였다. 이에 대학의 모든 관계가 더욱더 규율과 법제로 통제되기에 이르렀고, 교수의 역할도 교수자 및 연구자의 역할로, 늦어도 요새부터는 매니저의 역할까지로 더욱 급속히 분화되기 시작했다. 이 모든 현상을 이 자리에서는 지적해 두는 정도에 그친다.

학문적인 차원에서 결정적인 것은 무엇보다 다음과 같은 요소들이다. 1960년대 중반부터 진보 낙관주의가 다시 복귀하였는데, 이는 더욱 급진적이며 체계화되었다. 이 물결은 1980년대 말부터 비로소 다시 약화되었다. 진보의 확신에서 계획 낙관주의도 성장했다. 1970년대부터 이른바 생명과학(life science)이 물질적 재생산에서 가장 중요한 학문으로, 고도 테크놀로지로 등장했다. 마찬가지로 이 시기부터 원자력 산업의 위험이 인지되기에 이르렀다. 1980년대 말부터 복지사회의 생활양식이 초래하는 생태학적 귀결을 의식하게 되었다. 끝으로 사회의 구조원리로서 의사소통이 발견되고, 의사소통학(Kommunikationswissenschaft)이 이에 상응하여 새로운 주도 학문이 되었다. 이러한 여러 요소는 각기 특유하고 새로운 대학 및 학문 내부적 발전만을 촉진한 것이 아니었다. 오히려 이러한 사태는 대학과 대학 학문의 자율성을 더욱 제한하는 작용을 했다. 말하자면 한편으로 경제, 사회 및 국가를 위하여 대학의 성취를 더욱 제고하는 것이 필요해 보였는데, 이는 또한 대학을 상응하는 수요에 더욱 결부시키는 것을 전제했다. 다른 한편으로 학자들은 그들이 누리는 학문의 자유를 무책임하게 유용하여 정치적·사회적으로 위험하거나 윤리적으로 용납하기 어려운 연구를 수행하는 것이 제지되어야 할 것으로 나타났다. 그리하여 이미 1990년 이전에 국가만이 아니라 사립대학 운영주체도 대개 상응하는 재정지원을 통해 획득되는 대학 및 대학학문의 전반적인 통어로부터 관련 규정, 금지 및 계약의무의 형태로 이루어지는 직접적인 관여를 통한 미세한 통어로 넘어갔다.

마찬가지로 교수와 학생 간의 소통과 자료처리에서 복사기(1970년대 초부터)와 컴퓨터(1970년대 말부터 역시 미국에서 처음으로)에 의한 보충과 변모가 이미 도입되었다. 예전에는 적절한 시간 안에 거의 처리하기 어려웠던 자료량과 이에 따른 프로젝트가 이제는 처음으로 훨씬 더 빨리 그리고 최종적 판정 국면에서 더 용이하게 다룰 수 있게 되었다. 컴퓨터를 이용한 문서편집기능으로 신속한 원고작성이 가능해졌고 텍스트의 외관마저 형식적인 완성도가 높아졌다. 텔레비전, 비디오레코더 그리고 기타의 화상재생시스템은 연구와 교수에서의 화상도입을 개선했다. 인터넷의 개시는 조망이 불가능할 정도로 방대하고 원격에 위치한 자료에 접근할 수 있는 통로를 열어 주었고, 대륙을 넘어서는 실시간 소통을 약속해 주었다. 그러나 이러한 수단의 실제적인 동원은 바로 드러나듯이, 세대의 경험과 문화적인 선수경험에 강력히 종속되었다. 이 문제는 우선 주로 청소년 및 학생들 그리고 공학 및 자연과학적 분야의 대표자들에 의해 극복되었다.

2. 대학의 전지구적 확산

위기와 개혁의 시기에 유럽에서 대학의 총수는 본질적으로 그다지 변하지 않았다. 우선 대학의 수는 감소했다. 한편으로 프랑스에서는 대학이 폐지되었고, 프랑스의 팽창지역과 전화를 입은 지역에서는 일부 대학이 폐교되기도 하고 병합되기도 했기 때문이다. 다른 한편으로 1815년까지 군소 영역국가가 중대규모 국가군으로 통합되는 과정에서 여러 대학이 상실되기도 했기 때문이다. 이때 특히 과거의 제국에서 성직제후국가들이 세속화되는 과정과 프로이센의 팽창이 고려되는데, 이 두 경우 모두 로마 가톨릭적 교육기관의 축소를 가져왔다. 그러나 세기 중엽까지 다수의 대학이 신설되었다. 독일에서는 무엇보다 베를린 대학(1810), 본 대학(1818년 재창립) 또는 고등실업학교(höhere Gewerbeschule)에서 1830년대부터 성립된 하노버 고등공업학교(Technische Hochschule, 1879년부터 공과대학이 되었고, 1899년에 박사학위수여권 획득), 다름쉬타트 공과대학(1879년 설립, 역시 1899년 박사학위수여권 획득)이 설립되었다. 벨기에에 새로 설립된 대학으로는 적어도 강(Gent, 1817)과 리에쥐(Liège, 1817) 대학이 있었고, 스위스에는 취리히(1833)와 베른(1832) 그리고 영국에는 더럼 대학(University of Durham, 1832) 및 뉴카슬(Newcastle upon Tyne, 1851) 대학 등을 들 수 있다. 영국에서 주목되는 바는 또한 기존의 대학 틀 안에서 이루어진 다양한 콜리지의 신설이었다. 그리하여 케임브리지 대학에서는 다우닝 콜리지(Downing College, 1800)와 거튼 콜리지(Girton College, 1869, 여학생 전용), 그리고 런던 대학(Univertsity of London의 공식적 설립은 1836년)에서는 버크벡 콜리지(Birkbeck College, 1823)과 킹즈 콜리지(1829)가 추가 설립되었다. 스페인은 이 시기에 전혀 신설한 바가 없었고, 오히려 일부를 상실했다. 이탈리아에서도 사정은 마찬가지였다.

유럽과 대조적으로 북아메리카에서는 대학의 수가 이미 19세기 전반기에 현저히 증가했다. 이미 18세기 말에 캐나다에서는 우선 뉴 브룬스위크 대학(University of New Brunswick, 1785)과 킹즈 콜리지 대학(Univ. of King's College, 1789)이 설립되었다. 이 무렵에 다시 달후지 대학(Dalhousie Univ., 1818), 맥길 대학(McGill Univ., 1821), 아카디아(Arcadia Univ., 1838) 및 오타와 대학(1848) 등 모두 9개의 신설대학이 추가되었다. 미국은 최초의 주립대학(State University)을 세우는 기록을 세웠다. 이들 중 노스캐롤라이나 대학(University of North Carolina at Chapel Hill, 1795), 조지아 대학(1785) 및 버몬트 대학(1791) 등이 설립되었다. 물론 이들 대학은 각각의 주정부와 다양한 관계를 맺고 있었으며 다양한 목표를 설정하고 있었다. 즉 유럽대륙적 의미에서의 국가대학으로서, **다목적 대학**으로서 또는 1848년에 설립된 위스

콘신 대학과 같이 민주적 대학으로서 기능했다. 이로써 오늘날까지 존속하는 고등교육(post-secondary education)의 3단계 체제가 완성되었다. 즉 2년제 및 4년제 콜리지 그리고 대학(University)이 그것이다. 더욱이 운영주체의 면에서 1830년대부터 등장한 지자체 대학이 국가대학과 구분될 수 있다. 이는 부분적으로 과거의 교회 및 사립의 설립체를 인수한 것이었다. 이들 중에는 우선 사우스캐롤라이나의 찰스턴 대학(Charleston Univ., 1837)이 의미 있었다. 역사적으로 결정적인 단절을 이루었던 남북전쟁까지 미국의 대학 수는 130여 개로까지 증가했다. 물론 이들 대학이 엘리트 양성의 장소가 된 것은 1876년 존스 홉킨스 대학이 창립되면서부터였다.

반면에 라틴아메리카에서 이러한 성장은 세기 중엽까지 분명한 한계에 머물러 있었거나 아예 일어나지 않고 있었다. 아르헨티나에서는 부에노스 아이레스 대학(Universidad de Buenos Aires, 1821)이 설립되었고, 1631년에 설립된 코르도바 국립대학(Universidad Nacional de Cordoba)이 1854년에 재창립되었다. 볼리비아는 1830년에 수도 라파스에 마요르 데 산 안드레스 대학(Universidad Mayor San Andres)을 창립했다. 브라질은 1575년에 설립된 연방대학(Universidad Federal)을 개편하고 교회, 개별 주 및 지자체가 세운 다수의 고등교육기관을 대학 수준에 가깝게 끌어올렸다. 멕시코에서는 18세기 말에 설립된 것에 더하여 몇 개의 신설대학이 추가되었다. 즉 멕시코 자립대학(Universidad Autonoma del Estudo de Mexico, 1828) 및 자카테카스 자립대학(Universidad Autonoma de Zacatecas, 1832) 등이 그러한 것들이다. 페루도 대학을 증설했다. 1677부터 아야쿠초에 설립된 산 크리스토발(San Cristobal) 대학, 1750년부터 리마에 설립된 산 마르코스 대학이 있었는데, 이에 더하여 국립 자유대학(Universidad Nacional de 'La Libertad', 1824) 및 세 개의 이른바 국립대학들이 증설되었다. 칠레에는 1738년부터 칠레 대학(Universidad de Chile)이 있었는데, 이는 세기 전환기부터 그 중요성이 확실히 증대되었다. 베네수엘라는 이미 안데스 대학(1785)을 보유하고 있었는데, 이는 1832년에 혁신되었으며 1833년에 특히 카라보보(Carabobo) 대학을 새로 설립했다.

두 번째로 유럽의 영향을 강하게 받았던 대륙 오스트레일리아에서는 이 시기에 최초의 대학설립이 이루어졌다. 1850년에 시드니 대학(University of Sidney), 1853년에 멜번 대학(University of Melbourne)이 세워졌다. 아시아에 대해서는 유럽의 식민지 종주국들이 자의식과 비판정신이 충만한 토착 엘리트를 양성할지도 모르는 고등학문기관의 설립에 전혀 관심을 보이지 않았던 것으로 여겨지고 있다. 따라서 단지 중등학교 수준의 교육기관 정도만이 설치되었고, 아주 예외적으로 좀 더 높은 수준의 요구가 제기되었을 뿐이었다. 심지어 교회의 주도마저 저해되었었다. 필리핀에는 이미 1595년에 산 카를로스 대학이 1611년에 산토 토마스 대학이 설립되었지만, 1850년경까지 단 하나의 대학도 추가로 설립되지 않았다. 인도네시아에는 대학이 하나도 없었다. 이란에는 1851년에 자연과학 및 공학적 배경을 갖춘 다르 알 포눈(Dar al-Fonun 학문의 전당)이 최초의 준대학적 기관으로 설립되었다. 인도에서는 1857년부터 봄베이, 캘커타 및 마드라스 대학이 런던 대학의 모델에 따라 설립되었다. 그 밖에 영국의 식민통치는 이 아대륙을 서서히 여러 콜리지의 그물망으로 덮어 나갔다. 중국, 일본 및 기타 지역은 이 시기에 유럽식 대학 모델의 수입에서 봉쇄되어 있었으며, 의식적으로 이러한 성취에 유의하지 않고 있었다. 1829년 케이프타운 대학이 설립되었음에도 불구하고 아프리카는 이러한 동향에서 완전히 외곽에 머물러 있었다. 반면 여기에 서술된 시기에는 대학개념 또는 대학구조가 다소간 변형된 형태로의 전환, 즉 전문화되어 더 이상 고전적인 4학부 체제를 취하지 않는 대학의 등장도 이루어졌다. 이에는 적어도 다음과 같은 사례를 들 수 있다. 즉 그라츠 공과대학(Technische Universität Graz, 1811), 빈 공과대학(1815), 런던 공과

대학(Mechanics Institution, 1823), 고텐버그의 찰머스 공과대학, 아테네 국립공과대학(1837), 레오벤 광산대학(1840), 델프트 공과대학(1842) 및 아이오와 주립 과학기술대학(1858) 등이 그것이다. 또한 이러한 특수 모델도 유럽 밖으로 수출되었다.

이러한 모델은 그러나 이어지는 시기, 즉 19세기 중엽부터 1920년경에 이르는 국면에 비로소 그 본격적인 번성기를 맞이했다. 이 시기의 특징으로는 대학의 수가 새로이 증가한 점을 들 수 있겠다. 그러나 이는 주로 낡은 유럽의 외부에서 진행되었고, 미국이 대학밀도가 가장 높은 나라가 되게 하였다. 신설대학의 경우 80-90퍼센트 이상이 모든 학부를 갖춘 완전한 대학이었다. 그러나 대학의 학부 내부에서의 비중은 사회의 물질적 및 조직적 측면(상업, 법률, 행정)을 돌보는 전공분야로 분명하게 기울어졌다.

다음에 열거하는 여러 대학이 이 시기의 새로운 대학들이었다. 부다페스트 공과대학(1871), 아일랜드 국립대학(National University of Ireland, 1908), 밀라노의 루이지 보코니 경제대학(1902), 리투아니아 대학(1919), 포르토 대학(1911), 페름(1916)과 블라디보스토크(1899)에 설립된 러시아 국립대학(1916), 로즈 대학(Rhodes University, 1904) 및 프레토리아 대학(1908), 예테보르히 대학(1891), 이스탄불에 설립된 3개의 완전대학과 공과대학(1883년부터). 영국에 새로이 설립된 시립 및 지역대학은 고급 지식을 중간층, 그리고 얇은 엘리트층을 넘어서는 광범한 사회층에 전달하려고 애썼는데, 특히 버밍험, 브리스톨 및 리버풀 대학이 그러한 것들이었다. 미국에서는 애리조나 주립대학(1885), 산 디에고 주립대학(1897), 버클리의 캘리포니아 대학(1868), 시카고의 로욜라 대학(1870), 매사추세츠 공과대학(MIT, 1861), 뉴멕시코 주립대학(1888), 코널 대학(1865), 카네기 멜론 대학(1900), 라이스 대학(1912) 등이 설립되었다. 중국에서는 1898년에 베이징 대학이, 이어 1912년에는 홍콩 대학이 설립되었다. 1872년부터 일본에서는 의식적으로 독일식 모델에 지향하여 8개의 제국대학이 설립되었는데, 여기에서는 다수의 사립대학까지 포함하여 1940년경까지 전체 대학의 수가 45개에 달했다. 인도에서는 힌두교만이 아니라 이슬람교를 지향하는 대학들, 즉 알리가르 무슬림 대학(1920) 또는 바나라스 힌두 대학(1916), 그리고 또한 20개 이상의 전문 특히 공과대학이 설립되었다. 라틴아메리카에는 새로운 '국립' 종합대학 및 전문 단과대학 특히 농과대학들이 설립되었다. 비슷한 것이 아프리카에도 설립되었다. 예컨대 수단의 옴더만 이슬람 대학(1912), 리베리아 대학(1851/79) 및 카이로 대학(1908/25)이 그러한 것들이다. 별도로 언급할 만한 것은 이때부터 미국의 대학이 처음으로 미국의 국경을 넘어서 확산되기 시작하였다는 것이다. 이미 1919년 카이로에 아메리카 대학이 설립되었고, 이를 따라 같은 것이 1924년에 베이루트에도 설립되었다.

제1차 및 제2차 세계대전 종결 사이의 위기 때 유럽에서는 다양한 대학의 신설(예컨대 1928년 아르후스 대학)에도 불구하고 전체적인 수는 정체상태에 있었다. 아시아, 아프리카 및 오스트레일리아에서도 단지 소수의 신설만이 있었다. 경제·정치·군사적으로 더욱 상승하고 유럽이나 아시아의 전장에 멀리 떨어져 있던 미국에서만 대학의 밀도가 더욱 높아졌을 뿐이다.

1945/50년 이후의 발전에서 특징적인 점은 우선 완만한 성장이었는데, 이는 특히 유럽 외의 지역에서 이루어진 따라잡기식 대학 설립에 기인한 것이었다. 1960년대 중엽부터 잘 알려진 바와 같은 대학설립의 폭발이 개시되었다. 이 추세는 유럽에서는 이미 1970년대 후엽부터 약화되으나, 그 이외의 지역에서는 1990년대 또는 그 이후까지 지속되었다. 독일에서만도 1959년 당시 18개에 불과했던 대학이 통일 전에 60개 이상으로, 그 뒤에는 85개 이상으로 증가했다. 덴마크는 코펜하겐과 아르후스에 더하여 1964년에 오덴제, 1970년에 로스킬데, 1974년에는 알보르히가 추가되었다. 추가적인 사례를 하나 더 들어 보자. 소르본은

1970년에 13개 이상의 전문화된 대학으로 분할되었다. 특히 주목되는 바는 1980년대 초에 중부 유럽에서 최초의 새로운 사립대학이 등장한 것이다(비텐-헤르데케, 1982). 그리고 처음으로 초국가적 대학이 설립되었다. 이미 1976년에 피렌체에는 유럽 대학(Europäische Universitätsinstitut)이 통합된 유럽의 대학으로 설립되었다. 1983년에는 말뫼에 세계해양대학(World Maritime University)이, 1988년부터는 국제해양법대학(International Maritime Law Institute)과 국제연합의 대학으로서 도쿄에 국제연합대학(United Nations University)이 설립되었다. 이들과 함께 민족국가 이후 시대의 대학으로 가는 문이 열리기 시작했다.

실제적인 팽창은 물론 한꺼번에 이루어진 것이 아니었다. 한편으로 모든 형태의 대학설립에서 아마도 적어도 1/4 정도는 이미 존재했던 기관이 대학으로 승격하거나 증편되는 것이었으리라. 전 세계적으로 적어도 동일한 비율의 경우가 사실상 거의 대학과 같은 구조에 걸맞지 않았으며, 단지 기존의 기관이 대학이라는 좀 더 권위 있는 호칭을 획득하고 다소간에 광범한 졸업인증권한을 획득한 것으로 추정된다. 교육정책상 그리고 통계적으로 이러한 발전은 모든 유사한 기관들이 대학, 고등교육(Higher Education) 또는 학문적 수학(Academic Study)라는 개념 속에 통합된 사정에서 찾아볼 수 있다. 제도, 시설, 요구 및 현실에 따라 전통적인 의미에서 아직 대학으로 지칭될 수 있는 경우는 이런 기관의 집단 속에 포함되고 있다. 따라서 20세기 초부터의 발전을 나타내는 모든 수치적 보고는 현재로 가까이 올수록 유의해서 봐야 할 것이다. 예컨대 공식적인 연감, 『미국의 대학(American Universities and Colleges)』 1990년도분에 등재된 1,900개 이상이나 되는 미국의 고등교육기관 중에는 단지 166개의 종합대학(이들 중 대략 반은 사립)이 보고되고 있는데, 즉 이들만이 모든 기설 전공분야에서 학부에서 대학원 수준까지 연속적인 수학과정과 박사학위를 포함한 모든 종류의 인가된 졸업자격과정을 제공하는 기관인 것이다. 기타의 모든 기관은 단지 부분수학과정, 제한된 전공 수 또는 특정한 졸업자격과정만 제공한다. 예컨대 뉴욕 주에 소재하는 콜게이트 대학은 박사학위를 전혀 수여하지 않으며, 오하이오주 그랜빌 소재의 데니슨 대학은 학사(Bachelor) 이상의 학위를 수여하지 않는다. 그 이름과 달리 MIT는 하나의 종합대학이며, 또한 보스턴 콜리지도 박사학위를 수여한다. 달리 말하자면 고등교육기관의 기하급수적 성장과 함께 그 다양화도 등장한 것이다.

그러나 정확하게 단지 근사치로만 파악 가능한 종합대학으로 한정해서 본다면, 1790년경부터 1990년경까지 이들 대학은 의심할 나위 없이 지금에까지 이르는 번영을 누렸다. 18세기 말 전 세계적으로 약 190개였던 것이 20세기 초까지는 추정컨대 약 300개로, 다시 1945/50년경까지는 약 400개로, 1990년경까지는 적어도 700–800개로 증가했다. 종합대학의 규모에 못 미치는 대학이지만, 대학의 칭호를 갖추거나 사실상 대학에 준하는 질을 구비한 특수 고등교육기관이 20세기 초 1,600개에서 세기말 12,000개로 증가한 것이다. 국제 대학협회(International Association of Universities)와 협력하여 작성된 『대학연감(Handbook of Universities)』은 각국 정부가 대학으로 간주할 수 있는 교육 및 연구기관을 등재하고 있는데, 소비에트 진영의 붕괴 직후 대략 6,500개의 대학을 열거하고 있다. 이 수치는 아직 소비에트 연방의 후속국가들이 온전히 개혁되기 이전의 것으로, 대개 기존 대학체제의 재건과 확장도 포함하고 있는 것이다.

3. 제도와 행정

국민국가 시대의 대학에서는 행정형태가 더욱 거대해지고 국가와 더욱 근접하는 현상이 두드러졌다. 물론 이는 개별 대학의 제도나 학칙에 상이하게 규정되어 있었다. 그러나 어떤 경우든 대학은 즉시 또는 서서히 대학이 누려 왔던 재판 및 조세특권을 상실했다.

유럽대륙에서 독일 대학은 하나의 선도 모델을 구성했다. 대학의 자치 원칙과 그 기관, 즉 학부와 그 위원회 및 직책으로부터 대소의 평의회(Senat) 그리고 총장직 및 그 취임절차까지 유지되었다. 1970년대까지 이 원칙은 교수자치와 정교수지배를 의미했다. 물론 나치스 시기에 일시적으로 기타의 강사들에까지 확장된 공동결정을 제외한다면 말이다. 학문적 혁신의 창조, 노벨상 수상과 국제적인 평판에 따른 명예와 같은 성과로 견주어 본다면 이 자치는 적어도 제정 말까지, 또한 다소의 결함도 있었지만—민주주의의 거부, 나치스 앞에서의 좌절—1945년까지 지속되었다. 이 원칙은 충분히 유연한 것으로 입증되었다. 그리하여 교수직의 증설과 학생 수의 증가 그리고 또한 새로운 학부의 창설, 강좌의 상부에 위치한 세미나와 연구소의 창설 및 운영, 19세기 후반부터 이루어진 '중견층'의 구성과 이에 유사한 혁신 등을 초래한 구조변동마저도 잘 포섭할 수 있었다.

그럼에도 불구하고 이 자치는 이미 문제 상황에 봉착했다. 왜냐하면 특히 자연과학과 정신 및 문화과학의 요구가 서로 엇갈리게 전개되었고, 이 양자를 중재하는 것이 계속 더욱 곤란해졌기 때문이었다. 예컨대 하이델베르크 대학에서는 1900년 이후에 철학부에서 공공연한 갈등이 불거졌다. 즉 그곳에 배치된 농학자들이 교수자격시험(Habilitation)을 거쳐 철학부에 귀속될 충분한 자격이 있는지와 같은 논쟁이 발발했던 것이다. '저비용' 정신과학의 시각에서 볼 때 장비와 기술적 보조인력이 필요한 자연과학과 의학의 훨씬 과도한 재원소요에서 비롯된 다른 갈등도 발발했다. 이미 19세기 말부터 교수들의 자기이해 방식과 습관에서 더욱 엇갈린 전개가 눈에 띄게 되었다. 고전적인 정신과학과 고전적인 직업전공(특히 법학)의 대표자들은 전통적인 형태를 고수하고 전수하였던 반면, 새로운 분과학문의 대표자들은 더욱더 합리적이며, 지위와 지위확보적인 형태를 고집하지 않음이 드러났다. 특히 사기업 영역이나 대학 외 연구기관에서 대학으로 자리를 옮긴 교수들은 전통적인 태도를 종종 기이하고 시대에 거의 부합하지 않는 것으로 받아들였다. 이러한 평가와 행동양식이 또한 교수회에서, 선거행위에서, 대학 내 여러 직책의 수행 등에서도 표출될 수밖에 없었던 것은 당연한 일이었다.

또한 교수들의 자치에 국가의 규제가 적어도 간접적으로나마 더욱 더 긴밀하게 개입해 들어왔다. 국가는 수학규정(Studienordnung)과 졸업규정, 전공과목의 제공과 개별전공의 제도화(이에는 병렬적 교수직과 새로운 전공의 강요까지 포함하여)를 규제하며, 특별 재원의 분배를 통하여 연구활동도 규제하기 시작했다. 그 밖에 교수직의 임명에서도 대학과는 다른 결정을 내리는 경우도 있었다. 더욱이 국가는 교수들과 대학의 민족의식에 호소하며 국가에 대한 그들의 충성심을 강화하면서 정신과 심경 면에서 아주 성공적으로 의무감을 고양하려고 했다. 이러한 도구를 이용하여 본질적으로 1933년부터 히틀러의 동조자들은 전반적인 대학의 자치를 동료 간의 협조체제로부터 총통원리(Führerprinzip)로 변경하는 데 성공했다. 물론 이러한 원칙이 실제로 철저하게 적용된 적은 결코 없었지만 말이다. 늘 현장에 임재하면서 19세기 중엽부터 교수들의 차원 이하에 속하는 더욱더 많은 업무를 관장하고 있던 국가의 대표자는 대륙의 경우 찬슬러(Chancellor),[2] 또는 쿠라토어(Kurator)[3]였다. 이들을 통해 국가는 가장 중요한 통제수단을 발휘할 수 있었는데, 그것은 국가의 재정지원이었다. 즉 대륙의 대학지평에서 각 대학들은 결국 이에 완전히 종속되었던 것이다. 이에 반하여 교회의 기증이나 자체 재산은 소멸되거나 아니면 그저 반가

2 영국의 경우.
3 독일의 경우, 이들은 이미 근대 초부터 영방군주의 대리인으로서 대학의 재정관리를 비롯한 비학문적 각종 업무를 담당해 왔는데, 현재까지도 존재하는 직제이다. 오늘날 대한민국 국립대학의 사무국장이 이와 유사한 역할을 담당하는 것으로 볼 수 있다.

운 보충일 뿐이었다. 그리하여 예컨대 이 자리에서 언급하는 전체 시기 동안에 교회의 재정지원은 기껏해야 신학부의 도서관에 제공되는 정도였다.

정반대의 경우를 구현하는 것은 영미권의 대학들이었는데, 이들은 전적으로 또는 주로 비국가적인 수단으로, 즉 교회, 지자체 또는 사적인 재단으로부터 재정을 제공받았다. 북아메리카의 식민지 대학들은 대개 교회적 기원을 갖고 있었는데, 이들이 적어도 부분적으로나마 개별 주의 대학으로 인정되거나 1862년부터 토지공여법(Land-Grant Acts)으로 국가의 지원을 받게 된 후에도 또한 이러한 특성을 지니고 있었다. 이들 대학의 교수들은 확실히 다소간 더 광범한 자치권을 누리고 있었다. 그럼에도 불구하고 이러한 자치권 역시 대학의 행정 및 통어를 맡는 이사회(Board of Trustees)나 이들이 위임한 감독위원회(Board of Overseers)의 양해 속에 행사되어야만 했다. 의심스러운 경우에는 이사회가 결정을 내렸다. 19세기 후반부터 비국가적인 대학들조차도 살아남기 위해서는 변동하는 사회적 수요에 긴밀하게 적응해야 함이 분명해지자마자, 각 대학의 이사회들은 그 밖에도 당해 기관의 발전노선을 제시하기 시작했다. 재정적 필요, 부분적으로는 높은 설립비용—억만장자 록펠러는 시카고 대학에 3,000만 달러를, 그리고 스탠포드 가문은 같은 이름을 딴 대학에 2,000만 달러를 기증했다—그리고 지속적으로 수거되는 수업료를 가능한 한 효과적으로 투입하는 고려는 이러한 대학에서 처음부터 경영적 지식 그리고 결국에는 경영자들이 관여하는 사태를 초래하게 되었는데, 이는 늦어도 1900년 이후에는 직접 대학의 지도부, 그 뒤에는 개별 학부, 학과 및 연구소까지 미치게 되었다. 이로써 대학의 의사결정에서 더욱 엄격한 구분과 상이한 조직이 생겨나기 시작했다. 외부 및 제도적·물질적 그리고 발전전략의 면에서는 이사회(Board)와 그 위임자들에게 책임이 넘겨졌고, 내용 및 학문적 사안에 대해서는 교수활동의 구성을 포함해서 교수들에게 판단이 넘겨졌다. 국가가 설립한 주립대학들도 이러한 해결방식을 따르게 되었다.

'국가적' 지원이 개입되지 않았던 한에서, 각각의 대학이 분명한 국가적 노선을 택했는지는 따라서 전적으로 관련된 행위주체들의 지향성에 달려 있었다. 이러한 해결방식이 작동하였음은 국가형성(서부개척)기, 재건(남북전쟁 이후)과 세계강국으로 등장한 시기를 훨씬 넘어서까지 거의 모든 미국 대학들이 광범한 국민적 자의식을 지니고 국가에 대한 봉사를 의식하고 있었음에서 입증된다.

1945년까지의 시기에서 기타의 대학들은 아일랜드(1908년에 여러 곳에 국립대학을 설립)나 일본에서와 같이 직접적인 국가대학이었기에 실제로 국가기구의 일부를 구성했다. 또는 원래 대개 교회기관이었지만 국가에 더욱 근접해 온 경우도 있었다. 1917년부터 1922년까지 개혁총장 차이위안빠이(蔡元培)가 이끌었던 베이징 대학은 근대국가 형성과 국가적 부흥의 목적에서, 그리고 이러한 노력의 본질적인 요소로서 독일식 유형의 대학을 채택한 사례였다.

1945년 이후에는 각각의 주어진 조건에 따라 상이한 발전시각이 대두했다. 독립하게 된 신생국들의 대학들은 애초부터 국립대학으로 설립되거나 국가에 의해 지도되었고, 또는 스스로가 국가를 위해 봉사하게 되었다. 독일에서와 같이 국가와 민족에 대한 봉사가 나쁜 경험이나 파국을 초래했던 곳에서는 이러한 결속을 다시금 해소하거나 강화된 자율성으로 복귀하려고 했다. 미국에서와 같이 결국 양자의 어느 경우에도 해당되지 않았다면, 기왕의 노선을 견지했다.

따라서 이 시기 대학의 제도 및 행정사에서 1970년대의 민주화 시도가 결정적인 분기점을 이루었다. 그 공통점은 정교수만이 아니라 이제는 기타의 교수들 및 강사들, 조교 그리고 어떤 경우든 특정한 사안에서는 비학문적인 요원들 및 학생들도 대학의 자치에 참여하려는 노력이었다.

즉 이른바 집단관리대학(Gruppenuniversität)의 발상이었다. 아주 대담한 구상은 궁극적으로 볼로냐식 학생대학의 전통을 복구하는 것에 지향되어 있었다. 그러나 이러한 시도는 단지 부분적으로만 실현되었을 뿐이다. 정교수의 독점은 사실상 상실되었다. 그들의 권한은 보수적인 정교수들로서는 당혹스러웠겠지만, 경향적으로 모든 등급의 교수들에게 동등하게 분배되었다. 기타 집단의 참여에 대해서는 대개 연구와 교수의 핵심에 관련되지 않는 활동영역으로 확장되었다. 모든 집단의 투표권 비중은 이들이 합의점에 도달하지 못할 시에, 교수들이 어쨌든 우세한 결정권을 행사할 수 있는 방식으로 균형을 잡게 되었다. 물론 더욱 중요하게 된 점은 거의 모든 면에서 국가는 이러한 개혁의 틀 안에서 자신의 권한을 확장했고, 대학의 자치를 법률적 및 재정적으로 더욱 용이하게 통제할 수 있는 규정을 발포한 것이었다.

혼합 설립체의 대학도 개혁운동가들이 상상했던 것보다 훨씬 덜 민주화되었다. 1980년대부터는 종종 이를 넘어서 복고적인 조치마저 시행되었는데, 이는 물론 규칙적으로 관료기구와 정치권의 개입 가능성을 강화하는 것이었다. 제3세계의 대개 국가들에서 통치 집단은 1968년의 학생소요를 대학을 더욱 직접적으로 통제하는 계기로 삼았다. 이미 현존했던 경향들, 즉 졸업마저도 단지 마지막으로 검정하고 효력을 부여하는 대신에 국가가 직접 인가하는 경향으로까지 강화되었다. 졸업 및 학위수여권을 단지 대학이 자격을 부여하는 요소로 간주한다면, 따라서 1980년대부터는 이러한 방식으로 개념이 규정된 여러 나라의 '대학' 반열에는 마땅히 정부기관(교육담당부, 장관급 부서나 위원회)도 포함된 것으로 볼 수 있다. 공산권 전체에서는 대학의 자치와 대학 특유의 제도에 대해서는 말할 나위가 없음도 자명하다.

반면에 다수의 대규모 사립대학에서는 1980년대부터 대학행정의 분산이 관철되기 시작했다. 오래전부터 각각의 전공, 연구소, 학과, 단과대학에 결부된 학외 재원 획득과 자주 분산적으로 존속하던 학생행정과 관련하여 개별적 운영단위가 비중을 확대했던 반면, 대학 전체 및 그 행정수뇌부는 의미를 상실했다. 이에 따라 중하급 단위에서 자기결정의 가능성도 다시 증대했다. 이는 자주 간접적으로 다시금 학생들에게, 또는 계속 당해 대학의 발전에 이해관계를 갖는 동창들이 대학재정과 대학운영에 참여하는 한, 이들에게도 유리한 현상이었다.

4. 교수와 학생

국가대학의 시대에는 '교수'라는 개념도 분명하지 않은 상태였다. 이는 대학 이하의 교육기관의 교사들에 대해서도 사용될 수 있었다. 특히 김나지움의 교사들에게도 각별한 공로가 있는 다양한 색채를 띤 문화적 창달자들을 위한 명예로운 호칭으로 쓰였다. 1970년 이후에 일부의 유럽 국가들(특히 오스트리아)에서는 다소 인플레이션되는 경향마저 나타나 대학의 모든 학문적 교사집단들에 대한 미분화된 통칭으로 잔존했었다. 이미 말한 바와 같이 대학의 강화된 민주화를 지향했던 1970년대의 개혁까지는 따라서 이 문맥에서 관심을 갖는 대학의 핵심집단을 위한 범주로서는 정교수(ordentlicher Professor, full Professor, professeur titulaire 등)라는 개념이 지배적이었다. 물론 이들을 둘러싸고 19세기 후반부터는 다소 열등한 지위의 교수집단이 포진하고 있었다.

모든 교수집단에 대해서는 모든 부분 국면을 통틀어 두드러진 양적 증가가 확인된다. 이미 19세기 초의 개혁기부터 20세기 초까지 추측건대 두 배로 증가하는 경향이 나타났다. 1918/20년부터 1945/50년 사이에는 증가추세가 둔화되었지만, 1960년대 중반이나 말기까지 다시 서서히 가속화되었다. 이때부터 증가추세는 바로 폭발적인 성격을 띠게 되었다. 유럽과 미국의 핵심적인 대학 분포지역에 대해서는 아마도 10배가량 증가했다고 보는 것이 역사적 실제에 가장 부합할 것이다. 예컨대 독일연방공화국에서는 1959년에 2,235명의 정교수(Ordinarius)와 338명의 객원교수(Extraordinarius)가 있었는데, 1990년에는 전체적으로 대략 30,000명의 교수와 70,000명의 '학문적 요원'들이 헤아려졌다. 하버드대학에서는 1850년 40명의 정교수(full professor)와 20명의 기타 강사들이 교수활동을 하고 있었는데, 1990년에는 이 수치가 정교수는 400명 이상, 다른 등급의 강사들은 200명 이상이었다.

1970년대 말부터는 물론 부업적으로 활동하는 교수들 및 비전임 교원(Lehrbeauftragte, adjunct faculty)들의 비중도 현저하게 증가했다. 고도의 전문적 지식을 일정 기한으로 그리고 특정한 목적으로 채용하는 것은 대학운영자에게 무엇보다 재정적으로 매력적이다. 이러한 종류의 교원집단이 더욱 강화되는 것은 대학의 정체성과 결속, 따라서 기왕의 성격을 훼손한다는 점이 감수되고 있다.

그러나 또한 교수집단의 양적 증가는 학부(단과대학)와 전체 대학의 경우는 말할 나위도 없고, 이미 한 특정 전공의 전체 구성원들 사이에서도 인간적 친숙과 소통을 더욱 어렵게 했고 마침내는 아예 불가능하게 했음도 명약관화한 일이었다. 인간적이며 허물없는 의사교환 대신에 말하자면 더욱더 비인격적이며, 매체를 통한 관계가 등장한 것이다. 물론 전화는 아직 적어도 반쯤의 친밀성이나마 가능하게 하지만 말이다.

학생 수의 증가가 교수직의 증가폭을 훨씬 더 웃돌게 되면서—이는 원래 교수직의 증가에 대한 가장 중요한 조건이었지만—교수와 학생의 수적 관계 그리고 이에 따라 사회문화적 관계마저도 기본적으로 변화했다. 가장 인기가 높은 전공에서는 세미나와 강의의 참가자가 두 배나 세 배로, 심지어는 열 배로까지 증가했다. 학생이 아니라 대학당국이 지불할지언정 유럽 대륙에서 청강료제도(Hörgeldwesen)가 존속되었던 한에서—독일에서는 축소되어 1960년대까지, 오스트리아에서는 특정한 형태로 그 이후까지—이와 같은 참가자의 증가는 또한 그에 상응하는 교수 수입의 증가를 의미했다. 어쨌든 간에, 특히 보편적인 수업료(Tuition)를 지불해야 했던 곳(미국)에서조차 학생 수의 증가는 불가피하게 학생들에 대한 교수의 지도관계가 약화되는 사태를 초래했다. 그리하여 교수 대 학생의 비례관계를 보면, 예컨대 튀빙엔 대학의 경우, 1830년에는 1:22, 1920년에는 1:35, 1980년 1:93 그리고 1989년부터는 1:120 이상으로 늘어났다.

독일에서는 이러한 사태의 귀결은 늦어도 1945년부터는 인지되기에 이르렀던 것으로 보인다. 그 무렵부터는 어찌 됐든 교수와의 인간적인 친밀도가 결여되고 있음을 한탄하는 목소리가 사방에서 울려 퍼지고 있다. 1960년대 중엽부터 이 목소리는 거대한 합창이 되었다. 적어도 이른바 대규모 과목과 기초과정에서 교수는 인간적인 통로에서 멀어지는 경향이었고, 접촉은 본질적으로 공식적인 면담시간 내에서 이루어지는 잠시 동안의 만남으로 한정되었다. 그 대신에 학생들은 조교나 교수급 이하의 기타 교수인력과 교유하게 되었는데, 강의를 제외하면 기초과정의 수학은 더욱더 이들의 수중에 맡겨지게 되었다.

19세기 초의 개혁은 정교수를 연구하는 교사 및 가르치는 연구자 그리고 전체 대학생활의 담당자로서 중심에 놓았다. 특히 독일 대학 개혁운동의 이상주의적 언어와 지향성은 정교수를 천재적이면서 카리스마적인 학문의 등대로까지 정형화하는 데 기여했다. 이러한 이상의 실천은 불가피하게 그에 상응하는 자기표현 양식의 도입과 전수, 또한 자기 및 타자 평가와 결부되었다. 정신 및 문화과학에서 엘리트적인 학문관은 이러한 해결방식을 지탱했다. 학생과 교수가 나란히 손잡고 실험실 작업을 해야 했던 분야에서는 솔직하고 합리적인 학문형태가 형성되었다. 예컨대 해석이 요구되고, 또한 문학적 수월성에 종속되는 의미심장한 텍스트 대신에 명확한 공식을 다루는 것이다. 그리고 교수들이 공공영역에서 문제성 있게 노출되는 정도가 심하면 심할수록, 이러한 양식과 습관은 관철되는 바가 오히려 약소해지거나, 더욱 일찍이 다시 약화되기도 했다. 자연과학 및 공학 분야에서는 팀워크의 불가피성이 더욱 증대함에 따라 카리스마적인 정교수의 퇴장이 이미 20세기 초에 이루어졌던 것으로 볼 수 있다. 기타의 학부와 전공분야에서는 이러한 해결방식이 하나의 이상으로서 더욱 오랫동안, 적어도 1970년대까지 지속되었다. 이런 분야에서는 무엇보다 정치적으로 논란이 분분하거나 명백히 대립적인 전문가의 견해표명이 있을 수 있었는데, 이는 고전적이며 늘 유효한 판단을 내린다는 정교수의 후광을 가장 효과적으로 위협하는 것이었다.

다른 한편으로 1900년경부터 기관(학과, 연구소 등) 운영 및 재정과 인력의 관리에 대한 요구는 전혀 새로운 자격의 획득과 새로운 관리자 역할의 담당을 초래했다. 적어도 비전문적인 관리자가 이러한 과업을 떠맡았던 곳에서는 특히 그러했다. 다수의 교수들은 이 시기에 따라서 매우 두드러지게 그들의 국가를 위한 봉사에 뛰어들어, 결국 이들은 교수 직함을 가진 정치가가 되는 지경에까지 이르렀다. 결국 지속적으로 더욱 직접적이고 정교해지는 대학의 업무는 교수들을 이미 끝내는 교체 가능한 대학요원의 역할로 위축시키기 시작하였는데, 이제 그들의 개인적인 관념이나 양식은 더 이상 결정적이지 않게 되었다.

교수들의 일상생활을 잠깐 엿보면 어떤 근본적인 변화가 발생했는지 더욱 분명해질 것이다. 1880년경 정신 및 문화과학(텍스트 학문)의 고전적인 정교수는 이상적인 경우 아주 불가피한 경우에만, 즉 대규모 강당에서의 수업과 위원회의 참석, 공식적인 면담시간 그리고 때로는 도서관에서의 연구와 같은 경우에만 대학에 출근해 있었다. 그는 학생행정의 요구만 제외하면 모든 잡동사니 서류업무를 처리했다. 가장 중요한 세미나를 그는 자신의 사택에서 시행했고, 대체로 대학의 활발한 사교활동에 참여했다. 100년 후 우리는 교수들이 규칙적으로 대학에 종일 출근해 있는 모습을 본다. 그의 사무실이나 연구실은 합목적적으로 소박하게 설비되어 있다. 단지 국기나 군주의 초상 또는 당해 학과에서 활동하다 사망한 태두의 초상 등이 발견될 뿐이다. 그는 자신을 돕는 비서, 보조원 및 조교를 거느리는데, 또한 이들을 적절히 지휘해야 한다. 행정업무의 비중도 극적으로 증가했다. 평균 근무시간의 1/3이나 그 이상이 공지, 규정, 설문, 결정이나 입장표명 요청 등의 문서를 읽는 데 소비된다. 동시에 기대압력도 두드러지게 높아졌다. 통제 가능한 최량의 수업을 제공할 뿐만 아니라, 결정적으로 연구에 전념할 것이 요구된다. 이는 각기 최신의 연구수준을 끊임없이 인지할 것을 전제하며 가능한 한 다수의 출판물을 발표하게 마련이다. 대학에 관련되는 사교활동이란 것은 거의 발생하지도 않는다. 개인주의가 지배하고, 고유한 교수의 지위라는 것도 기껏해야 미미하게 느껴질 뿐이다.

자연과학, 공학 및 의학 분야에 종사하는 그의 동료들은 이미 1880년경부터 더욱 자주 연구소, 실험실 또는 병동에 상주하고 있었으며, 이미 그 당시에 늘어나고 있던 보조원, 조수들을 지휘하는 법을 배워야만 했다. 1980년에 이 조수집단은 그러나 더욱 현저하게 증가했다. 그리고 모든 연구는 현장과 외부의 동료들과 협조되어야 한다. 이러한 방식으로 역시 막대하게 증가한 행정적 요구의 한도 내에서 각 프로젝트와 관련하여 획득 가능한 재원(연구비)의 조달과 관리도 중점적인 과업이 되었다. 개인적인 연구라는 것은 그의 분야에서 더 이상 있을 수가 없게 되었다. 출판물에서도 저자의 보고는 오해의 여지 없이 이러한 작업이 집단연구임을 입증하고 있다. 반면에 양자의 교수집단에 공통적인 바는 이들이 오래전부터 더 이상 자신들의 모국어로 된 독해, 의사소통 및 출판에 제한될 수 없으며, 적어도 하나의 국제적인 학술어, 구체적으로 영어에 통달해야 한다는 것이다. 원칙적으로 동일했지만, 그 밖에 봉급은 일반적으로 중간 소득층의 상위급에 위치했다. 물론 정신 및 문화과학의 종사자들에게는 감정이나 평가 또는 실제적인 영리활동의 형태로 유익한 부가수입을 얻을 전망은 거의 없다. 이들은 자신들의 펜에서 나오는 베스트셀러에 기대를 거는 수밖에 없는데, 물론 이것이 길면 길수록 그 전망은 더 흐려진다. 미국의 여러 사립대학에서는 전혀 다른 해결책을 취하고 있다. 이곳에서는 처음부터 계약으로 개별적인 봉급이 책정되는데, 이는 계약 당사 학자의 명망에 따라 원칙상 무제한적으로 상승할 수 있었고, 그러기도 한다. 마찬가지로 훌륭한 교수를 확보하기 위해 국가 또는 자치체의 대학들도 처음부터 특별수당을 수단으로 하여 이러한 경쟁에 뛰어들어야 했다. 따라서 이미 일찍부터 전형적인 수입구조가 확립되었다. 최상급의 봉급을 받는 소수집단에 비교적 적은 봉급을 받는 절대다수가 병존하는데, 중간 집단은 거의 두드러지지 않고 있다.

교수직으로 가는 길은 19세기 초의 개혁부터 어쨌든 유럽에서는 더욱더 형식적인 경력이 요구되었다. 왜냐하면 새로운 연구 및 교수대학은 한편으로 강화된 업적검증을 요구했고, 다른 한편으로 그 요구수준을 더욱더 높여 왔기 때문이다. 박사학위를 특히 좋은 성적으로 마쳐야 하는 것은 이미 18세기 말부터 당연시되었다. 이제 추가적인 자격이 후속되는 출판물, 특히 두 번째 단행본의 형태로 요구되었고, 또한 교수경험 및 성과도 점점 더 요구되었다. 독일과 동유럽 일부 나라에서는 19세기 후반부터 독특한 능력검정이 일반화되었다. 이른바 하빌리타치온이라고 하는 것이었다. 이 검증은 두 번째의 단행본—이는 자비로 이루어지지 않은 다른 출판물로 대치될 수 있다—의 제출과 시범강의(Probevorlesung)를 포함하는데, 이 강의에 따라 질문이 이어졌다. 이렇게 해서 이른바 교수자격(venia legendi)를 취득하고 난 뒤에 가장 불안정한 단계, 즉 사강사(Privadozent) 활동의 시기가 이어졌다. 이 시기는 한편으로 형식적으로는 학문활동에서의 거의 무제한적인 자유, 고도의 성취동기와 생산성으로 특징지어지지만, 다른 한편으로는 생계에 충분한 개인재산이 없을 경우에는 재정적 불안, 그리고 교수직의 획득이 성공할 것인지에 대한 불안감 때문에 심각한 정신적 부담에 시달리는 때이기도 했다. 세기 전환기까지 이르는 고전적인 사강사 시대에는 수요와 공급이 물론 아직 어느 정도 균형을 이루고 있었다. 비교적 상류층 출신의 학문후속자들은 대체로 양호한 인적 관계망을 확보하고 있었다. 게다가 사강사와 그의 학문적 스승 사이의 관계는 단지 학문적인 것만이 아니라 또한 인간적인 것이었고, 광범하게 공통적인 기원과 생활습관 때문에 더욱 긴밀하게 연결되어 있어서, 정교수들은 그 제자들의 성공을 위해 그들에게 가능한 모든 것을 행했다. 그리하여 이로써 그들 자신의 학문적 이상이 지속되는 것을 보고 싶어 했던 것이다. 늦어도 20세기 초부터는 이러한 시스템이 균형을 상실했고 교수직 획득의 전망이 각각의 역사적 상황에 따라 악화되거나 완화되었다. 1920년대 위기 시에 누적된 사강사들과 그들이 겪었던 곤궁, 1930년대 초의 혼란기에 진행된 교수들의 추방으로 인하여 체제순응적인 인물들에게 제공되었던 사실상 개선된 가능성, 1960년대 말과 1970년대의 대학 확장기에 전개되었던 사강사들의 천국, 그 이후에 단지 일시적으로만 완화되었으나, 결국 장기적으로는 확장되고 그 정도에서 새로운 양상을 보이는 곤궁의 시기 등이 교차되었던 것이다. 물론 이미 전간기 시절부터 사강사들의 처지를 개선하려는 노력이 행해지기도 했다. 여러 나라에서 정규적인 대학 강사직(universitäre Dozentur)이 설치되어, 교수자격을 획득했으나 아직 정규직을 취득하지 못한 학자들을 위한 최소한의 생계기반이 마련되었다. 1960년대부터는 대개의 학문후속세대들이 기한부나 심지어 무기한의 조교라는 지위에 머물러 있으면서 교수직에 취임할 수 있는 자격을 획득하고 있다.

독일 밖의 대학 지역에서는 이러한 해결방식이 대개 약간의 변종형태로만 관철되었다. 미국에서는 공식적인 하빌리타치온 없이 단지 두 번째의 단행본이 자격증명으로 요구되는 것이 관례였다. 게다가 미국에서는 처음부터 교육역량이 더 강하게 참고되었다. 다른 곳에서는 모든 종류의 공식적인 중간 자격요구가 결여되어 있었다. 즉 원칙적으로 모두에게 지원의 길은 열려 있었다.

이러한 대책이 성공적이었는지는 물론 허다한 요소에 달려 있었다. 가족대학의 구조는 공공연히 인정된 것보다는 종종 더 오래 지속되었으나, 곧 희박해졌고 덜 가시적이 되었다. 이러한 구조는 대학들이 전국적 및 국제적 경쟁에서 성공적으로 벗어날 수 있었던 곳에서만이 유지되고 있었다. 하나의 사례로서 최근까지도 유지되던 스페인의 대학이 지적되었다.(다니엘 치머만)

학문적 업적의 객관적 정의와 평가가 더 용이하게 이루어졌던 전공분야에서는 업적과 역량에 의한 충원이 더 신속하게 관철되었다. 학문, 세계관 및 개인적인 태도와 습관이 아직도 종종 불가분하게 서로 연결되어 있던 분야에서는 이러한 원칙의 관철에 좀 더 시간이 걸렸다. 예컨대 이 시기 도처에서 명백히 국민적 교양학문으로도 파악되고 있던 역사학은 그 인력의 충원에서 불가피하게 '국민적 신뢰성' 및 '국민적 참여'를 업적기준으로서 적용해야만 했다. 역사학은 이러한 시각에서 어떤 특정한 작업분야에 대해서는 최고의, 다른 분야에 대해서는 단지 열등하거나, 하등의 아니면 심지어 부정적인 상관성을 부여하고, '국가적으로 공로가 있는' 개인, 가족, 집단 및 계층의 교수직에 대한 요구를 충원과 교수직의 배분에서 이에 상응하는 배려와 함께 긍정적으로 받아들이는 경향이 있었다. 늦어도 1950년대 말부터는 이제 보편적으로 생각되던 국가에 대한 충성에 더하여 이러저러한 형태로 서서히 어느 당파의 귀속성이 사실상 다소간 직접적으로 비중 있는 측면으로 등장했다. 극단적인 경우와 특정한 지역에서는 이러한 당파적 귀속성이 심지어 결정적이 되기도 했다.

중장기적으로 이 모든 계기들은 그러나 연구업적의 우위를 결코 능가할 수 없었다. 그리하여 이러한 원칙은 자연과학이나 공학기술 분야에서는 이미 일찍부터, 기타의 분야에서는 나중에 한편으로 각기 국가적인, 다른 한편으로는 국제적인 업적 엘리트층을 산출해 냈다. 지역적으로 그리고 부분적으로 일국적으로는 학문적 담론이 개별 전공의 내외부에서 전적으로 독특한 학풍을 탄생시키고 일정 기간 안정화될 수 있었던 반면, 국제적 학문은 그 자체의 규율과 메커니즘 이외에 다만 역사적인 과정 전체에만 복속되어 있었다.

이러한 이유에서 1960년대부터 유럽 대학의 역사상 최초로 동등한 자격을 구비한 여성들이 교수단에 수용되는 것이 가능해졌다. 여기서는 두 개의 통로가 결정적이었다. 그 지식이 더 체계적으로 연관되어 있고, 따라서 어느 정도까지 통달했는지가 더 객관적으로 검토될 수 있는 자연과학 및 공학 분야에서는 이에 상응하는 여성들의 업적이 더 이상 무시될 수 없었다. 반면에 정신과학 그리고 문화 및 교양학문에서는 대개 사회적 기대가 여성을 위해 최고의 학문적 지위가 개방되는 것을 강요했다.

자격을 갖춘 여성을 교수진에 수용하는 것에는 우선 여성의 수학허가가 선행되어야 했다. 여성의 입학허가는 공식적으로 비로소 뒤늦게(독일에서는 1901년부터) 그리고 대개 대학 자체의 판단에서라기보다 오히려 국가와 사법당국 측의 압력에 따라 이루어졌다. 달리 말하자면, 19세기 초에 왕좌로까지 격상된 성과원칙은 결코 절대적이지 않았으며, 20세기 초까지도 이데올로기적인 이유에서 유능한 인력들—수적으로 가장 방대한 인력, 여성들, 유대인 및 각기 상존하던 기타의 소수자 집단—을 대학에 해롭게도 배제했다. 영국에서는 예컨대 1828년 영국국교회에 속하지 않는 모든 시민들에게 국교회 소속인들과 법적으로 동등한 지위를 부여했다. 그럼에도 불구하고 이러한 배제원칙은 1871년 옥스퍼드와 케임브리지 대학이 유대인 학생의 입학금지라는 전통적인 금령을 폐지할 때까지 지속되었다. 미국에서는 오벌린 콜리지가 1830년대에 남녀 학생들을 동등하게 입학시켰던 최초의 학위수여 대학이었다. 이러한 모델이 관철되기까지에는 아직도 거의 40년이 걸렸다. 미국에서 최초의 흑인 대학생은 이미 1826년에 자신의 졸업을 축하할 수 있었다. 그러나 이러한 소수인종의 통합은 결코 이루어지지 않았다. 오히려 1837년부터 흑인 대학(Black College)이 설립되었고 남북전쟁 이후에 몇 개가 더 설립되었는데(아틀란타 대학, 하워드 대학), 이들 대학의 전통은 오늘날까지 지속되고 있으며 명백히 요구되고 있는 실정이다. 비록 그 사이에 어떤 '정상대학'도 더 이상 소수인종의 입학을 거절할 수 없음에도 말이다. 게다가 입학허가는 대개의 경우 졸업 및 학위취득 그리고 교수직으로의 진출 허용을 의미하는 것은 아직 아니었다. 바로 이 자리에서 논의되는 시기에서 대학에 입학하기 위해서는 그렇잖아도 형식적으로 대학입학자격을 부여하는 학교의 졸업증명이 필요했다. 즉 대학 이전 단계의 교육과정도 개방되어야만 했던 것이다. 이러한 전제를 마련하는 것은 대개 적어도 19세기 후반까지 걸렸다.

이 시기의 상당 기간 동안 따라서 대학은 얇은 상위 계층, 특히 유럽에서는 국가에 근접해 있거나 경제적으로 부유한 엘리트층의 소관사항이었다. 동일 연령층의 바로 3~5% 정도가 대학에 진학했던 것이다. 따라서 학생 수도 비로소 점차적으로 증가했다. 예를 들자면 미국에서는 대학 등록 추이에 대하여 다음과 같은 수치가 보고되고 있다. 1850년에 대략 7,000명이 콜리지에 그리고 900명이 대학(University)에 등록했으나, 1875년에는 각기 130,000명과 1,400명, 1900년에는 237,000명과 5,800명이 등록한 것으로 집계되고 있다. 수학과정은 나중과 비교해서 아직 비교적 덜 구조화되어 있었고 따라서 오래 걸렸다. 학생들은 대체로 활발한 학생생활을 즐겼다. 다양한 형태로 이루어진 학생 단체의 부활도 이에 속했다. 다수의, 특히 중부 유럽의 학생조합들은 귀족적 규범과 행동양식을 보존했는데, 이에는 부르주아적 요소가 독특하게 혼합되어 있었다(남성단체적 요소, 위계제, 입회의식 등). 심지어 미국에서조차 이러한 관행이 발달했다. 다른 학생 단체들은 더욱 강력한 지성적 관점에서 출발했는데, 이에는 신인문주의에서 낭만주의적 요소까지 등장했다. 가장 중요한 단체 형태는 문학적 및 역사적 토론클럽이었다. 본보기로 들 수 있는 것은 이미 1770년경에 프린스턴 대학에서 결성되었던 철학협회(Philosophic Society)와 휘그 협회(Whig Society) 같은 것들이었다.

유럽의 학생들과 학생단체들은 이미 프랑스 혁명의 분위기에 따라 민족주의적 정서에 포섭되었는데, 이는 나중에 다대한 귀결을 가져왔다. 세기 중엽까지 이들은 민족적 자유주의와 입헌주의적 이념의 수호자였고 때로는 이러한 이념을 심지어 전투적으로까지 옹호했다. 1848년에 이들 학생단체와 대학들은 여러 지역에서 중요한 정치적 역할을 수행했다. 그러나 이미 그 직후에 급진적인 민족주의적 경향이 관철되기 시작했는데, 이는 1900년경에는 이미 '민족적' 요소를 수용하고, 독일의 대학들이 이미 1933년 훨씬 이전부터 반유대주의라는 역병에 감염되는 사태를 초래했다.

전 유럽에 나타나는 학생들의 높은 조직화 정도는—남부 유럽에서는 그 밖에 자주 교회에 지향된 조합조직이 지배적이었다—우선 다음과 같은 사정으로 설명된다. 즉 학생조합은 사회적 유대, 집단 경험 그리고 숙식과 같은 물질적 이익을 제공할 뿐만 아니라, 진작부터 직업생활에 들어선 '선배들'을 통해 그 단체에 충성스러운 성원들에게 현저히 유리한 구직 및 나중의 상승 가능성을 제공했던 것이다. 이러한 연관 속에서 특히 학생단체의 신화가 오늘에까지 유지되고 있다.

특히 위기 시에 소중한 이러한 사회적 이익은 영미식의 형제단들(fraternities)도 제공했는데, 이는 대략 1830년대부터 전면에 드러났다. 이러한 단체는 프리메이슨적 전통을 결합하거나 강조했는데, 학생들의 해방욕구(의무적인 교회 예배 참석의 폐지, 대학 내 의사결정에 학생들이 참여할 권리의 확장), 지적 활동(학생 신문) 그리고 스포츠 활동의 목표 등이 이에 첨가되었다. 그 토대로서는 기숙 수학제도의 완화, 그리고 또한 수학기간의 공식화와 확대를 들 수 있다. 특히 카파 알파(Kappa Alpha, 1825), 시그마 파이(Sigma Phi, 1827) 및 델타 파이(Delta Phi, 1827) 등의 단체들이 잘 알려졌는데, 이들은 1777년에 설립된 파이 베타 카파 형제단에서 출발했다. 1860년 이후에는 여학생들을 위한 자매단(sororities)이 결성되었다.

1920년대부터, 더욱이 1945년 및 1960/70년대부터 전개된 학생단체 증가와 다양화에는 우선 당연한 일이지만 학생 수의 폭발적 증가, 더욱이 새로운 사회계층의 입학과 끝으로 더욱 진전된 전공, 학부 및 대학의 전문화가 결부되고 있다. 동년배 중등학교 졸업자 중 대학 진학자의 비율은 지속적으로 상승하여 평균 30퍼센트에, 개별적인 경우(스칸디나비아)에는 심지어 더욱 높이, 약 50퍼센트에 근접했다. 일본에서는 35퍼센트 이상에 도달했다. 방글라데시—발전도상국 하나의 예만 들자면—에서는 1960년부터 1975년 사이에 대학 등록생 수가 약 600퍼센트나 증가했다. 하버드 대학에서는 1870년에 아직 655명의 학생만이 수학하고 있었는데, 1990년에는 18,000명이 되었다. 독일연방공화국에서는 1959년에 단지 20,500명의 젊은이들이 대학에서 수학하고 있었는데, 1990년에는 120만 명이나 되었다. 미국의 대학생 수는 1960년경 350만 명(그중에서 356,000명이 대학원생)에서 그간 거의 1,400만 및 1,600만 명으로 증가했다.

이러한 발전에는 명백하게도 늘 고등교육을 통해서 충족되어야 하도록 조성되어 있는 경제적·산업적 지식의 수요 이상의 것이 전제되어 있다. 대학 또는 전문교육은 오히려 1950년대 말부터 우선 미국에서, 그리고 10년이나 20년 뒤늦게 서유럽에서 그리고 그 사이에 이를 훨씬 넘어서 사회적 상승의 동력이 되고 따라서 궁극에는 민주주의를 보장하는 장치가 되었다. 미국에서는 이 점에서 1946년의 제대 군인 원호법(GI Bill)

이 개척적인 역할을 수행했다. 제대 군인들에게는 콜리지 수준 이상의 대학교육을 받을 수 있는 재정지원이 제공되었는데, 이는 이들이 지도적 지위에 합당한 자격을 부여하고, 이로써 최적의 상태로 사회에 복귀시키려는 목적이었다. 이 프로그램은 매우 성공적이었고 광범하게 채택되어 교육과 동떨어져 있던 계층에도 처음으로 공식적인 교육열이 형성되었는데, 이는 이때부터 지속되었고 꾸준히 강화되었다. 그 최근의 귀결로 꼽힐 수 있는 것은 시립 및 지역 커뮤니티 콜리지(2년제 단기대학)의 설립이었는데, 이는 코원(A. M. Cowen)과 브로어(F. B. Brawer)가 주장하듯이 '입학기회의 민주화를 통하여 대학교육의 탈신비화로 이르는 장기적 과정에서 하나의 정점'으로 간주될 수 있는 것이다. 교육체제도 시장경제의 법칙에 따라 기능하리라는 원칙은 이러한 기관을 통해서 지양되는 것이 아니라 오히려 상대화되고 있다. 커뮤니티 콜리지도 수업료를 요구한다. 그러나 이는 물론 매우 저렴한 것이며(오늘날 미화로 매년 20,000달러 이상에 달하는 상위급 사립대학 수업료의 1/10 정도), 사회가 그 지속교육에 강력한 관심을 가지고 있는 특정한 집단(예컨대 젊은 독신모)에 대해서는 아예 면제될 수도 있다. 미국 대학의 등록금 문제는 그렇지 않아도 처음부터 아주 많은 장학금의 기회가 제공됨으로써 완화되었다. 학생대중의 증가에 직면하여 그동안에 적어도 무상 대학교육을 제공했던 나라에서는 물론 입학을 제한하려는 욕구가 더욱 강력하게 제기되고 있다. 덴마크에서는 1976년부터 매년의 입학자 수가 중앙에서 확정되고 있다.

학생들의 일상생활 형태는 이러한 배경에서 극도로 다양해졌다. 이미 맡고 있는 높은 사회적 지위에 따른 활동을 이유로 가끔 대학에 다니던 종류의 학생들은 늦어도 19세기 초부터 완전히 소멸했다. 사회적으로 안정되어 있고, 지적 자극을 찾아 대학에 왔던, 자유롭게 공부하는 학생은 19세기 후반부터 그 전통적인 형태에서는 사라졌지만, 1970년대부터는 노인학생(Seniorenstudenten)의 형태로 다시 돌아온 것처럼 보인다. 그 무렵부터 전면에 등장한 것은 의심할 나위 없이 체계적으로 자신의 과업에 몰두하고, 이미 제시된—비록 일정한 개인적 중점설정이 허용되기도 하지만—프로그램에 따라 공부하며, 의식적으로 특정한 직업분야에 진출하려는 학생들이었다. 이들은 자신의 재원, 때로는 부업을 통해 획득한 수단이나 국가 및 사적 장학금에 의존하여 학업을 수행한다.

대학의 수학은 대개 아직도 특정한 연령대에 걸치는 교육단계를 이루고 있는데, 유럽과 미국에서 학생들의 졸업연령은 지속적으로 높아지고 있다(두 지역에서 졸업연령은 28–30세 사이에 걸쳐 있다). 그럼에도 불구하고 1990년까지 학업은 이미 때로는 주된 직업활동과 더불어 수행하거나, 원칙적으로 직업활동기의 연령층이 수행하는 활동이 되어 버렸다. 달리 말하자면 대학의 수학은 명백히 이미 사회문화적 특유성을 상실했던 것이다. 1970년대 말부터는 이에 더하여 원격교육이 특수형태로 확립되었는데, 이는 결코 제3세계의 국가에만 한정된 것이 아니다. 제3세계에서는 학생 신분은 확연히 아직도, 물론 규칙적으로 반복되는 하나의 중대사로 존재한다.

5. 시설과 기구

교육 위주의 대학이 연구대학으로 변모한 것은 어쩔 수 없이 새로운 설비요구와 결부되었는데, 이의 충족은 물론 종종 오랜 시간을 끌었다.

당연히 체계적인 대학도서관 및 기타 수집시설의 신축과 확장이 이루어져야 했는데, 이 문제는 다음 소절(제7절)에서 상론할 것이다. 연구대학에 있어서 적어도 동일한 가치를 갖는 것이 새로운 실험실과 병동이었는데, 이들은 의학부와 다양한 새로운 학부에 설치되었다.

대학 기관은 물론 처음부터 비대학적인 기관과 경쟁해야 했었다. 그

상대는 '새로운 학문'[4]의 전통에서 비롯된 학술원 소속의 기관, 국가적 시설, 끝으로 기업 등이 운영하는 기관 및 시설들이었다. 이미 20세기 전반기에 국가 연구소들은 대학 기관에 견주어 숫자, 인력 및 의미의 면에서 거의 동등해졌던 것으로 보인다. 1960년대부터 이런 기관은 대개의 국가에서 심지어 더 월등해졌던 것으로 추측된다. 자연과학 및 공학적 거대연구가 그 수행자로부터 요구하던 에너지는 명백히 이들이 또한 통상적으로 요구되고 통제되는 방식으로 제공했던 교수활동도 점점 더 불가능하게 했다. 실험실, 작업장 및 병동이 그 형태에 있어서 더욱더 단지 기능적 필요성에만 부응하고 따라서 모든 종류의 특수한 대학적 성격을 상실하게 되었던 것도 명약관화한 일이다. 대학이 유지하던 마지막 상징적 특징, 즉 역대 총장, 학과 및 연구소장 및 전공대표자들의 초상화 진열조차도 1970년대 말부터는 포기되었던 것으로 보인다. 그 대신에 대개 각별히 공로가 큰 전공분야(대학 소속이 아닌)나 아니면 단지 모범적인 학자, 예컨대 노벨상 수상자들의 초상이 진열되기에 이르렀다.

정신 및 문화과학의 발달에서는 이른바 세미나라는 기관이, 그것도 우선 독일에서 결정적이 되었다. 세미나는 우선 하나의 특정한 수업 형태로서, 교수와 학생들을 새로운 방식으로 결합하여 공동의 연구작업을 특히 텍스트에 의거하여 수행하는 학문적 연습이다. 원자료에 입각한 이 연습은 새로이 등장한 연구하는 학습(forschendes Lernen)의 핵심을 이루었기 때문에, 세미나라는 개념은 곧 하나의 주도개념으로 고양되었고 각 전공의 제도화된 교수연구조직[5]을 가리키는 명칭 일반으로 확장되었다. 국가 측에서는 '세미나'라는 이름이 종종 다음과 같은 이유에서 선호되었다. 왜냐하면 이 명칭은 교사 양성기관에 도입되어 있었고, 가장 중요한 교사양성, 즉 김나지움의 교사를 양성하는 일은 이제 순전한 학문

---

4 주로 자연과학을 의미.
5 즉 학과.

적 양성으로서 역시 대학에서 이루어져야 할 것이었기 때문이다.

괴팅겐과 할레 대학에서 행해지던 초기의 문헌학 세미나(1787)에서 출발하여 문헌학, 역사학 및 다른 학문(법학, 국가학)의 세미나가 1920년대까지 모든 독일 대학에 설치되었다. 이미 1860년대에 이 모델은 외국에서도 주목하기 시작했다. 물론 소집단의 연습을 통한 지도가 포함된 콜리지 모델이 특징이었던 그러한 대학 지역에서는 이 모델이 순전히 꼭 필요한 것은 아니었다. 이에 따라 종국에는 혼합형태가 선호되었고 조직적인 측면에서는 오히려 더 중립적인 '연구소(Institut)'[6]라는 명칭이 관행처럼 되었다. 대학생활과 학문의 발달에서 세미나와 연구소는 또한 다음과 같은 이유에서 중요해졌다. 왜냐하면 자체의 학칙(Satuten)이 그 운영을 규정하고, 자체의 예산이 설비되었으며 그 지휘는 개별적인 교수직(강좌, Lehrstuhl)을 넘어서는 경력 및 권한영역을 의미했기 때문이다. 독립적인 운영단위로서 세미나와 연구소는 더욱이 외부의 재정재원을 신청하고 받을 수 있었으며, 이로써 이 기관의 장은 더욱더 제고된 영향력을 행사할 수 있었다. 이러한 가능성은 20세기 전반기부터 연구소의 발전경로를 더욱 결정적으로 규정하게 되었다. 이들의 자립화, 대학전체에 대한 관계의 이완은 특히 집중적인 재정이 요구되었던 지식 및 전공영역에서 가장 신속하게 진전되었다.

학부구조의 불가피한 형해화는 단지 일반적인 형태로만 언급할 수 있겠다. 즉 이는 세미나와 연구소를 통해서만이 아니라, 학제적 전공단위(Department, 처음에는 프랑스 그리고 이어 미국에서)가 등장하고, 1970년대부터는 학부 이하 단계의 추가적인 운영단위가 대개 전공영역(Fachbereich)라는 명칭으로 성립하는 등, 다양한 운영형태 및 그 명칭의 급속한 변동이 전개되었

6 이 개념은 우리에게 자주 '연구소'라고 번역되고 있으나, 원래는 기관, 설립체라는 의미를 갖고 있다. 독일대학에서는 이 명칭이 주로 자연과학의 학과에 대해서, 한편 인문학이나 사회과학의 학과에 대해서도 사용된다. 본 역서에서는 일단 연구소라고 번역한다.

기 때문이다. 이미 19세기 후반부터 특히 중부 유럽에서 그 당시까지 원칙적으로 유지되었던 통상적인 4학부 대학이 또한 학부 수준에서도 해체되기 시작했다. 그리하여 수학 및 자연과학 그리고 경제학 계통의 여러 전공이 철학부에서 분리해 나와 자체의 학부를 구성했다. 1945년 이후에는 한편으로 새로운 내부적 전문화와 재편성이 진행되었고—예컨대 의학부 내에서 약학부가, 자연과학부에서 동물학부가 성립하는 등—다른 한편으로 새로운 학문관념과 영역(예컨대 사회과학)이 추가적인 학부 설립으로 이어졌다. 마침내 1980년대부터는 근본적인 학문의 재편성(정보 및 커뮤니케이션과학의 등장, 이론과학과 응용과학의 구분이 기준으로 제시된 것)이 완전히 새로운 구조관념을 발생하게 했고, 또한 학부 차원의 조직과 편성이 더 이상 영속적인 것이나 아니라 기본적으로 한시적인 것으로 간주되었다.

이러한 변화에 비추어 볼 때 1790년부터 1990년까지의 시기에 걸쳐 있는 대학은 아직도 공통적이면 공통성을 부여하는 형태적 요소를 보이고 있던가? 개혁기에는 유럽적 전통에 아직도 거대한 가치가 부여되고 있었다. 새로운 베를린 대학은 예컨대 근대 초에 관행이었던 총장의 홀(笏)을 넘겨받고 있었다. 대학의 축전 행렬과 복식형태도 통상적인 채로 남아 있었다. 국가적 축일은 대학을 전통적인 방식으로 내외에 하나의 공동체로 현시하는 계기였다. 대학의 연설이나 총장의 각서 등은 금후 지속된 강의요람 및 연명부의 인쇄와 함께 대학의 항시적인 존재를 시현하는 출판물이었다. 대학은 또한 고유한 건축양식을 보존하려고도 했는데, 이는 물론 금방 국민국가가 자기를 현시하고 외경심을 불러일으키는 형식에 근접했다.

그럼에도 불구하고 간과할 수 없는 것은 이러한 상징, 의식 및 재현이 발휘하는 결합력은 이미 약 한 세기 뒤, 즉 1920년대부터 후퇴했다는 점이다. 세기 전환기부터 증가한 대학 일상의 요구 그리고 자연과학 및 공학 연구와 교수의 냉철하고 기업적인 성격, 또한 민족적 파토스가 대학을 특수한 성격을 띤 기관으로서 인지하고 평가하는 경향을 감퇴시켰다. 또한 대학은 더욱더 일반적이며, 또한 경제적 필요에 지향된 교육체제 내로 통합되어간 것도 이러한 추세변동에 일조했다. 이러한 경향으로 진전되는 결정적인 동력은 냉전의 목적에 따른 대학의 도구화와 1968년의 학생운동이 야기한 전통과 상징에 대한 적대감에서 초래되었다. 특히 미국의 대학들은 늦어도 1980년대부터 다시금 대학의 의장복식, 학사모, 축전 등에 큰 가치를 부여했지만, 그럼에도 불구하고 이러한 형태는 현대식 기업에서 알려진 바와 같이 오히려 기업적 정체성(corporate identity)에 관련되는 것 같아 보인다. 대학 모자(university cap)는 더 심대한 의미를 띠지 않고 그저 해당 학교의 공속감을 위해 쓰는 정도에 불과하다. 대학의 문장(紋章)도 단순한 상업적 로고의 의미로 축소되었다. 체육행사에서 어느 대학팀의 우승이 각별하게 대학의 아이덴티티를 창출하고 공고히 할 수 있는지는 의심스러운 일이다. 대학에 고유한 건축양식도 더 이상 거의 존재하지 않고, 관공서나 공장의 건축양식을 닮아 가고 있다. 그러나 아직도 근대적이지 못한 상황, 즉 제3세계와 같은 곳에서는 오히려 바로 이런 근대성이 대학의 평판을 제고할 수 있으리라.

6. 학문의 구조와 과정

철학부

18세기 말에 철학부는 극도로 복잡한 모습을 보이고 있었다. 이 학부는 한편 중세의 7자유학예(septem artes liberales)와 16세기 인문학(studia humanitatis)의 잔재를 안고 있었고, 다른 한편 새롭고 계몽적이면서도 유용한 전공분야를 포섭하고 있었다. 게다가 모순적인 발전경향도 나타나고 있었다.

언어가 교양과 지식의 가장 중요한 담보라는 관념이 광범하게 사라졌기 때문에 언어 영역은 기본적으로 의미를 상실하고 있었다. 그리하여 언어적 기본과목, 즉 문법과 수사학은 거의 완전하게 없어졌다. 이 요소들 중에 더 이상 포기할 수 없었던 과목은 특유한 언어과목에 포섭되었다. 늘상 그리스어와 라틴어를 포괄하는 고전 문헌학, 그리고 자주 성서와 연관된 고대 동방어 문헌학 등이 그러한 경우였다. 각국어와 기타 중요한 현대어들이 이미 대학에서 교수되었지만, 이러한 분야의 대표는 정교수직의 반열에 거의 오르지 못했다.

철학분야는 전통적 학문론(Wissenschaftstheorie)에서 형이상학을 거쳐 자연철학과 실천철학에까지 펼쳐져 있었는데, 내부적 갈등의 격화에 시달리고 있었다. 학문론은 현저한 의미를 획득했다. 모든 학문적 지식의 체계화와 논리적 관철에 대한 학문론의 요구는 전체 대학에 광채를 발했다. 형이상학은 분명하게 주변부로 밀려나, 단지 역사철학에서 나오는 그 가지가 번성했을 뿐이었다. 자연철학 영역에서는 다시금 내용적인 전문화(동물학-식물학, 화학-물리학 등)와 또한 이론과 실제(응용)의 병립이 진전되었다. 도덕철학 역시 후퇴해야만 했다. 그 규범의 일부는 법학부의 자연법 학설로 이전되었다. 경제학과 정치학은 어떤 경우든 유럽 대륙에서는 국가학에 흡수되었다. 단지 윤리학만이 시민사회를 위한 개인의 도덕교설로서 각별히 중요하게 보여 잔존하게 되었다. 이에 반하여 역사학 분야는 더욱 강화된 의미와 비중을 향유하게 되었는데, 이는 개념적으로는 실증, 문학, 도덕, 계몽적 역사철학 및 국가학 사이를 전전하고 있었다.

이론과 응용학문 형태의 지속적이며 더욱 엄격한 분화가 수리적 학문 영역의 상황을 결정했다. '순수'수학은 이미 오래전부터 논리학과 결합하고 있었는데, 스스로를 학문이론의 구성요소로 파악하고 있었다. 응용학문(mathesis forensis)으로서 수학은 일차적으로 정치 통계 및 경제 및 다소 드물게는 경영수학, 또한 일찍부터 보험수학과 같은 분야에 종사하고 있었다. 수학에서는 물리학 및 역학과 기하학 그리고 그 부분과목인 탄도학, 통계학 등에서 수행하는 역할의 측면에서 일종의 혼합적 위치가 생겨났다. 천문학은 18세기 후반부터 대개의 전공 목록에서 사라졌던 것으로 보인다. 음악도 마찬가지였다.

국가경제와 국가행정의 새로운 '유용'과목은 대개 실천철학의 영역에 정착했다. 왜냐하면 이들은 특정한 관점에서 보면 실천철학의 구체화로 생각될 수 있었기 때문이다. 1790년경에 이러한 부류에는 무엇보다 일반 국가학 및 행정학, 재정학 및 경찰학(공공질서와 안녕의 학문), 또한 이미 수립되어 있던 영업학(Gewerbekunde), 농학, '공학 및 상학', 광업학(Bergbau) 등이 있었다. 부분적으로 이들 학문은 이미 법학부로 이전되거나(오스트리아에서는 1784년부터) 심지어 독립적인 학부로 편성되기도 했다(예컨대 1777-1785년 튀빙겐대학). 그럼에도 불구하고 이들 학문분과는 미국과 영국의 대학에서조차, 드물게는 다른 곳에서도 20세기까지도 "철학부 조직 안에 유지되고 있었다."(발터 회플레히너) 마찬가지로 실천철학에서 때로는(케임브리지에서는 1793년부터, 빈과 기타의 오스트리아 대학에서는 1805년부터 그리고 새로이 1970/71년부터) 이미 독립적으로 대표되고 있었거나 나아가 공동의 학문으로 성립했던 것으로 심리학과 교육학 및 최근의 성취물로서 미학과 같은 것이 있었다. 이들은 수학적, 합리적 논리와 달리 다소 낮은 단계의 감각 및 관능을 다루었다.

세기 초의 개혁국면에 학문의 자유가 도입되면서 철학부의 교수들은 그들의 수업에 특정한 교과서를 전제하고 따라서 본질적으로 정전적 텍스트의 강독자, 해석자 노릇을 하는 의무에서 완전히 벗어난 것뿐만이 아니었다. 오히려 이들에게는 학문의 얼개와 전공을 자립적으로 정의하고 국가 및 기타의 대학운영주체가 이러한 정의를 제도적으로 실현하도록 촉구하는 권리가 허용되었다. 이로써 바로 유럽 대학의 모학부에서 점점 더 신속한 분과학문적 보충, 분화, 혁신과정으로 가는 길이 열렸다.

그러나 19세기 후반까지 약간의 추이전환을 제외하면 기본적으로는

18세기 말의 학부구조가 유지되고 있었다. 고전문헌학, 철학 및 역사학은 정신 및 문화과학의 핵심 분과학문을 구성했다. 철학은 특히 독일 이상주의에서 1830/40년까지 새로운 번영을 맞이했다. 고전문헌학은 그 추진력이 1900년경까지 작용하던 신인문주의의 덕을 보았다. 고전어 이외의 문헌학자들은 낭만주의를 통해서 본질적인 후원을 받았다. 낭만주의는 언어 속에서 문화적 본질성의 구현과 반영을 보았는데, 그 연구는 특히 민족주의의 후원 속에서 포기할 수 없는 것으로 보였기 때문이다. 역사학은 세기 2/3분기부터 프랑스 혁명으로 나타난 계몽사상의 좌절에 대한 반동으로 모든 현상이 역사적 형성태임을 강조하고 이를 인식의 퍼스펙티브로 고양한 강력한 이념 및 문화운동, 즉 역사주의에 의하여 전례 없이 고조되었다. 역사학은 각 국민에게 상응하는 역사상(歷史像)을 창조하고 정치교육을 권위 있게 시행한다는 과업을 스스로 떠맡음으로써 대학 내부적으로만이 아니라 공공의 영역에서도 새로운 주도학문의 지위로 승격될 수 있었다.

이렇게 해서 철학부의 강좌(교수직)는 서서히 증가하고 동시에 전문화되어, 이미 세기 전반기에 라틴어와 그리스어에 더하여 고전 고고학(Klassische Archäologie)과 고대사가 그 이외의 고대학(Altertumswissenschaften)으로 추가되었으며, 동일한 시기에 각국어를 위한 교수직(예컨대 1850년에 헬싱키 대학에 설치된 핀란드어 교수직) 및 특히 인도게르만어학과 같은 새로운 언어사 전공이 설치되었고, 역사적인 전공영역이 연대적, 국가적 그리고 내용적으로(예컨대 영국, 프랑스 및 독일의 종교사 및 문화사) 전개되었으며 미술사도 최종적으로 제도적 확립을 보게 되었다. 철학부의 나머지 반쪽에서는 한편으로 수학 및 자연과학과 경제 및 국가학적 응용학문의 결별이 강화되어 이러한 전공 집단 내에서 서서히 새로운 근대적 전공체제가 형성되었다. 다른 한편으로 이미 최초의 몇몇 대학은 이러한 발전에서 제도적 귀결을 매듭짓기 시작했는데, 말하자면 이에 따른 새로운 학부의 창설에 동의했던 것이다.

20세기 초에는 역사적 동력이 약화되었다. 그 대신에 현재적 관련성과 산업사회적 세계의 새로움을 인지하려는 노력이 전면에 부각되었다. 이에 따라 우선 이 무렵에 오늘날보다 더 근본적으로 스스로를 사회과학으로 인지하고 있던 국민경제학(Nationalökonomie)이, 이어 1920년대부터는 본래적인 사회과학 그리고 진정한 산업사회의 학문인 사회학이 유효성을 획득했다. 이와 같은 지향성의 변화는 영미권과 이탈리아 대학에서 가장 빨리 실천되었다. 이미 세기 전환기부터 이들 지역에서는 철학부에 사회학 그리고 좀 더 현대적인 형태로 정치학(political science), 심리학, 민족지학(Ethnologie) 그리고 (사회과학적으로 경험적인) 교육학의 교수직들이 창설되었다. 이탈리아는 1920년대에 심지어 일련의 고유한 정치학부마저 설치했다. 그러나 특히 독일과 프랑스에서는 역사 및 문헌학적 경향을 띤 전공영역의 교수들이 이러한 발전에 대해 단호하게 저항하였기에 이들 지역에서의 발전은 수십 년간 지체되었다.

반면 역사학뿐만 아니라 또한 도서관학(Bibliothekswissenschaft, library science)이 당면의 필요에 부응하여 등장했는데, 이는 따라서 몇 개의 대학에 편입되었다. 이미 19세기 말부터 생물학 및 다윈주의적 경향이 철학부에 이러 저러한 형태로 영향을 미쳤다. 직간접적으로 인종학적 교수직이 설치된 것은 물론 나치스의 탓이었던 것도 분명한데, 나치스는 동시에 선사학(先史學, Vor- und Frühgeschichte)과 같이 이에 상응하여 도구화될 수 있는 전공의 도입도 촉진했다. 전쟁사나 군사사를 별도의 교수직으로 설치한 것은 독일이 아니라 영국과 미국의 성취였다. 영국의 일부 신생대학에서는 더욱이 사회주의 및 사회민주주의적 징후에 따라 역사학의 특수 영역인 노동사(labour history)가 1910년경에 최초로 교수직의 반열에 도달했다. 1920년부터 공고해진 공산권역에서는 이에 반하여 철학부 전체가 이데올로기적 입문학부나 기타의 예비교육 단위 및 포괄적인 기초과정으로 대체되었다. 제2차 세계대전 동안에는 철학부도 미첼

애쉬(Mitchel G. Ash)에 의하면 본질적으로 세 가지 측면에서 군사화의 귀결에 포섭되었다. 즉 자연, 인간 그리고 그 자신을 다루는 데 있어서 거리낌이 없어진 것이었다. 불가피하게 이러한 현상은 특히 독재 치하에서 눈에 띄게 드러났다. 경제학과 행정학 때로는 역사학 및 인접학문의 전공자들은 제3제국에서 직간접적으로 광면적의 인구이동 계획 수립에 참여했었다. 심리학자들은 군사 전문가로서 정치 엘리트들에게 봉사했다. 어문학자들도 그들의 학문을 민족주의 및 군국주의적으로 장전했다. 모든 나라의 교수들은 각각의 적대국에 대한 '정신적 전쟁수행'에 가담했다.

1945년 이후에 그리고 특히 1960년대부터 전통적인 철학부의 전공정전에 대한 최대의 위협은 미국풍의 사회과학에서 왔다. 왜냐하면 이들 학문은 무엇보다도 전쟁의 귀결로 강력한 사회공학적 성격을 띠게 되었는데, 이는 현실과 밀착된 인류학이론, 사회화 및 해방이론의 지지를 받고 있었고, 이로써 고전적 교양학문의 역사적 및 전통적 규범지향성을 훼손하였기 때문이다. 이러한 추세의 완벽한 관철은 의심할 나위 없이 철학부를 현재에 내맡겨 버리는 것을 의미했고 따라서 비판적인 지성의 중요한 전제를 제거해 버리는 것이었으리라. 사태가 그런 정도로까지 진전되지 않았고, 사회과학도 전통적인 문화과학과 병립되고 이로부터 분출하는 위협이 생산적으로 상호적인 비판과 학습으로 이행될 수 있었던 것은 의심할 나위 없이 또한 사회과학을 광범하게 하나의 독립학부로 자립화시킨 제도적인 해결의 덕분이었다. 유럽이나 미국, 아시아 및 라틴아메리카에서도 사회과학은 늦어도 1970년대부터 대개 경제학과 같이 묶어졌다. 다수의 경우에서 이런 학부는 교육학도 같이 끌어들였는데, 이는 교사 양성의 중심 과목으로서 여러 곳에서 이미 다수의 교수직을 점하고 있었다.

그러나 다시 미국에서 출발하여 1960년대 말부터 또한 새로운 경향과 혁신이 현재 관련성을 강화했다. 소수집단과 전통적으로 유럽적으로 구성된 기존의 전공 및 지식 스펙트럼에서는 충분히 고려되지 못했던 집단들이 이에 상응하는 확장이나 보충, 나중에는 심지어 대안적인 교수직의 설치를 요구하기 시작했다. 1961년에는 이러한 배경에서 뉴욕 주립대학 두 곳에서 처음으로 여성학(Women's Studies)과 흑인연구(Black Studies)를 위한 정교수직이 설치되었는데, 곧이어 캘리포니아 대학에서도 이 조치를 따랐다. 1990년까지 이러한 전공은 미국에서 통상적으로 설치되기에 이르렀는데, 심지어는 자체의 학과로까지 구성되었다. 기타 지역의 대학에서도 이러한 본보기를 따르기 시작했다.

부분적으로 문화과학적 경향과 결부되어 있었지만 우선 새로운 언어학적 학문관과 방법론에 의거하여 또한 1960년대부터 전통적인 문헌학은 더욱 분명하게 언어학과 문예학(Literarturwissenschaft)의 영역으로 분기되었다. 그 기본적인 성격에서 유지되어 왔던 철학부의 통상적인 프로그램은 이 무렵부터 모든 문헌학 분야에서 철저한 이중 대표성을 보게 되었다. 물론 더 이상 통용되지 않는 사어(死語)의 경우는 예외이지만 말이다. 언어학 분과는 또한 각기 분리해서 수학할 수도 있다. 언어학 분과는 과거의 총체적 문헌학과 달리 또한 당면의 현실적 응용욕구(전문적 및 경제적 전문언어, 사전학 등)에 대해서도 개방성을 띠게 되었다. 1970년대부터 철학부에서의 수학가능성과 수학형태는 이로써 더 이상 조망이 불가능할 정도로 다양해졌다. 일반적으로 유지되고 있던 것은 그러나 전통적인 졸업 학위, 학사(Bakkalaureus, Bachelor), 석사(Magister, Master) 및 박사(Doktor)뿐이다. 학부의 일부만이 경제학, 공학 및 사회과학에서 유래하는 새로운 학위, 소위 디플롬(Diplom)이라는 학위를 인수했다. 이에 반하여 1980년대 중반부터 다시 미국에서 유래한 것으로 졸업을 갈음하는 것이 아니라, 특정한 수학과정의 종료를 입증하는 자격증(certificates)의 발부가 더욱 더 광범하게 시행되고 있다. 또한 결론적으로 확인되는 바는 철학부나 이에 비견되는 운영단위를 갖추지 않은 특수 대학이나 부분대학의 비중도 분명하게 증가했다는 점이다. 이는 1990년경에는 대학급의 모든 고등교육기관 중에서 1/4에 달하는 것으로 추정된다.

법학과 신학

법학부(rechtwissenschaftliche Fakultät)는 18세기 말 보통 로마법의 잔존 부분, 각국의 법(국가법, 공법) 그리고 이들 법의 역사를 위한 교수직과 자연법과 국제법의 정교수, 끝으로 사법(Privatrecht)에서 하나 혹은 여러 교수직으로 구성되어 있었다. 형법과 행정법은 비로소 부분적으로만(이탈리아, 포르투갈) 그에 상응하는 자립화가 이루어졌다.

19세기 초부터의 개혁은 한편으로 근대 국민국가, 또 다른 한편으로는 이 무렵에 발전하고 있던 산업사회의 관심사안을 더욱 강력하게 고려하고 있었다. 교회법은 그것이 아직도 대개 법률가들에게 유지되고 있던 한에서는, 종국적으로 신학부로 이전되었다. 국가법으로부터 헌법학이 고유한 분과학문으로 분기해 나왔다. 형법은 본래의 형법과 형사소송법이라는 분과로 나뉘었다. 행정법과 병렬하여 재정법과 조세법이 동등한 가치로 등장했다. 사법학의 교수들은 방대한 사법전을 강론해야 했다. 독일의 경우라면 민법전(Bürgerliche Recht)이 그 대상이었다. 사법으로부터 또는 이와 동반하여 성립된 것으로는, 그 맹아가 이미 형성되어 있지 않았던 한에서는, 우선 상법(예컨대 몰렌그라프 L. P. A. Molengraff, 1865-1917, 위트레히트 대학의 정교수), 민사소송법 그리고 파산법(이 분야에서는 물론 최초의 교과서가 이미 1651년경부터 유래했다)과 같은 것들이 있다. 특히 국제법 그리고 또한 일반 국가법의 규범적 부분은 점점 더 법철학이 떠맡게 되었다.

영미권의 법학부는 국가보다는 경제활동에 더욱더 깊이 관련하여 발전했는데, 여기서 유의할 점은 이들 나라에서는 전문적인 법률가 양성이—미국의 제1차 전문학위(First Professional Degree)를 제외하면—여전히 자주 대학의 외부에서, 즉 특수한 기관에서 이루어졌다는 점이다. 따라서 이들 나라에서 우리는 종종 아주 일찍부터 이루어진 추가적인 전문화 현상을 보게 된다. 즉 국내 및 국제상법, 해양법, 광산법, 외환 및 은행법, 외국인 관련 사법(auswärtiges Privatrecht) 등의 구분이 그것이다. 20세기 초부터는 노동법도 꼽힐 수 있는데, 영국에서 국제 노동법의 창립자는 망명한 유대계 독일인 오토 칸-프로인트(Otto Kahn-Freund, 1900-1979)였다. 또한 이미 전간기(戰間期)[7]에 개별적으로 지방자치법(Kommunalrecht)과 청소년법이 자립해 나갈 수 있었다. 전쟁에 수반된 현상으로 무장 및 전쟁법도 더욱 중시되었는데, 이는 때때로 정교수직의 반열로 격상되었다.

늦어도 1945년부터는 근대국가와 산업사회의 법적 요구 및 법률적으로 규제하고 규제 가능한 사안이 새로운 양상으로 긴밀하게 결부된 점이 법학부의 설비와 내적 구성에도 영향을 미쳤다. 보험법 그리고 주택 및 주택관리법(Wohnungwirtschaftsrecht)이 점점 더 자립화해 나갔다. 1960년대 말부터 독립된 소재로서 사회법 및 에너지법도 교수되었다. 늦어도 1970년대부터 우주항공법을 위한 교수직과 전공조직이 성립했다. 동구권과 긴밀한 상업적 관계를 유지하거나 기타의 다른 이유에서(예컨대 독일의 경우 국경 및 배상문제로) 이들과 근접된 관계에 있었던 일부의 서방 국가에서는 동구권의 법을 위한 교수직도 설치되었다. 교통법(Verkehrsrecht)도 전문적인 취급을 받게 되었으며, 마찬가지로 무엇보다 방송법도 그러했는데, 이는 1990년 이전에 부분적으로 포괄적인 매체법(Medienrecht)으로 넘어갔다. 환경법 및 의료법 등의 전문 교수도 형성되었다. 더욱이 사회과학과 1968년 학생운동의 영향으로 1970년대 말부터 법사회학과 범죄사회학도 전문 교수직의 반열에 도달했다.

따라서 학부의 발달에서 학문 내적 조정은 이러한 경우 단지 제한적으로만 언급될 수 있다. 주목할 만한 것으로 유럽에서는 18세기만 해

7 1918-1939년간의 시기로서 즉 양차 세계대전 사이의 시기를 말한다.

도 학부생활을 아울러 규정했던 박사학위 이전의 대학졸업도 이제는 결정적으로 학부에서 벗어났으며 법학 박사학위도 그 의미를 상실한 것이다. 반면에 다양한 방식으로 제도화된 국가시험이 더욱더 의미를 갖게 되었다. 19세기 및 20세기 전반기 독일의 법학교수는 그 밖에 국가에 대한 충성 그리고 국가적-권위주의적 멘탈리티의 면에서 대개 자기 선배들의 뒤를 따랐다. 1933-45년의 시련기에 법학교수들은 기타 학부의 동료들보다 더 분명하게 실패했다. 비로소 1960년대 말 세대에게서부터, 부분적으로는 1968년 운동의 귀결로서 국가적 권위와 거리를 두고 이를 비판적으로 보는 태도가 나타났다. 이 자리에서 관찰하는 시기의 말에 법학교수들은 비판적이며 민주주의적인 현실반성의 제일선에 위치하고 있다.

그럼에도 불구하고 법학의 학문적 발달이 법학부의 구성에 영향을 미치지 않았으리라고 가정하는 것은 잘못이리라. 이러한 영향은 우선 기왕에 존재하고 사회적 및 국가적 발전에 의해 추동된 법적 소재의 구성 내부에서 식별된다. 이러한 발전은 대체로 5개의 단계로 구분될 수 있다. 아직도 19세기 전반기에 번성하고 있던 이성법(理性法, Vernuftrecht)에 대해서 역사법학파가 반기를 들었는데, 이 학파는 법의 고찰에서 전반적인 역사화를 수행하고 그에 따라 법제사(Rechtsgeschichte)를 강화했다(프리드리히 칼 폰 자비니 Friedrich Carl von Savigny, 1779-1861, 베를린 대학의 정교수). 이 학파에서 다시금 주로 중부 유럽에서 이른바 주석학(Pandektenwissenschaft)이 발달했다(특히 베른하르트 빈드샤이트 Bernhard Windscheid, 1817-1892, 뮌헨과 하이델베르크 대학의 정교수, 칼로 파다 Carlo Fadda, 1853-1931, 나폴리 대학의 정교수). 이들은 현행법에서 개념계보적으로 하나의 논리적인 법체계를 발전시키려 했고, 이로써 법실증주의, 즉 단지 제정법만을 중시하는 태도를 안출했다. 이러한 법실증주의는 영미식의 법학과 대학을 풍미하고 있는 더욱 규범적인 법적 사고와 대비되는데, 대륙에서는 1945년 이후 한편으로 그러한 규범적 경향으로, 그리고 1960년대 이후에는 법제정과 법적용의 사회적 컨텍스트를 강조하는 사회과학적 관념으로 교체되었다. 1980년대부터 서구의 여러 법학부는 새로운 인권 및 국제법 사상이 지배하게 되었다.

1800년경부터 신학부의 역사는 심대한 동요와 광범한 변형으로 특징지어진다. 프랑스에서 신학부는 1793년부터 대학의 폐지와 함께 대학 이전 단계 및 대학 밖의 영역으로 밀려났다. 이들은 그러나 1875-1877년에 부분적으로 대학의 지위를 갖는 가톨릭 계통의 고등교육기관으로 복귀했다(예컨대, 앙제, 릴, 리옹, 툴루즈). 알자스가 1918년 프랑스에 반환된 뒤 특수한 법적 지위의 결과로 국립인 스트라스부르 대학만은 가톨릭 신학부와 개신교 신학부 양자를 모두 보유하고 있다. 영국에서는 신학부(Divinities)가 오래된 대학에서는 유지되고 있었지만, 새로운 대학에서는 더 이상 설치되지 않았다. 미국에서는 처음부터 자체의 학부를 두지 않고, 별도의 신학대학원(Divinity School)이 신학교육을 담당하고 있었다. 물론 교회가 설립한 대학이 이러한 과업을 맡지 않는 경우도 있었다(워싱턴에 있는 Catholic University of America). 국립대학들은 1960년대까지 이러한 신학과정을 제공하지 않았다. 즉 신학은 각 교회의 사안이 되었다. 그럼에도 불구하고 신학부는 1964년부터 비교회적인 사립, 심지어 국립대학에도 복귀했는데, 이는 이에 상응하는 사회적 수요의 결과였다. 우선 예일대학이 인문대학에 대학원 과정으로 신학전공과정을 설치했다. 애틀란타에 소재하는 에머리 대학, 더욱이 프린스턴과 스탠포드 대학이 이를 뒤따랐다. 그러나 이런 곳에서 수학할 수 있는 것은 우선 종파나 개별 교회에 결부된 종교학(religious studies)이 아니고, 이를 직업적인 신학으로 인정하는 것은 각 교회의 결정에 달려 있다. 일반적으로 관행된 바는 프로테스탄트 측이 가톨릭 측보다도 이러한 수학과정의 졸업자들을 수용하는 경향이 우세한 것이다. 가톨릭 측은 또한 가톨릭 대학 이외에도 추가적인 자체의 공급원에 의존하고 있다. 그리하여 마켓 대학(Marquette

University), 노트르담 대학 또는 세인트 루이스 대학의 수학과정이 그러한 경우이다.

유럽에서도 세속적이며 자유주의적인 국민국가의 주도 속에서 교회와 국가의 분리는 신학부의 폐지를 초래했다. 예컨대 1873년 이탈리아에서, 이미 이보다 앞서 스페인에서 그러한 조치가 취해졌다. 각 종파는 따라서 이 점에서도 스스로 그 교직자의 양성을 담당해야 했다. 그리하여 우선 다수의 가톨릭계 대학과 함께 심지어 교황이 대학을 설립하는 경우도 있었는데, 이들은 그 핵심이 확장된 신학부였다. 부분적으로 또한 국립대학에 재설립하거나 다시 이속시키기기도 했다. 1834년 루벵, 1918년 루블린, 1920년 밀라노, 1923년 베이징, 1937년 보고타, 1940년 살라망카, 1942년 리마, 1960년 나바라, 1963년 데우스토, 1974년 발렌시아, 1985년 몬테비데오 등의 대학이 그러했다. 킨샤사에 소재한 지금까지 유일한 아프리카의 가톨릭 대학은 1971년 국립으로 전환되었다. 1990년 전 세계적으로 191개의 가톨릭 대학이 존재하는데, 이들 중 127개가 북아메리카(50개)와 라틴아메리카(77개)에, 23개가 유럽에 그리고 41개가 아시아에 소재한다. 프로테스탄트 교회에 대해서는 이에 상응하는 수치가 보고되지 않고 있다. 이 교파에서는 신학 연구와 교육이 주로 콜리지나 세미나 차원에서 이루어지고 있었다.

독일어권은 이 점에서 하나의 예외를 이루고 있다. 여기에서는 1800년 이후의 변혁과 개혁시기부터 자유주의적이며 세속적인 국가가 신구 양 교파가 동등한 권리를 누리는 국가보다 철저하게 관철되지 못했다. 그리하여 1811년과 1818년에 브레슬라우와 본 대학에는 각각 두 개의 신학부, 즉 가톨릭 신학부와 프로테스탄트 신학부가 동시에 설립되었고, 기타의 대학에서는 대학 전체의 성격에 따라 단일한 신학부가 유지되었다. 결과적으로는 대체로 프로테스탄트 신학부가 우세한 편이었다. 이러한 모델은 적지 않은 위협에도 불구하고—가장 심했던 것은 나치 시대였다—1990년까지 지속되었다. 따라서 신구 양 교파의 두 신학부를 갖춘 대학으로서는 본 대학 외에 보쿰, 마인츠, 뮌헨, 뮌스터 및 튀빙겐 대학이 있고, 신교파의 신학부만 있는 곳은 베를린, 괴팅겐, 함부르크, 하이델베르크 및 마르부르크 대학, 가톨릭 신학부만 갖춘 곳으로는 아우크스부르크, 밤베르크, 프라이부르크, 파사우, 레겐스부르크 및 뷔르츠부르크 대학이 있다. 어떤 경우에서든 이들 신학부는 교회–국가에 모두 속하는 이중의 지위를 구비하고 있다. 가장 중요한 사안에서는 이 이중적 지위에 따라 국가–교회 양 당사자 사이의 동의가 성립되어야만 한다. 정교수로 초빙된 신학자가 교회 측으로부터 학부에 대한 귀속성이 철회된다고 해도, 문제되는 인사는 공무원법에 의해 해임될 수 없고, 다른 학부에 배속되거나 아니면 학부에 속하지 않는(extra facultates) 대학교수로서 계속 봉직할 수 있다. 반면에 신학부에 있던 그의 자리는 다시금 다른 교수로 보임될 수 있다.

신학부와 유사한 기관의 전공 스펙트럼에는 신학의 전통과 현대 세계에 대한 적응이 동시에 반영되고 있다. 19세기 전반기에는 거의 전적으로 전통적인 전공만이 존재했다. 즉 교의학(Dogmatik)과 해석학(Exegese), 교회법과 교회사, 그 밖에 도덕신학이 그러한 것들이었다. 이러한 과목들이 대체로 독립적으로 정착되었던 한에서는 논란이 다시 사라졌다. 이어서 철학을 현대 세계와 씨름하는 지식영역으로서 독립적으로 고려하려는 노력이 강화되었고, 목회학(목회신학이 최초로 자립하게 된 것은 이미 1777년의 일이었다)을 통한 실제적인 구령(救靈)사업의 요구도 집중적으로 고려되었다. 그러나 재정부족 때문으로나 아니면 대학 운영당국이나 신학자들 자신들의 수미일관한 태도가 결여되어 허다한 개선은 진정으로 이루어지지 않았다. 그러나 교회적으로 제약된 교수들의 학문적 자유 그리고 교회에 의한 학부의 통제에도 불구하고 기존의 신학도 20세기 초부터 그리고 다시 1945년부터 전문화되기에 이르렀다. 그리하여 이러한 움직임은 예컨대 역사적 영역(기독교 고고학, 고대, 중세 및 근대 교회사 등)뿐만 아니라 교육 및 사회적 수학영역(종교교육, 선교학, 전례학, 자선사업학 등)에서도 일어났다. 마찬가지로 신학뿐만 아니라 교회의 요구에도 부응하여 초교파적이며 비교종교학적 과목들도 1960년대 말부터 도입되었다.

본질적인 정신적 도전은 우선 19세기와 20세기 초의 역사주의가 초래했다. 이의 영향을 받아 어떤 교의(Dogma)나 제도가 역사적으로 형성되었음을 입증함으로써 이러한 교의나 제도의 결속력을 상대화하는 경향을 제도 교회로서는 때때로 허다한 물의를 야기했던 경우 도저히 받아들일 수 없는 것으로 보았다. 로마 가톨릭 신학으로서는 이른바 근대주의가 각별한 어려움을 야기했다. 그 핵심에는 신학 사상과 근대의 합리주의 및 자유주의를 조화시키는 문제가 놓여 있었다. 19세기 말과 20세기 초를 풍미한 나치스와 사회적 다원주의의 민족이론에서 오는 도전으로부터는 전체적으로 보아 로마 가톨릭 측이 비교적 덜 감염된 것으로 입증되었다. 반면 1945년 이후에는 프로테스탄트 측이 먼저 비판적인 자기 검증에 들어갔던 것으로 보인다. 모든 신학이 1960년대 말부터는 사회과학에 의한 도전에 봉착했던 것은 충분히 상상할 수 있는 바이다. 또한 1980년대 말에 언어적인 전환도 본질적으로 비판적인 결과를 야기했다. 물론 전체적으로 확인되는 바는 공공에서 신학의 영향력은 현대 사회에서 1990년을 넘어서 최소한도로 축소되었다는 점이다.

1970년대부터는 다른 경향이 주로 아시아에서 관찰된다. 이곳에서는 비서구적 종교와 종교단체들이 그들의 교설을 대학에 정착시킴으로써 제공되는 가능성을 더욱더 많이 이용하고 있다. 예컨대 테헤란 대학에서는 이슬람학을 위한 학부가 설치되었다. 남한의 동국대학은 불교를 교수하고, 레바논의 발라만드 대학은 이슬람 신학과 기독교 신학을 병렬적으로 교수하고 있다. 쾅세이 가쿠인 대학에서 일본의 기독교 연합교회(United Church of Christ)는 신학부를 유지하고 있다. 아프가니스탄에서는 거의 모든 대학에서 이슬람학이 제공되고 있다. 이집트와 같은 기타의 아랍권 국가들에서는 이슬람계 대학 이외에 행정, 제도, 교수형태 및 인증의 면에서 종종 거의 철저히 유럽적인 양상도 보이고 있다.

의학

1893년에 루돌프 비르코프는 19세기가 경과하면서 의학부가 겪은 변화를 회고하면서, 이를 "철학적 시대에서 자연과학적 시대로의 전환"으로 묘사했다.

1800년경에 교수 대상과 과목은 3개의 대영역으로 나뉘어 있었다. 즉 생리학(Physiologie, 생명과정의 기초와 법칙성), 병리학(Pathologie, 질병에 관한 지식) 그리고 치료법(Therapeutik)이었다. 각 교수들은 이 영역과 그에 속하는 개별적 부분을 자유롭게 서로 나누고 각자의 개인적인 성향에 따라 전문분야를 택했다. 이 밖에 대개 의학사 그리고 의학과 인류 역사의 연관성이 각기 신학이나 계몽철학의 색채를 띠고 강의되었다. 그러나 1850년경까지 3개의 핵심영역은 우선 하이델베르크 대학의 사례가 보여 주듯이, 또한 이론과 접근방식에서 실제적으로 이미 더욱 분화되었다. 생리학의 영역에서는 해부학이 이에 따른 직접적인 목측관찰에 해부와 광학적 확대수단이 동원되면서 두드러진 중점이 되었다. 구식의 병리학도 병리 생리학과 위생학으로 나뉘었다. 치료법은 이제부터 외과학, 섭생학, 내과학 그리고 식물학과 처방술의 조합인 약물학(Materia Medica)으로 이루어졌다. 1900년경까지 새로운 분과의 등장은 분명히 더욱 빨리 진전되었다. 해부학에 더해서 의료화학 그리고 발생학(Embryologie)이 등장했다. 병리학에는 조직학(Histologie)과 신경병리학(Neurophathologie)이 추가되었다. 치료법의 분과로는 정신병학(Psychiatrie), 신경학(Neurologie), 약리학(Pharmakologie), 소아과학(Kinderheilkunde), 치과학(Zahnheilkunde), 정형외과(Orthopädie), 산부인과 및 조산학 등이 생겨났다. 이러한 발전에는 또한 사회적 필요가 연관되어 있었음이 의학사 연구에서, 특히 위생학의 경우에서 제시되었다. 특히 노동인구와 군대의 질병 퇴치라는 측면에서, 그리고 또한 시민사회적 생활양식을 위한 사회적 규율과 교육의 목적에서 그러한 발전이 이루어진 것이다.

20세기 전반기에 일부는 우선 구유럽에서, 또 다른 일부는 이미 북아메리카에서 1990년경의 상태까지도 규정하는 혁신이 이루어졌다. 정신병학과 신경학에는 심리치료와 심리분석이 결부되었는데, 이들의 문화적 영향력은 의학의 분야를 훨씬 더 넘어서는 것이었다. 완전히 새로운 영역으로서 광선치료법이 편입되었다. 치과학과 정형외과학에 안과, 이비인후과가 가담했다. 치료법 영역의 확장은 비뇨기과 및 신경외과와 함께 잠정적으로 완료되었다. 생리학 분야에서는 심리학, 일반 생물학, 생화학, 인류 유전학 및 의료 인류학이 뒤따랐다. 병리학은 사회의학(Sozialmedizin), 법의학, 암연구, 박테리아학, 바이러스학(Virologie) 및 정신병리학으로 펼쳐졌다. 이에 반하여 대개 현지에 각각의 고등전문학교가 존속하는 별도의 전통에 기초하여 수의학이 의학부에 편입되거나, 나중에는—대략 1960년대부터—별개 학부로 독립하게 되었다.

이 분야와 기타의 특수분야를 더 높은 관점에서 '철학적으로' 묶고 이로써 자연과학적 전문 작업을 문화과학적으로 장식하고 통합하려는 시도가 1930년대부터는 단지 드물게만 행해졌다. 이로써 하나의 발전이 종국에 도달했다. 이는 늦어도 18세기에 시작했던 바인데, 말하자면 물질의 상위에 존재하는 생명력—이는 부분적으로 여전히 생기론(Vitalismus)[8]을 규정하고 있다—에 대한 믿음의 해체인 것이다. 이 과정은 부분적으로는 19세기의 1/3분기에 결정적으로 개시되었는데, 말하자면 비유기체적인 물질과 유기체적인 세계를 최초로 수미일관하게 종합하고 이들에 대하여 공통의 실험적·해부학적·분석적 연구와 기술을 행하는

8 생명 현상은 무생물계의 현상과는 근본적으로 다르며, 비물질적인 생명력에 기초하고 있다고 보는 이론.

것이었다. 정신사 및 방법사적 배경에서 성립되었던, 아직도 단순한 세포학에 비르코프가 창시한 더욱 복잡한 세포병리학이 덧붙여졌다. 이는 유럽식 및 북아메리카식의 대안을 막론하고 1880년대까지 의학적 사고를 지배했다. 이는 생물학적 신체의 각 부분에 과학적 시각을 이끌면서 의학적 전문화의 가속화를 가능하게 했는데, 반면 정신적이며 전체적인 측면은 상실되었다. 생물학적 신체요소의 탐색과 치료는 물론 또한 새로운 진단 및 치료기기와 기술로 더 용이해졌는데, 이는 이 시기의 공학기술과 자연과학이 개척적으로 개발했다. 세기 전환기에 비로소 전체론적인 접근방식이, 예컨대 구성이론(Konstitutionenlehre)의 형태로 다시금 이 분야의 시계(視界) 안으로 복귀했다. 정신(Psyche)의 발견은 이런 경향을 더욱 강화했다. 1920년대에는 정신신체의학(psychosomatische Medizin)이 이에 상응하면서 세포의학의 분석을 이론적으로 극복하는 종합(Synthese)으로서 전파되었다. 물론 이런 경향이 그동안 완전히 수용된 것은 결코 아니었다. 오히려 분석적인 의학이 그 방법적 수월성에 의거하여 다시 등장했고 그때부터 3개의 핵심영역 모두에서 의학부의 일상적 작업을 규정하고 있다.

이러한 발전은 시험과 이에 따른 수학과정의 변화에 의해서도 용이해졌다. 하이델베르크에서는 의학도들이 1860년까지만 해도 일반학문적 졸업시험으로 텐타멘 필로소피쿰(tentamen philosophicum)이라고 하는 시험을 치러야 했다. 1870년대에 들어서야 비로소—다른 곳에서는 이미 19세기의 1/3분기에—이 시험은 텐타멘 피지쿰(tentamen physicum), 즉 전문적인 의학의 대상영역에 대한 시험으로 대체되었다. 늦어도 이 시점부터 의과대학생들은 포괄적인 학문적 시야와 씨름하는 직접적인 동기를 더 이상 갖지 않게 되었다. 대학의 수학과정은 이미 19세기의 1/3분기부터 순수한 전공수학으로 진행되는 것이 선호되었다. 즉 철학부에서의 수학의무가 더 이상 끼어들지 않았기 때문에, 의학자는 이로써 최초의 전문적인 학자로서 아카데미적 지식의 광범한 연관으로부터 면제되었다. 이미 필로소피쿰의 폐지와 함께 행해진 모든 노력, 즉 의학도에게 일반교양을 함양하는 보충수학과정을 강제하거나 그 동기를 유발하려는 그러한 모든 시도들은 특히 전공수학의 높은, 때로는 최고수준의 요구에 직면하여 오늘날까지 좌절되었다.

의학 수학과정의 자립화는 또한 그리고 바로 의학이 1880년경부터 등장하는 사회다윈주의 및 인종주의의 혼란에 휩싸이는 사태에 기여했던 것으로 보인다. 의학의 학문적 대상은 이러한 사조의 영향으로 배증되었다. 즉 전통적인 의학윤리가 관련되어 있던 인간 개인과 더불어 '민족' 및 '민족공동체'가 더해졌다. 동시에 관찰거리도 확대되었고 개인은 그 자체로서는 더 상위에 있는 전체에 비해 덜 귀중한 부분으로 격하되었다. 의학자들은 그리하여 민족위생학(Volkshygiene)[9] 및 우생학의 관념과 프로젝트에 대대적으로 가담했는데, 이는 독일에서 1933년 이후 국가적으로 추진되면서 의외의 극단화를 겪게 되었다. 그러나 독일 밖에서도 이런 경향은 익숙하고 사회적인 자기최적화 요구(Selbstoptimierungsangebot)에 거의 마찬가지로 감염되어 있었다. 세계대전이 인간을 대함에 있어서 한편 불가피하기도 하지만, 바로 이러한 사조에서 유래하는 포괄적인 인명경시 태도와 함께 사태를 추가적으로 악화시켰음도 의심할 나위가 없다. 마찬가지로 확실한 것은 또한 이어지는 냉전으로 인하여 권력과 국가이성의 요구가 의학에 미치는 영향을 폐기하는 것이 용이하지 않았다는 점이다.

의학은 대학의 관점에서 보면, 아마도 더 결정적인 차후의 전환추세를 미국에서는 1950년대 말부터, 유럽에서는 1970년대에 겪었다. 의학 내 여러 전문분야의 분화는 더욱 신속하게 진전되었다. 신구의 전문분

---

9 민족의 혈통적 순수성을 보존한다는 사고방식 및 조치로서 나치스 시대에 맹위를 떨쳤다.

과는 생물학, 화학 및 물리학 등의 자연과학과 새로운 양상으로 결합되었다. 의료자료처리(의료통계학)는 현저히 중요해졌다. 이 모든 경향은 적어도 대규모의 대학들에서는 기존의 학부를 여러 다양한 학부로, 아니면 학부에 유사한 기타의 운영단위로 분할하는 것을 강요했다. 그러나 이것만으로 충분하지는 않았다. 전문화된 학부만이 아니라 또한 학부 이하의 부서, 분과 등도 그 자체의 과중한 재정수요, 독립적인 학외 재원의 모집, 이들 조직이 지닌 사회적·정치적 중요성에 의한 외부통제의 증가 그리고 새로운 학문적 및 제도적 발아(發芽) 등에 의거하여 더욱 급속하게 대학 전체의 결속으로부터 벗어나 버렸다. 외부와의 연계가 더욱 증대된 사태는 수학 및 시험규정이 더욱더 외부의 요구에 지향하도록 작용했다. 물론 평판의 이유에서 아직도 도처에서 고색창연한 박사학위는 유지되고 있다. 그러나 의학부의 박사학위규정은 다른 학부의 그것과는 거의 공통점이 없을 지경이다. 우선 훨씬 더 중요한 국가 및 면허시험은 대학 전체의 요건규정을 전혀 따르지 않는다. 그리고 구체적인 수학과정도 그 체계화, 통제 및 고도로 전문화된 실습의 포함이라는 면에서 기타 전공의 수학형태와 근본적으로 구별된다. 따라서 의학교수들도 다른 학부의 동료들과 비교하여 결정적으로 특수한 별개의 유형으로 간주되는데, 즉 이미 1990년 훨씬 전부터 이 유형은 전통적인 의미에서의 대학교수와 아주 근소하게만 연계되어 있을 뿐이다. 이 점은 우선 그의 수입에도 적용되는데, 이는 의학교수가 아닌 그의 동료들보다 더 많은 원천에서 유래하고, 대체로 훨씬 더 높은 액수인 것이다. 이들에게는 이러한 수입의 차이, 더욱이 전공 특유의 영향을 강하게 받은 삶의 지향성과 행동양식으로 분명히 다른 습관이 형성되었는데, 이는 다른 동료교수들과의 관계를 반드시 용이하게 하지는 않는다. 그리하여 대학교수들의 일반적인 조직에서 의학교수들은 아주 예외적으로만 나타나며, 이들이 대학총장의 직을 맡는 것도 마찬가지로 드문 현상이다.

새로운 학부

이미 1714년에 볼로냐 대학은 자연과학을 혁신하기 위해 사적인 과학연구소(Instituto delle Scienze)를 독립적인 운영단위로 포섭했다. 당시만 해도 아직 '새로운 학문'이었던 것의 핵심과목들이 철학부의 품에서 벗어나기까지는 아직도 한 세기가 더 흘러야만 했다.

가장 일찍 라이덴 대학이 완전한 자체의 자연과학부를 설치했다(1811). 곧이어 자매대학인 암스테르담(1815) 그리고 루뱅 대학(1834/5)이 뒤를 따랐다. 한때 대학이었고 부분적으로 대학의 타이틀을 되찾은 프랑스의 고등전문학교들도 곧 자연과학을 독립시켰다. 1840-50년경부터 유사한 변경이 미국에서도 일부의 대학 및 대학과 같은 격을 갖는 콜리지들에서 관찰된다. 코펜하겐 대학도 1850년에 자연과학 과목들을 자연과학부로 이전하면서 이미 일찍부터 이런 결정을 내렸는데, 1860년 오슬로 대학도 마찬가지의 조치를 취했다. 이에 반하여 독일의 개혁은 이러한 방식의 해결을 저해했다. 왜냐하면 모학부이자 보편학부로서 철학부의 지위가 보존되었을 뿐만 아니라, 더욱 강조되었기 때문이다. 이런 경향에 따라서 그 영역 안에서 분리시키고자 하는 첫 걸음이 19세기 후반에야 비로소 내딛어졌고, 20세기 초에 비로소 광범하게 전개되었다. 철학부를 두 개의 분과(Sektion)로 나누는 것—즉 철학[10]과 자연과학—을 예컨대 1859년 취리히(철학 I부, 철학 II부), 1865년 뮌헨과 1873년 뷔르츠부르크 대학이 시행했다. 독일에서 자연과학을 위해 최초로 별도의 학부를 창립한 것은 1863년 튀빙겐 대학이었다. 대부분이 이미 이전을 통하여 수학도 1872년부터는 새로운 학부에 가담했다. 예컨대 빈과 애버딘(1894), 바르셀로나(1900), 아테네(1904) 그리고 1912년에 새로 설립된 프랑크푸르트 암 마인 대학이 그러했다. 이로써 대개의 대학에서 금제가 해체되었다.

---

10 이 경우의 '철학(Philosophie)'은 넓은 의미의 정신 및 문화과학 일반을 포함한다.

비록 예전과 마찬가지로 중간단계의 해결방식이, 즉 학부 내의 연구소나 전문학과의 형태로 시행되기도 했지만 말이다.

이 분리의 원인과 동기는 이중적인 소외과정이었다. 한편으로 19세기의 1/3분기부터 철학부의 핵심과목군은 이미 언급한 바와 같이 관념적 및 철학적으로, 부분적으로—그리고 더욱더 증가하여—현대적인 의미의 역사적으로 지향되어 있었다. 두 경우 모두 서적과의 관련성이 강화되었고 따라서 이 과목들은 텍스트 학문으로서의 성격을 강하게 띠고 있었다. 그 반면에서 자연철학적 분과학문의 탈형이상학화와 변형은 일부의 복고적 시도에도 불구하고 근대과학으로 급속히 전진했다. 물리학, 화학, 생물학 그리고 때로는 광물학 등이 독립적인 분과학문으로 변모했는데, 그 내부에서는 가설이 제시되고, 측정, 관찰, 분석, 실험이 이루어지고 발견된 바가 법칙적이며 공식에 맞게 고정되어야 했다. 학부의 공통성이 순식간에 소멸된 것은 무엇보다 교수의 초빙, 박사학위와 교수자격 시험과 같은 경우에서 두드러지게 눈에 띄게 되었다. 즉 각각의 다른 전공 대표자들로서는 후보자들에 대하여 합당한 전문적 판단을 내릴 수 없는 상황에 봉착한 현실을 목도하게 된 것이다.

물론 자체의 학부를 설립하는 것만으로는 수학과 자연과학의 전문화와 확장과정이 결코 정지될 수 없었다. 이 과정은 오히려 더욱 급속해졌다. 생물학은 종국에는 식물학과 동물학(가장 일찍 이루어진 강좌의 분리는 1810년부터)으로 분리되었다. 물리학은 더욱 분명히 역학, 열역학, 분자물리학(재료물리학), 전자기학, 음향학, 광학 등으로 나뉘기 시작했다. 화학은 적어도 유기화학과 무기화학으로 분기되고 더 나아가 전자기화학과 광화학으로까지 분리되었는데, 이들은 각각 다루는 재료의 측면에서도 서로 구분된다. 수학은 더욱 강력하게 기하학으로부터 분리되었다. 새 학부의 모든 과목들은 더욱더 이론과 기초연구의 지향성이나 아니면 응용의 지향성에 속하게 되었다. 그 귀결로 늦어도 1880년대부터 우선 정교수 강좌의 예하에 있는 연구소(또는 학과)와 교수 및 강사직이 분리해 나가고, 다시 더 넓은 시야에서 30 내지 40년 뒤에는 이러한 관점에서 강좌 자체가 분리되었다. 최후의 보편적인 자연연구자이면서 동시에 이런 과정을 결정적으로 추진했던 인물은 독일에서 헤르만 헬름홀츠(1821–1894)였다. 그는 경력을 미술학교(Kunstakademie)에서 해부학 교사로 시작해서 쾨니히스베르크, 본, 하이델베르크 및 베를린의 물리학 강좌를 이끌었고, 끝으로 베를린의 물리학 및 제국 공학연구소의 장을 역임했다.

자연과학의 자립화와 함께 독립적인 수학과정의 설치도 가능해졌다. 그 졸업은 옛 철학부의 졸업모델에 따르거나 세기 전환기부터 디플롬이라는 학위의 형식을 갖추기도 했다. 이러한 조치에서는 우선 대개 옛 학부와의 관련성이 보존되었다. 즉 자연과학의 학사(Bakkalaureus, Bachelor) 및 석사(Magister, Master)도 문학사 혹은 문학석사(Bakkalaureus, Magister artium)라는 학위를 받았다. 그다음에야 비로소, 대개 포괄적인 철학시험이 폐지된 결과로서 이런 학위는 과학(scientiarum) 및 자연학(rerum naturalium)으로 특화되었다. 그러나 자연과학부나 수학 및 자연과학부는 대개 계속해서 교사양성에 관여해야 했다. 나아가 이들이 의학부와 더욱 긴밀하게 협동해야 하는 사태가 더욱 진전되었다.

그 응용학문을 통해서 자연과학부는 의학과 같이 사기업과 국가의 인식, 이용 및 연구관심에 광범하게 개방되었다. 이 사태는 연구소와 실험실에 기구, 도구, 표본 및 재료를 갖추는 비용이 높아질수록 더욱 심화되었다. 그리하여 의학의 경우보다 더욱 일찍부터 그리고 더욱 강력하게 대학 밖의 기대와 이해관심이 학부의 일에 영향을 미치기 시작했고 학부를 대학조직에서 이탈시키기 시작했다. 당대인에게 이러한 메커니즘은 1900년 이전에도 이미 분명히 인지되었다. 1945년부터 이는 다시금 강화되었는데, 그것도 두 가지 이유에서였다. 한편으로 자연과학 및 공학 연구의 중심이 세계경제와 산업사회적 진보의 중심인 미국으로 이전되었는데, 이로써 혁신의 속도는 더욱 가속화되었다. 다른 한편으로 이러한 이전과 연계되어 포괄적인 학문적 의사소통에서 밀도가 높아지고 미국 지향성이 두드러진 것이다.

이미 전쟁 종료 전부터 잘 알려진 바와 같이 원자과학이 새로운 중점이며 동력으로 형성되기 시작했다. 이는 명백한 유토피아적 발상, 즉 원자력의 덕분으로 인류의 에너지 걱정이 종식되리라는 꿈으로 지지되어 왔다. 이 학문의 구심력은 경향적으로 자연과학 및 수학적 지식 스펙트럼의 근본적인 재구성을 목표로 했다. 그러나 동시에 저 엄청난 재정요구가 발생하여, 순전히 선정된 중심에 필요한 학문 스펙트럼 전체가 정착하고 활동할 수 있었다. 말하자면 핵 연구는 그 학문적인 또한 공공의 의미에서 거의 과소평가할 수 없는 최초의 학문영역이었는데, 이는 아직도 대학에서는 주변적으로만 겨우 발을 딛고 있었을 뿐이었다. 1950년부터 1990년 사이의 기간에서 평균적 대학은 아직도 기껏해야 방사선의학 하나 정도의 운영단위가 존재하는 것만으로 원자과학과 관련되어 있을 뿐이다. 1970년대부터 이에 반하여 생물학적 의학연구(생명과학)는 한편으로 수학 및 자연과학 분야의 전공 및 기관조직을 재구성할 것 같이 보이고, 다른 한편으로 새로이 외부세계에 대한 그 관계를 긴밀히 하고 있다. 반면 대학 내부적으로는 점점 소원해지고 있다. 이 분야에서도 결국 하나의 유토피아가 결정적인 추진력을 이루고 있는데, 즉 그것은 의학적·생물학적 유토피아로서 무엇보다 인간의 유전적 최적화라는 발상이다.

수학 및 자연과학 전공대표자와 의학에서와 같이 기타의 학부와 비교하여 특별 교수, 강사, 조교, 기술적 보조요원 등으로 이루어진 거대한 집단은 전통적인 대학 구성원의 자기 이해와 습관에 더 이상 거의 닮지 않고 있다는 점이 마찬가지로 적용된다. 사무실의 설비, 세미나와 강연회의 모양새, 비교적 드물고 또 문체의 기교마저 없이 무미건조한 출판물, 각별히 공로가 많은 교수들을 위한 기념논집—이는 철학부, 법학부, 신학부 그리고 심지어 의학부에서도 매우 선호되고 있는 바인데—같은 것을 대체로 포기하는 등이 그 분명한 표현이다. 즉 심미적 장식의 포기, 직접성, 실용성, 현재관련성, 신속함 등이 우세한 것이다.

철학부에서 갈라져 나온 두 번째의 분과학 스펙트럼은 경제학 계열이다. 이미 서술한 바와 같이 18세기의 계몽군주들은 허다한 대학에서 경제학 및 재정학 교수직을 설치했다. 일부의 대학들은 이러한 교수직을 철학부에 편입시키지 않고, 다소간에 자발적으로 바로 이들을 위한 자체의 학부를 구성했다. 물론 이들은 그 다수가 단명했을 뿐이었다(예컨대 언급한 바와 같이 기센 대학의 경우). 바로 이러한 경험에서 기존의 교수들은 산업사회의 경영과 행동을 다루는 학문에 학부를 개방하는 새로운 시도를 알레르기적 반응으로 거부했다. 그리하여 19세기 후반까지 심지어 미국의 허다한 대학조차도 자체의 경제학부를 설치하는 것을 성공적으로 거부해 왔다. 비록 이들 대학은 개별 교수직과 연구소의 설치를 장려했으면서도 말이다.

경제학 계열이 그림자와 같은 처지에서 벗어난 최초의 대학으로는 이런 배경에서 베네치아 대학(1868)이 꼽히는데, 이는 대체로 도시대학 및 도시 지향적 대학들에서 하나의 선구적 역할이 확인되는 바와 같다. 독일에서는 1882년 튀빙겐 대학이 시작했다. 프랑크푸르트 암 마인에서는 대학당국이 1914년 사회경제학부를 설치했는데, 이는 1901년에 창설된 사회 및 상학(商學) 학술원(Akademie für Sozial- und Handelswissenschaften)을 인수함으로써 성립되었다. 1919년에는 쾰른도 이러한 모델에 따라 확장했는데, 함부르크도 같은 조치를 취했다. 유럽의 다른 지역에서는 적어도 1895년 런던 대학에 경제학부(School of Economics)가 개설된 것을 필두로, 1910년에 벨파스트, 1911년에 로잔느, 1913년 더램(Faculty of Commerce), 1918년에 더블린, 1919/20년에 바르셀로나(경제 및 경영학) 그리고 1922년에 암스테르담이 열거될 수 있다.

중부유럽에서는 새로운 학부의 전공구성에서 국가경제의 분과학문이 우세한 데 비하여(예컨대 쾰른에서는 사적 경제에 배당된 3개의 강좌에 대해서 4개의 강좌가 배당), 다른 곳에서는 양자가 균형을 이루거나 아니면 자유 시장경제의 분과가 지배적이었다. 이들 학문의 틀 내에서 이루어진 최초의 전문화는 보험경제학(Versicherungswirtschaft), 대외무역학 그리고 미국에서는 경영학(Management)이었다. 미국에서는 또한 1930년대에 새로운 다양화 추세가 시작되었는데, 이는 1945년 이후 유럽에도 도달했다. 미국 경제의 역동성은 마찬가지로 대학급의 특수 연구기관을 세우는 데도 반영되고 있는 것이다.

미국식의 전문화가 유럽이나 다른 곳에서 수용된 것, 예컨대 광고학 교수직의 설치와 같은 형태로 나타나는 현상은 1960년대부터 역시 미국에서 발상한 현대 사회과학의 수용과 결합되어 있었다. 그 결과 중 하나는 예컨대 경제심리학의 도입, 회계학(accounting)의 추가적인 자립화 또는 경험적이며 예측적인 매출동향 및 경기변동 연구 등이다. 물론 경제생활의 미국화는 또한 예전에는 그렇게도 강력하게 강조되던 국민경제와 기업경제의 분리마저 해체시키는 사태를 초래했다. 대개의 대학에서 경제학부는 고전적 졸업학위인 학사(B.A.), 석사(M.A.) 및 박사학위를 유지하고 있다. 단지 소수의 경우에서(독일, 부분적으로 오스트리아, 스페인, 라틴아메리카의 대학들)만이 디플롬 학위가 규정으로 도입되어 있다. 이러한 방식으로 1920/30년대에는 예컨대 저 유명한 미국의 경영학 석사학위(MBA: Master of Business Administration)가 등장했는데, 그 취득은, 예컨대 하버드 대학과 같은 곳에서 이를 취득하는 것은 샌터 클라라 대학에서 같은 분야의 박사학위를 취득하는 것보다 더 가치 있는 것으로 여겨진다. 박사학위는 물론 대개의 대학에서 예전과 마찬가지로 철학박사(Ph. D.)로 수여된다.

그 인식의 목표가 인간 모듬살이의 조건, 형태 그리고 조형 가능성을 지향하고 있는 사회과학은 그 이론적 기초를 프랑스(오귀스트 콩트, 1798-1857, 에콜 폴리테크닉의 교수)와 독일(막스 베버, 1864-1920, 베를린, 프라이부르크, 하이델베르크 및 뮌헨 대학의 국민경제학 및 사회학 교수)에서 획득했다. 그러나 1960년대와 1970년대에 그렇게도 풍부한 귀결을 맺은 그 학문적 성격은 미국에서 획득했다(탈콧 파슨스, 1902-1979, 하버드 대학 사회학과 교수). 행동이론적 인류학과 사회이론에 기초하여 사회과학은 자연과학에서 도입한 최신의 연구방법에 따라 현대사회의 여러 현상들을 고도로 정확하게 파악하고, 때로는 이에 상응하여 합목적적으로 재구성(사회공학 social engineering)할 수 있는 가능성도 제공했다. 그 지지자들은 따라서 사회과학을 산업사회에서 일종의 자기인식학문 및 자기조절학문으로 묘사할 수 있었고, 1945년부터 심각하게 드러나는 미국 사회의 결함에 직면하여 대대적인 성공을 거두었다. 사회과학은 처음에는 주로 철학부에서 운영되다, 1960년대 초에는 기초학문인 사회학을 몇 개의 부분학문으로 분리해 내고 인접학문을 자체의 경로로 끌어오는 데 성공하여, 학부로 독립하는 것이 더 이상 문제가 되지 않았다. 이러한 독립이 발상지에서는 이미 1961년에, 그리고 약간 늦게 이미 유럽, 아시아, 오스트레일리아 및 아프리카에서도 이루어졌다.

1963년에 예컨대 에든버러, 흐로닝엔 그리고 오슬로 대학은 사회과학부를 설립했다. 1964년에는 라이덴 그리고 1967년에는 벨파스트와 던디도 그러했는데, 이 두 경우에서는 경제학도 첨가했다. 1970년에 액상프로방스, 베르겐, 도르트문트, 프랑크푸르트 암 마인 및 코펜하겐도 상응하는 운영단위를 설치했는데, 이제는 경제학을 첨가하지 않고도 가능했다. 툴루즈 I 대학과 그르노블 II 대학은 1970년 설립 당시부터 아예 단독의 사회과학대학으로 출범했다. 오스트리아의 대학들은 1975년의 대학법 발포부터 대개 사회과학과 경제학을 통합하고 있다. 애버딘 대학은 1975년에 공동의 인문사회과학부(Faculty of Arts and Social Sciences)를 설치했다. 클레르몽 페랑 대학은 1977년 하나의 순수한 사회과학부의 설립을 결정했다. 가톨릭 대학 아이히쉬테트는 1980년부터 하나의 역사 및 사회과학부를 구비했다. 특히 스페인과 라틴아메리카, 또한 동유럽의 대학들—여기에서는 공산당의 감독 아래—은 사회과학을 사회를 형성하는 능력이 있는 것으로 간주되는 두 번째의 학문군, 즉 교육학과 통합했다. 구식의 국가학 및 정치학이라는 호칭을 쓰지만 이미 부분적으로 사회과학부를 갖춘 대학들은 그 프로그램을 현대식의 사회과학으로 변경했는데, 이러한 대학으로는 파두아(1923년부터 정치학부), 헬싱키(1944년부터 사회 및 정치학부) 및 안트베르펜(1959년부터 정치 및 사회과학부) 등이 있다. 미국의 사회과학부, 학과 또는 단과대학들도 그 밖에 보통 전통적인 졸업학위를 유지하고 있었다. 박사학위는 거의 전적으로 Ph. D.로 수여되고 있다. 유럽과 라틴아메리카 및 아시아 여러 나라에서는 이에 반하여 디플롬 학위가 인수되었다. 무엇보다 사회과학에 대해서는 우선 미국에서는 공식적인 학위졸업 이하의 등급으로 성공적인 수업 및 프로그램 참여를 인증하는 것(Certificates, associate grades)이 관행되었다. 이 인증은 1980년대 중반부터 또한 추가적으로 획득할 수도 있었다. 예컨대 사회과학 학사 후 인증(Post-baccalaureate certificate in Social Sciences)이 그것이다.

1960년대에서 1970년대까지 이르는 시기부터 학부구조는 더 넓은 관점에서 요동치고 있었다. 또한 다른 학문군도 독립하거나 인접학문과 합체되었다. 이에 해당하는 것으로는 이미 언급한 교육학(예컨대 1975년 제네바 대학에 설치된 심리학 및 교육학부 Faculté de psychologie et des sciences de l'education), 더욱이 최종적으로는—또한 이미 19세기에 상응하는 고등교육기관의 인수로 설명되는 특수사례에 의하면—공학(나중에는 리에쥐나 루벵 대학의 예와 같이 대개 응용과학부로 개칭) 그리고 농학, 해변에 소재하는 대학의 경우에는 해양과학 등이 있다. 두드러지는 현상은 즉 새로운 학문구성인데, 이는 특정한 공간의 자연적인 조건, 경제적 효용과 사회정치적 기회 및 그 귀결을 종합하는 것이다.

하나의 엄격한 지리적·문화적 관점을 따르는 것으로는 역시 1980년대부터 학과(Department), 단과대학(School) 및 끝으로 개별적으로는 학부로 조직되는 지역연구(Aerea Studies)가 있다. 런던 대학은 예컨대 제국과 영연방의 수도로서 이미 1916년에 동양 및 아프리카 연구대학(School of Oriental and African Studies)을, 1950년에는 독일어권 연구소(Institute of Germanic Studies)를, 1965년에는 라틴아메리카 연구소(Institute of Latin American Studies), 같은 1965년에 미국학 연구소(Institute of United American Studies)를 설치했는데, 이들 기관은 과거의 정치, 문학 및 언어학적 중점을 사회, 경제 및 문화과 학적 경향으로 확장하고 전환했다. 그러나 또한 그사이에 문학 및 문명 학부(Faultés des Lettres et Civilisations) 같은 것도 등장한다.

1980년대부터 커뮤니케이션학적 학문 패러다임의 등장이 두드러지고 있는데, 이로부터 새롭게 또 대학 조직의 변경이 출발하고 있다. 이 패러다임은 다음과 같은 가설에서 접근한다. 즉 모든 인간적—개인적이거나 사회적이거나—지각, 판단 및 행동은 커뮤니케이션과 매체를 통해 얻거나 얻을 수 있는 지식에 종속된다는 것이다. 커뮤니케이션은 따라서 모든 사회의 본래적 토대이며 본래적 구조원칙으로 간주된다. 그 연구는 마찬가지로 관련된 사회적 최적화의 가능성을 약속하는데, 특히 대중매체의 시대에서는 더욱 그러하다. 따라서 종종 철학부나, 사회과학부, 아니면 심지어 수학 및 자연과학부—매스커뮤니케이션의 기술적 성격으로 인하여—에 이미 커뮤니케이션학, 매체 및 정보학 교수, 강좌 또는 자체의 학과가 설치되었다. 개별적인 경우에서는 벌써 1990년 이전부터 이를 넘어서 자체의 학부 설립이 이루어지기도 했는데, 자주 거대 매체기업 및 그에 상응하는 하드웨어나 소프트웨어 거대기업이 협력하기도 했다.

끝으로 확인되는 바는, 이미 1960년대부터 학부개념이 Division이나 Fachbereich(예컨대 1961년 마인츠, 1970년 프랑크푸르트 암 마인 및 베를린 자유대학)라는 명칭으로 대체되었을 뿐만 아니라, 단지 학과(Department)나 단과대학(School)으로만 구성하는 미국식의 해법이 확산되기 시작했다는 점이다. 즉 유럽대학을 지지하는 뼈대로서의 학부구조는 아마도 총체적인 해체 수순에 들어간 것으로 보인다.

7. 의사소통과 지식추구

1790년부터 전개된 근대 초기 대학의 위기는 또한 의사소통과 지식추구에서 전통적인 방식이 대대적으로 교란된 바에 의해서도 그 조건이 마련되었다. 사회적·정치적 격변, 폭력과 전쟁이 학생과 교수의 이동성을 저해하고, 서신, 서적 그리고 잡지를 통한 의사교환을 경색되게 했으며, 대학의 수업을 외부적으로나 내부적으로—분위기의 오염과 자양이 되는 교제방식의 쇠퇴로—훼손하고 건물, 도서관, 박물관 실험실 등의 파괴와 약탈을 초래했다. 전체 대학의 단기적이거나 혹은 영속적인 폐지는 대학과 국제적인 학자공동체를 지탱하는 요소의 붕괴를 의미했다.

19세기 초의 대학개혁은 따라서 대학의 각종 소장물과 토대의 복구와 확장을 포함해야 했다. 그러나 세기 후반기까지 실용적인 해법으로 최초의 구제책이 도모되었다. 베를린에서는 우선 왕립 도서관이 대학도서관으로 쓰였는데, 이는 사정이 나아져 1831년에 자체의 도서관이 세워질 때까지 지속되었다. 반대로 1809년 쾨니히스베르크의 대학도서관은 그곳에 소재하는 궁내 도서관의 장서를 인수했다. 함부르크와 다른 도시에서는 시립 도서관이 직간접적으로 대학도서관이 되었다. 외국에서도 비슷한 조치가 취해졌다. 특히 미국에서는 우선 사적인 장서가 가장 큰 역할을 수행했다. 그럼에도 불구하고 대개의 교수들은 오랫동안 공공 도서관의 이용에 의존했다. 특히 1850/60년경부터는 독서를 통한 국민교육이 민주주의에서 포기할 수 없는 요소로 여겨졌기 때문에 이들의 장서는 더욱 빨리 증가되었다. 1870년대에는 영국에서 출발하여, 또한 미국의 대학도, 나중에는 유럽의 대학조차도 높은 수준의 특유한 대중교육운동, 이른바 대학 확장운동(University-Extension-Movement)에 참여했는데, 이는 이중의 성과를 달성했다. 첫째로 대학도서관이 더욱 빨리 채워졌는데, 이 운동이 추가적인 기증을 유발했기 때문이다. 둘째로 이 교육운동을 담당했던 교수들은 광범한 인구층의 지각, 기대와 욕구를 더 잘 알게 되었다. 대부분의 기부자들은 물론 그들의 기부가 한 대학의 거대 장서로만 흘러들어가는 것을 원하지 않았다. 이들은 기부가 영속적으로 그들의 이름과 결부되어 있는 것을 보는 데 가치를 두었다. 대개의 미국 대학도서관이 오늘날까지 유지하고 있는 반쯤의 사립적 성격이 이렇게 설명되는 것이다. 장서들은 기증자의 이름으로 대학 근처에 소재하며 법률적으로는 대학에 완전히 통합되어 있지 않지만, 실제로는 대학도서관으로 기능하고 있는 것이다.

새로운 연구지상주의(Forschungsimperativ)와 대학 간, 국내적 및 국제적 학문경쟁은 가능한 대로 필요한 텍스트 모두가 현장에 존재할 것을 요구했다. 이에 따라 서서히 거의 모든 대학도서관이 체계적인 수집정책을 추진하기 시작했다. 이는 예전보다 더욱 분명하게 학문에 관련 있는 그러한 저작에만 해당되어야 했고, 또 할 수 있었다. 따라서 순전한 학문적 도서 및 출판체제가 강력하게 형성되었는데, 이는 비학문적이며 대중적인 도서체제와 점점 더 구별되었고 공동의 도서관 운영을 다시금 문제로 삼았다.

대학도서관의 장서가 그렇게 체계적인 성격을 띠고 서로 닮아 갔던 동안에, 거대한 국립 도서관도 또한 대학의 필요를 위한 중앙 도서관으로 성립되고 공고해졌다. 워싱턴의 의회 도서관(Library of Congress)은 1846년의 저작권법과 1865년의 의무납본법에 근거하여 그 장서를 확충하는

데 착수한 뒤부터 비로소 성장을 시작할 수 있었다. 대출은 1870년대와 1880년대에 들어서 비로소 공식적이 되었는데, 중점을 두었던 것은 자체의 열람실에서 이용하는 것이다(이는 지금까지도 마찬가지다). 열람실의 성립은 1900년경 새로운 건물의 증축과 함께 상응하는 목록이 도입된 뒤에 이루어졌다. 이러한 개선에는 늘 대학 구성원의 수요와 주도가 더불어 결정적이었다. 이들은 또한 내용적으로 장서에도 영향을 가했다. 특히 지도 수집의 확장과 유럽에서 간행된 고인쇄물의 구입은 이들의 요구에서 말미암은 것이다.

서적시장이 수요와 공급의 법칙을 따르고, 더욱 분명하게 대량 판매에 관심을 기울였던 반면, 학문적 출판물은 애초부터 제한된 판매만을 기대할 수 있게 되자 출판제도에 중요한 귀결이 도출되었다. 시장이 특히 지배적이었던 미국에서는 허다한 대학들이 영국의 모범에 따라 자체의 출판부를 세웠다. 가장 이른 것은 1869년에 설립된 코넬 대학 출판부였던 것으로 보인다. 이 모델에 따라 설립된 추가적인 대학 출판부 중에는 그러나 존스 홉킨스, 시카고 및 컬럼비아 대학 출판부 정도만이 20세기까지 온전히 살아남았다. 1970년대부터 그 밖에 이러한 출판부의 대부분이 다시 완전히 사유화되었다.

독일에서는 이미 1850년경의 시기에 대학사에서 의미심장한 출판제도의 변경이 확인된다. 거대한 구식의 대학 출판부는 이른바 학부 출판사(Fakultätsverlag), 즉 특정한 지식 및 학문 영역으로 전문화된 출판사에 기반을 상실했다. 신학, 법학 및 의학 분야의 출판사가 1900년경까지도 우세한 경향에서 알 수 있듯이, 신학과 법학 다음으로 비로소 건강상의 문제만이 광범한 교양시민계급 사이에서 주목되고 있었던 것이다. 학부 출판사의 대두에 학문적 출판사의 등장이 연결되어 있었는데, 이는 이미 학부 출판사의 일부가 그러하듯이 대개 하나 아니면 여러 개의 대학들과 협력하고 있었다. 이러한 색채를 띤 초창기의 대학 전용 출판사는 이미 1861년부터 등장한 괴팅겐의 판덴훅-루프레히트(Vandenhoeck-Ruprecht) 출판사였다. 하이델베르크의 대학 서점이었던 칼 빈터는 처음에는 자연과학 전문도서 출판사였는데, 나중에는 어문학으로 전문화되었다. 대학과의 협력은 우선 교수들이 인쇄를 위한 추천을 하고, 이에 상응하는 감정서를 써 주며, 또한 인쇄된 서책이 연구와 교수에서 주목되도록 배려해 주는 방식으로 이루어졌다. 종종 교수들의 제자들이 해당 출판사에서 원고 감수직이나 기타의 직책을 맡아서 경우에 따라서는 다소간 직접 무엇이 출판되어야 할지에 대한 영향력을 행사할 수 있었다.

그러나 학문적 단행본의 출판만이 폭발적으로 증가한 것이 아니었다. 이 부분에서는 독일어로 출판된 전문 서적에 대한 국제적 평판이 고려되어야 하는데, 이는 1850년부터 1900/1914년 사이 독일 학문의 국제적 우위 덕분에 형성되었다. 연구지상주의, 여러 분과학문의 전문화와 분화는 오히려 보고하고, 코멘트를 하며, 서평을 내는 정기간행물 형태를 더욱더 많이 요구하게 되었다. 각자가 자신의 전공분야에서 새로운 인식을 찾아 연구해야 하기 때문에, 각각의 전공에 대해서는 고유한 연구수준이 산출되었는데, 이는 연구가 진행되면서 다시 변경되었지만, 어떤 경우이든 모든 관련 당사자들에게 알려져야만 했다. 이러한 관련자들로는 연구와 교수의 일치라는 원칙에 입각하여 학생들도 해당이 되었다. 이러한 배경에서 이미 존재하고, 1790년부터의 격동에 희생되지 않았던 학술잡지들이 새로운 생명으로 충만되었을 뿐만 아니라, 학술잡지 제도 전체가 예전에는 생각할 수 없었을 정도로 다양해졌다. 학술적 정기간행물은 학문과 연구상의 토의가 이루어지는 고유한 플랫폼이 되었고, 이로써 학문 자체가 되었다.

예컨대 **『물리학의 진보에 대한 연보**(Jahresbericht über die Fortschritte der physischen Wissenschaften)**』**라는 학술지는 1822년부터 베를린에서 출간되었는데, 이미 그 제목에서부터 새로이 등장한 연구하는 학문의 시야를 알려 주고 있다. 그런데 이 학술지는 원래 스웨덴 학술원(Akademie der Wissenschaften)의 사업이었다. 조금 뒤에 『**순수 약리 및 기술적 화학, 물리학, 광물학, 지질학의 진보에 대한 연보**(Jahresbericht über die Fortschritte der reinen, pharmazeutischen und technischen Chemie, Physik, Mineralogie und Geologie)』가, 나아가 『**박물학 아르히프**(Archiv für Naturgeschichte)』(1835년부터 발간), 『**해부학 통보**(Anatomischen Anzeiger)』(1886) 또는 『**박테리아학보**(Zentralblatt für Bakteriologie)』(1887) 등과 같은 학술지들은 이미 주로 대학에 토대를 둔 독일 자연과학의 우위를 대변하고 있다. 1850년에 창간된 독일 역사학의 중심 기관지 『**역사학보**(Historische Zeitschrift)』는 『**영국 역사학보**(English Historical Review)』(1885) 뿐만 아니라, 『**미국 역사학보**(American Historical Review)』(1895)에게도 모범이 되었다.

이와 병행해서 그리고 상호적인 강화작용 속에서 나아가 새로운 의사소통형식으로서의 발표회나 대회(Konferenzwesen)도 발달하게 되었다. 통계학에 중점을 둔 최초의 국제 수학자 대회가 이미 1853년 브뤼셀에 개최되었는데, 여기에는 주로 대학교수들이 참가했었다. 자연과학과 공학은 최초의 정기적인 국제회합을 설치했다. 그리하여 1860년에 화학자, 1864년에 식물학자, 1865년에 약리학자, 1871년에 지리학자, 1878년에 지질학자, 1897년에 수학자들이 이런 대회를 조직했다. 최초의 과학사가(Historians of Science) 회의는 이미 1903년 로마에서 개최되었다. 제1차 세계대전이 종료되었을 무렵부터 다시금 우선 자연과학 및 공학 분야에서 나아가 최초의 국제조직이 성립하기 시작했다(1919, International Research Council). 양국 간에 구성한 조직이나 유럽 일부만이라도 참여하는 조직은 이미 그 이전부터 있어 왔다. 1945/50년 이후에 범유럽적 조직, 즉 유럽분자물리학회(European Laboratory for Particle Physics: CERN, 1954), 유럽 우주연구회(European Space Agency: ESRO, 1964) 같은 것도 등장했다.

이와 같이 유럽 및 전지구적 의사소통의 밀도가 높아진 것은 또한 지역적으로 차이가 나지만 이에 상응하는 표본수집, 실험실, 연구소 등의 확장에 토대를 두고 있는데, 이는 1830년대부터 전개되었다. 동물학 대학 연구소는 채집, 연구, 교육을 동시에 수행했는데, 본보기로 같은 이름의 기관이 예나(1865), 킬(1868), 로스토크(1871), 하이델베르크(1878), 베를린(1884)에 설치되었다. 19세기 전반기에 동물학자들은 때로는 필요한 관찰과 연구를 수행하기 위해 직접 해변으로 가야 했는데, 1859년부터 최초로 프랑스의 대서양 연안에 설치된 영구 생물학 기지가 필요한 봉사를 제공했다. 대개의 경우 물론 처음에는 대학 밖의 협찬에 토대를 두고 있었다. 또 예를 들자면 1893년 베를린 근처 프리드리히스하겐에 건립된 생물학 및 어로 시험장(Biologische und Fischerei-Versuchsstation)은 처음부터 대학과는 비교적 느슨하게만 연계되어 있었다. 이에 반하여 1925년에 세워진 침팬지 관찰 및 실험기관은 오늘날 플로리다의 오린지 파크에 소재하는데, 예일 대학 심리학 연구소가 세운 것이다. 미국의 사립 재단과 보조를 맞추기 위해 대학교수들의 주도로 1900년 이후 유럽 대륙에 생겨난 국가적 거대 연구소 중에는 적어도 빌헬름 황제 연구소군(Kaiser-Wilhelm-Institute)이 거론될 수 있다. 이 연구소들은 1911년부터 활동을 개시했는데, 그 결정적인 발안자는 신학자인 아돌프 폰 하르나크(1851-1930)이었다.

이미 1900년경에 자연과학과 공학의 영역에는 최신의 연구성과와 수준을 개관하는 일이 각각의 전문 영역에서조차 문제되는 발견 사항이 요약된 형태로 파악되고 문서적으로 제시되어야만 비로소 가능하다는 점이 판명되었다. 1907년부터 따라서 관련된 초록 정기간행물이 등장했다. 우선 『화학 초록(Chemical Abstracts)』이 특징적으로 영어로 발간되었고, 이어서 1926년 『생물학 초록(Biological Abstracts)』, 1947년에 『핵과학 초록(Nuclear Sciences Abtracts)』 그리고 1963년에 『국제 우주항공 초록(International Aerospace Abstracts)』 등이 나왔다. 그사이에 대대적으로 생산된 대학의 박사학위 논문에 대해서는 1938년부터 『박사학위 초록(Dissertation Abstracts)』이 정보를 제공한다.

그것만은 아니지만, 그러나 우선 교수활동의 필요를 각종의 상응하는 교본이 충족시켜 주었다. 자연과학에서는 1900년 직후까지 다시금 주로 독일의 생산물이 우세했는데, 이는 자연스럽게 아주 우세한 비중으로 대학 영역에서 생겨났다. 본보기로 언급될 만한 것으로는 초창기의 『화학교본(Lehrbuch der Chemie)』(1817), 『공학교본(Handbuch der Ingernieurwissen-schaften)』(1879), 『천문학교본(Handbuch der Astronomie)』(1897–1902) 그리고 나치 체제의 탄압을 받았던 정교수 알프레히트 베르테(Albrecht Th. J. Berthe, 1872–1954)가 저술한 『생리학교본(Handbuch der Physiologie)』(1925–1932) 등이 있다. 1945년부터 이러한 교본류는 대대적으로 미국의 총서류나 미국에서 주도적으로 집필하여 생겨난 저작으로 대체되었는데, 이들은 더 이상 반드시 교수들이 주도적으로 담당하지 않고 있다(예컨대 『Encyclopedia of Chemical Technology』, 1947–1960). 동일한 사정은 새로운 전문서적류의 장르로 등장한 데이터 수집서(예컨대 『Handbook of Biological Data』, 1956)에도 적용된다. 영미권에서는 이른바 교과서(Textbook)와 함께 이런 분야 이외에 문화과학에서도 대학 교본의 특수한 장르가 개발되었는데, 이는 필독서이자 중심적인 수업수단으로서 이들에는 지금까지 유럽 대륙의 관행에서는 비교할 수 없는 의미가 부여되어 있다.

다시금 미국에서 처음으로 1950년대 및 1960년대부터 대학 외의 자연과학 및 의학, 공학 정보센터가 개발되었는데, 이는 이 분야에서 대학의 의사소통을 더 큰 스펙트럼 속에 정리하는 데 기여하고 있다. 이러한 해법은 유네스코의 지원으로 제3세계로까지 이전되었다. 인도(1952), 폴란드(1953)와 브라질(1954)과 함께 시작해서 1960년대 말까지, 갱신해서 1970년대 말까지 이와 같은 센터가 40여 개 설치되었는데, 이는 자주 대학의 필요에도 부응하고 있다. 물론 1990년경에 이르러서는 아주 부분적으로만 대학의 필요에 적합할 따름이다.

최신의 데이터 기술 및 커뮤니케이션 기술, 컴퓨터와 인터넷이 1960년대부터 대학을 정복하기 시작했다. 처음에는 이런 것들이 수학과 자연과학에 투입되었다. 문화과학은 1980년대부터 비로소 이에 개입되었다. 1971년까지는 단지 대형 컴퓨터만이 존재했는데, 이는 부분적으로 대학이 개발한 것이었다. 이에 따라 대학들은 전산센터를 설치하기 시작했고, 모든 사용자들이 그 사용법을 숙지해야만 했었다. 그 뒤에 개인용 컴퓨터의 발명은 분산적 투입과 대량 확산을 가능하게 했다. 처음에는 테이프에, 그리고 디스켓에 이루어지는 데이터 저장이 거대한 자료량의 손쉬운 교환을 가능하게 하자, 컴퓨터는 소통수단으로서 의미 있게 되었다. 아직도 이 전달방식은 물론 가장 오래된 전송형식, 즉 우편에 의존하고 있었다. 그러나 자동적인 데이터 검정과 자동적인 데이터 교정으로, 예를 들면 최신의 전기(傳記)를 산출해 내는 작업 같은 것은 이미 명백히 단축되었다. 1960년대 말부터 네트워킹 시스템이 시장에 출현했는데, 이는 1970년대부터는 전화선을 이용하기 시작했다. 최초의 전산망은 다양한 기관, 그중에서도 또한 본질적으로 대학과 그곳에 설치된 수학 및 자연과학 계통의 기관에서 나왔다. 이들 전산망은 주로 국가 단위로 설치되어 있었는데, 부분적으로는 또한 이미 양국 간에 그리고 유럽에서는 유럽 전역에 걸쳐 연결되었다(EURONET). 가장 널리 확산된 전산망으로는 비트넷(BITNET)이 있었는데, 이는 1990년 37개국에 있는 13,000대의 컴퓨터를 연결하고 있었다. 데이터 교환의 신속성과 정확성은 이러한 기반 위에서 극적으로 개선되었다. 실제로 이제부터는 동일한 최신의 정보가 수천의 사람들에게 동시에 제공되기에 이르렀다. 학자들은 물론 자신의 서재로 돌아갔다. 그러나 그의 주된 활동은 점점 더 전산장치 화면에서의 작업이 되었다. 찾고자 하는 텍스트와 데이터를 단지 기술적으로 압축해서 컴퓨터 화면의 크기대로 재생된 형태로 획득하게 됨에 따라 학자와 그의 지식 사이의 격리가 더욱 강화되었고, 이러한 지식이 띠고 있는 외견상의 기술적 성격도 더욱 결정적이 되었다. 그 밖에도 텍스트와 데이터를 다루는 속도는 이러한 자료들의 일과성, 대체 가능성 그리고 비구속성을 암시한다. 정보공급의 양이 조망이 불가능할 정도로 넘쳐흐르고, 그 성격도 다채로운 데다가, 광범한 익명성마저 지배하여 정보의 가치평가와 선택이 곤란해졌다. 텍스트와 데이터를 그 성립과 확산에서부터 이해한다는 것이 자주 불가능해지고 있다. 화면에서 읽어 내는 데이터는 신경생물학 및 교수법이론상의 인식에 의하면 명백히 기억에 덜 남는다. 개인용 컴퓨터에서 텍스트를 임의로 생산하고 복제할 수 있게 되면서 학문적 저작활동에 요구되는 규율과 훈련도 사라지게 되었다. 다량의 텍스트는 대개 다시금 추상화하는 평가 및 발췌작업을 통해서만 처리될 수 있다.

이미 19세기 초의 대학개혁은 물론 여러 가지 관점에서 보면 또한 지식을 다루는 방식의 개혁이기도 했다. 저 유명한 성취, 즉 세미나는 이미 언급한 바 있다. 세미나는 새로운 수업방식으로서, 앞서 말한 바와 같이, 공통의 목표 및 공통의 문제제기에 입각한 텍스트 작업과 연구토의를 처음으로 가능하게 했던 것이다. 세미나 작업의 구체적인 형태는 물론 다양했던 것으로 보인다. 일종의 강독 세미나도 가능했고, 또한 학생들의 구두발표를 기본 뼈대로 하는 연구 세미나도 가능했다. 또한 오해하지 말아야 할 것은 특정한 문화과학에서는 이미 세미나의 과도한 양식화가 곧 진행되었다는 점이다. 즉 참가가 허락된 학생들은 각각의 정교수에게 선택된 자에 속했다는 식이었다. 실제로 세미나는 대개 아주 합리적으로 진행되었던 것으로 보인다. 물론 개설자가 주제 제시, 원자료와 문헌 선정, 세미나 진행방식의 스타일 그리고 개인적인 인품의 발산 등을 통해 모임의 성격을 결정적으로 규정했겠지만 말이다. 어찌 됐든 세미나 모델은 객관적으로 원칙상 동등한 자들 사이에서 원자료에 입각한 해석을 위한 플랫폼을 창조했는데, 이는 연구지상주의와 연구를 통한 학문의 진보라는 모토에 가장 잘 부응하는 것이었다.

개혁 이후에도 강의(Vorlesung)는 없어지지 않고, 많은 수의 학생과 청중들에게 지식을 전달하는 본질적인 수단으로 남아 있었다. 그러나 강의는 연구를 보고하고, 논구하며 비판하는 부분으로까지 확장되면서 내용적으로 변화된 상황에 적응했다. 특히 독일에서 더욱이 정신과학의 강의는 물론 적어도 제1차 세계대전 이후까지 자주 교양 있는 광범한 청중을 위한 강연으로 구상되었는데, 이때 그 순전한 전문학문적 측면은 탈색되어 있었다. 강의할 수 있는 권리, 즉 강의면허(venia legendi)는 교수직 취임 전의 마지막 자격검증 단계에서 취득하는데, 따라서 또한 본질적인 신분적 지표를 이루었으며, 청중(수강자)의 수가 후보자의 학문적인 성과를 측정하는 데서 중요한 기준이었다. 1945년 이후까지 학생들이 작성한 강의 노트는 이 학생들, 경우에 따라서는 후일의 교수들과 평생 동반할 수 있었다. 말하자면 왕년의 제자는 경우에 따라서 직접 자기 스승의 텍스트로 강의를 하기도 했는데, 이로부터는 자연스럽게 이미 1900년경에 화석화되는 경향도 나타났다.

세미나의 수업형태가 서서히 전문화되고 분화되어 가면서, 주요 세미나(Hauptseminar)에 앞서 예비 세미나(Proseminar)가, 주요 세미나를 넘어서 고급 수학자와 졸업시험 후보자를 위한 고급 세미나(Oberseminar)가, 예비 및 주요 세미나와 병렬하여 둘이나 그 이상의 학기를 지속해서 제공되는 연습(Übung) 등이 등장했다. 이러는 동안에 점점 더 학생들만이 아니라 교수들에게도 요구되는 독서가 광범위해지고 평가적인 성격도 강화되었다. 분과에 따라 상이한 시점부터 종국에는 총체적인 문학식의 독서가 더 이상 요구되지 않거나, 다량의 문헌 때문에 가능하지 않게 되었다. 그리하여 단지 현대적인 색인, 체계적인 목차 구성, 교차참조지시, 인덱스 등에 의존하는 광범위한 부분 독서와 평가적 독서만이 가능해졌다. 동시에 이미 16/17세기에 고안된 각주는 특히 독일의 대학에서 현저히 불어났으며 그 기능을 확장했다. 즉 각주를 통해 이루어지는 증거제시, 코멘트, 비판, 참고 제시 등이 그것이다. 영미권에서는 이 기술을 엄격하게 정규적으로 전달하고 연습시켰다. 이곳에서는 처음부터 시범적 텍스트의 규칙적인 작성에 가치를 부여하고 있었다. 이와 대조적으로, 무엇보다 고전적 시기의 독일에서는 학생들이 이 기본지식을 이미 갖추었을 것으로 전제되거나 스스로의 노력으로 모방을 통해 획득할 것이 기대되었다. 기본적으로 이 상황은 20세기 초와 1970년대부터 조교직이 등장함으로써 달라졌다. 즉 이 시기에 교수법의 개혁이 이루어지고, 초보적이나마 미국식의 모범에 따라 '문화과학 핵심 전공의 규격화'가 진행되었기 때문이다.

반면, 자연과학과 수학 분야에서는 이미 다루는 자료의 복잡성이 증가한 사정이 동기가 되어 늦어도 1850/60년대부터 더욱 깊이 교수법적 측면을 고민하게 되었다. 그리하여 세미나와 실험실 수업이 철저히 구조화되었고 이에 상응하는 플랜이 작성, 시행되었다. 학생들은 실험실의 자리 배분 때문에 미리 수강신청을 해야 했다. 실험기록은 문서적 업적 형태로서 이미 처음부터 큰 역할을 수행했던 것으로 보이는데, 오늘날에는 가장 중요한 과학사 사료가 되고 있다. 수업에서는 가시적인 대상의 제시와 직접 보는 것에 큰 가치를 부여했다. 모든 종류의 모델, 스케치 그리고 화상자료가 당연히 교수활동에 동원되었다. 따라서 이들 과목도 직접적인 화상학문인 미술학과 미술사와 더불어 일찍부터 1960년대 말부터 개발된 복사기에 관심을 보였고, 화상학문과 같이 환등기 등과 같은 기자재를 사용했다. 텔레비전과 비디오레코더도 마찬가지로 우선 이러한 학문을 통해서 대학에 들어왔다. 그 비슷한 것, 그리고 비로소 아주 제대로 응용된 것이 이미 말한 바대로 컴퓨터였다. 진보하는 이런 기술적 설비는 물론 높은 비용지출만이 아니라, 또한 높은 수준의 기술적 요구마저 초래했는데, 이 문제는 자연스럽게 이미 이에 따른 경험을 구비했거나 그렇잖아도 기술 분야에서 작업하는 그러한 대학구성원들에 의해 가장 잘 극복되었다.

대학에 소속된 학자들도 자신의 대상 및 지식영역을 더욱 객관화하고, 그로부터 더욱 거리를 두게 된 것은, 한편 동일한 정도로 방법화와 이론화의 탓으로도 돌려질 수 있다. 이런 추세는 여기서 고찰하는 시기의 초부터 수학과 자연과학 및 의학을 포함하고, 1960년대부터는 전간기의 선구형태와 함께 사회과학을 거쳐 정신 및 문화과학도 석권했다. 방법론의 면에서는 19세기와 20세기 초의 대부분을 풍미했던 고전적·해석학적–이해적 방법이 대표적이며, 시대를 대변하며, 천재적인 것으로 여겨지는 텍스트로의 몰입을 전제했는데, 대학의 학문적 활동이 시대의 추세에 따라 달라지면서 이에 상응하는 결과로 압박을 받게 되었다. 이제부터는 미리 그리고 동반해서, 방법적으로 그리고 개념적으로 문제제기, 텍스트의 선정, 구사하는 평가방법 및 진술의 타당성을 비판적으로 숙고하고 정당화해야 했다. 이러한 과학화 과정(Verwissenschaftlichungsprozß)은 1990년까지도 아직 결코 종결되지 않았다. 또한 구식의 해석학적·문헌학적 접근방식도 여전히 지속되고 있다. 그 대안으로 안출된 사회과학적으로 작업하는 접근방식은 때때로 실증주의라는 비난을 받아야 하는 처지에 몰리기도 한다. 정신 및 문화과학의 방법적, 이론적 근대화가 또한 그 대가를 치러야 했다는 점도 이론의 여지가 없다. 즉 이런 추세에 따라 생산되어 복잡해지고, 아주 공을 들여야만 읽을 수 있는 전문 서적들은 광범한 독자층에게는 거의 즐길 수 없는 것이다. 이러한 서적들의 독자들은 이미 1920/30년대부터 단지 전문학자 자신들뿐이었다. 이에 따라 서적의 가격은 올라가고 판수는 떨어져, 일단 세상에 나오기 위해서라도 출판은 더욱더 보조금에 의존해야만 했다.

현대의 모든 학자들에게 해당되지만, 국외자의 눈에는 기이하고 어처

구니없기까지 한 이러한 발전은 다시금 새로운 대학의 연구지상주의에 직접 귀착되는 것이다. 이는 연구지상주의가 풀어놓은 혁신동력의 결과이며, 어찌됐든 관례적인 형태의 연구지상주의를 폐기하는 대가로서만이 비로소 멈출 수 있으리라. 연구지상주의가 어떻게 구체화되었는지, 그리고 이것이 지식추구, 전달 및 생산에 어떻게 작용했는지를 지식사회학적 시각이 밝혀 주고 있다.

19세기 초의 개혁자들은 미리 주어진 현상과 법칙의 존재를 자명한 것처럼 믿었는데, 이는 연구자가 그저 방법적으로 발견하기만 하면 되는 것으로 생각했다. 그들은 이러한 연구 및 발견과정이 매우 시간이 걸릴 것으로 산정했으나, 그럼에도 불구하고 이 과정이 상응하는 인력, 수단 및 설비가 전제된다면, 가까운 장래에 완결될 것으로 보았다. 그 밖에 이들은 새로운 성과의 유효성은 대개 바로 눈에 띄리라는 가정에서 출발했다. 달리 말하자면 이들 개혁가는 명백한 학문적 진보낙관주의를 대표했다. 그럼에도 불구하고 학문의 실제에서 그들이 일치한 점은, 모든 새로운 발견은 전문가 대표의 공론장에 제시되어야 하며, 그곳에서 검토되고, 인증되며, 때로는 오류인 것으로도 판명되어야 한다는 것이다.

우선 일부의 문화과학에서, 그리고 또한 자연과학과 수학에서도, 이 분야에서는 특히 당시까지 중심적이며 확고한 것으로 여겨진 물리학 법칙이 타당하지 않음을 입증한 양자이론에 따라 1900년경부터는 새로운 관점이 강화되었다. 즉 학문적 인식은 거의 끝이 없으며 인간의 인식은 역사적 변동에 종속되는 구성적 성격을 띠고 있다는 것이다. 이러한 사고방식의 초기적 선구자는 폴란드계 유대인 의사 루드비히 플레크(Ludwig Fleck)인데, 그의 개척적인 저작 『학문적 사실의 성립과 발전(Entstehung und Entwicklung einer wissenschaftlichen Tatsache)』(1935)은 한동안 잊혀졌었다. 1960년대부터 이러한 관점은 각각의 전문가 공동체에 의해 이루어지는 학문적 논증의 창출, 검토 및 인증 또는 폐기 과정에는 독립적인 가치가 부여된다는 정도로까지 첨예화되었다. 즉 이러한 검토과정을 통과한 것은 사실상 진실로 여겨지지만, 이 결과는 목하 현존하는 전문가들의 합의를 벗어난 곳에 깃들어 있는 객관적인 '진리'와 반드시 일치하는 것은 아니라는 것이다.

이러한 인식의 중요성은 거의 과대평가할 수 없다. 대학사적으로 이는 시각을 논증검토과정으로, 특히 전문학술지에서 전개되는 것으로 유도한다. 가장 신속한 혁신은 명백히 다음과 같은 경우에서 확보되었다. 즉 가능한 한 다수의 학자들이 가능한 한 다수의 전문학술지에 발표할 수 있고, 가능한 한 다수의 혁신에 개방적이며 다양한 학문적 경향을 대표하는 전문가들이 객관적인 검토과정을 가능한 한 신속하게 추진할 때라는 것이다. 진지하게 생각해서 단지 소수의 기관지만 존재하는데, 이마저도 하나 아니면 소수의 지배적인 경향의 결정적인 감시자에 불과하고, 보수적인 정신이 지배하는 곳이라면, 오히려 방해만 될 뿐이다. 각각의 대학 및 학문지구가 작으면 작을수록, 더욱더 적은 수의 전문학술지만 존재할 수 있을 뿐이다. 그리고 어떤 임의의 대학지구에서 예컨대 토착주의적 정신이 강하게 지배하면 할수록, 그리고 이는 내부적 비판자나 외부의 정보와 혁신에 대한 토론을 거부하는 경향이 있다면, 그럴수록 국제적 수준이 덜 유지될 수밖에 없다. 달리 말하자면, 대학 학문의 성공에 대해서도 결정적인 것은 무엇보다 이러한 구조적 조건이다.

이러한 조건이 공산주의 블록에서는 1990년까지 주어지지 않고 있었다는 사실은, 따라서 적어도 부분적으로 소비에트 학문의 비탄스러운 좌절이 설명하고 있다. 그 반면에 미국은 대학과 학문의 다원주의에 이미 그 규모에 힘입어 최량의 전제조건을 제공하고 있다. 미국의 일상문화는 혁신에 우호적이며, 다소 비판적으로 보자면 지나치게 새로운 것을 추구하는 습성이 있다. 또한 동등한 발언과 참여기회를 지향하는 민주적 문화는 그 대학 및 학문적 귀결의 면에서 유리한 것으로 평가할 수 있다. 그리하여 예컨대, 동료 검토(peer review), 즉 학술지나 서적을 통해 학문적 논의로 제기한 논증을 검토하는 것은 미국에서 더욱 넓은 범위에서 규칙적으로 행해진다. 접수된 원고는 예컨대 당해 잡지의 편집진에서 익명으로 처리되어 다수의 가능한 한 상이한 학문적 경향에 속하는 심사자들에게 분배된다. 독일의 학문문화에서는 적어도 19세기 말과 20세기 초, 즉 쇠퇴국면에서는 이에 반하여 소규모의 편집위원회 및 결정권을 쥐고 있는 편집자 한 사람이 하는 검토가 통상적이었다. 즉 이러한 시각에서도 20세기에 이루어진 미국 학문의 성장을 설명할 수 있다.

8. 시대의 결산

19세기와 20세기에 유럽의 대학은 지구 전체로 확산되면서 두 가지 변형을 겪었는데, 이는 그 구조와 성격을 근본적으로 바꾸었다.

혁명 프랑스 및 나폴레옹의 프랑스에 대한 구열강의 승리와 함께 프랑스 외부에서도 대학이 폐지되고 고등전문학교로 대체되는 위협은 사라졌다. 그 대신 대학의 경험을 구비하고, 동시에 새로운 해법의 필요성을 확신하고 있던 개혁자들은 엘리트적 이상주의와 국민국가의 근대화 의지를 결합하여 근대적인 연구 및 교양대학을 창출하는 데 성공했다. 이 작업에서 지도적인 역할을 수행한 것은 프로이센의 모델이었다.

19세기의 1/3분기와 마지막 20년 사이, 부분적으로는 20세기 초까지도 유럽과 미국의 새로운 대학은 특허장으로 보장되거나 아니면 적어도 이들이 성공적으로 주장한 학문적 및 조직적 자치권과 자유권을 우선 그들 자체의 동력에 의해 발전시킬 수 있었다. 이 국면은 따라서 '고전적 대학'의 번성기에 해당한다. 그리고 나서 유럽 대륙에는 국가의 영향력이 증대되고, 미국에서는 당면의 경제적·사회적 그리고 정치적 요구에 스스로 적응하는 사태가 전면에 드러난다. 기타의 대학 지역에서는 국가대학이라는 유럽식 모델이 우세했다. 이곳에서도 대학에는 증대하는 국가 간의 경쟁과 자연과학, 기술의 진보와 관련지어 국민국가 건설, 국가적 역량강화의 동력기관으로 봉사할 과업이 부여되었다.

이러한 방식으로 증가된 외부에서 강요한 대학 자치의 제약은 내부적 발전과 짝하여 진행되었는데, 이 역시 대학의 자치를 마찬가지로 어렵게 했다. 기구, 인력, 전문적 기능역할 그리고 학생 수는 여러 배로 늘어났을 뿐만 아니라, 또한 더욱더 심하게 어긋나는 발전을 하기 시작했다. 특히 내용과 방법으로 조건지어진 정신 및 문화과학과 자연과학 및 공학의 차이는 더욱 분명하게 대립적인 관계로까지 성장해 버렸다. 유럽 대륙에서는 1900년경 염세적이고 체념적인 경향마저 나타났는데, 이는 국가와 사회의 압력에 대항하여 대학의 자치권을 고수하겠다는 대학교수들의 의지를 약화시켰다. 그러나 미래를 위해 결정적인 것은 재정적 요소였으리라. 즉 자연과학, 의학, 공학 그리고 경제학 계열이 잡은 기회가 그러한 것이었다. 이들은 국가나 사기업의 연구 주문을 받아들이면서 추가적인 재원, 그리고 이와 함께 추가적인 인력, 추가적인 장비 등, 즉 추가적인 연구가능성과 대학 전체에 대한 추가적인 영향력을 획득하였던 것이다.

유럽이 전쟁에 말려들고, 민주주의가 좌절되어 독재가 등장하고, 다시금 1945년까지 전쟁을 겪은 사태는 미국의 대학이 전 세계적으로 지도적인 역할을 수행할 수 있도록 작용했다. 물론 미국의 대학은 오래된 유럽의 자매들보다 더 풍부한 다양성을 과거와 현재에도 보이고 있다. 이에 상응하여 1945년 이후에 대학에서 행해지는 연구와 교육의 중점은 학문적 의사소통, 수학과 경력노선에서의 불가피한 귀결과 함께 서서히 북아메리카로 이전되었다. 냉전의 논리는 서방국가들이 서방진영의 지도적 강대국을 지향하게 했을 뿐만 아니라, 서방 민주진영의 정체성과 충성심을 배양하고, 산업사회의 힘과 복지를 확보하기 위해 대학을 도구화하는 경향을 강화했다. 미국에서 출발한 이른바 1968년 운동은 바로 전통적인 대학문화에 근본적인 의문을 제기함으로써 한편으로 이러한 문화의 부분적인 근대화를 초래하면서도, 다른 한편으로는 대학의 자의식을 뒤흔들어 대학이 대중 고등교육기관으로 변형되는 과정을 가속화했다. 정치의 관점에서 이제부터 대학은 기타의 고등교육기관과 같이 고등교육정책으로 조정할 사안이 되어 버렸다.

늦어도 1980년대부터 조망이 불가능해지고, 내부에서는 공허해지고, 단지 피상적인 자체 정체성만을 확보한 대중대학은 고도로 다양한 대학경관 속에 정착했는데, 이에 덧붙여 새로운 양상으로 전개된 직접적인 외부의 조정시도에 굴복하게 되었다. 이는 한편으로 정치적인 계획의지에서, 다른 한편으로는 염려스러워 보이는 연구방향(원자 및 유전자 연구), 연구방법(예컨대 동물실험) 및 연구결과(생태학적으로 위해한 거대 기술)에 대한 정치적·사회적 비판에서 유래하고 있다. 대학은 나아가 그 조직과 제도 형태에서 점점 더 급속한 변경을 맞이해야 할 처지에 놓여 있다.

제4장

• 유럽 대학의 역사 •

현재의 조망과 총 결산

제4장

현재의 조망과 총 결산

1990년 소비에트 연방이 붕괴하고, 유일하게 남은 초강대국 미국이 예전에 소비에트가 지배하던 세계의 지역으로 진출하기 시작하면서 대학의 외곽조건과 발전시각도 새로이 변모했다.

일차적 및 이차적(미국의) 유럽식 대학 모델의 공산주의적 라이벌은 무대에서 퇴장하기 시작했다. 그 자리는 더욱더 승자의 해법이 차지하고 있는데, 이제 동시에 그에 내재하는 경향도 충분히 전개될 수 있다. 어떤 경향이 문제가 되고, 어떤 방향으로 발전이 될지는 역사적으로는 아직 여전히 불분명하지만, 사회과학적 관점에서는 이미 예상이 되는 바이다. 예상되는 것은 대학이 '새로운 학문적 또는 과학사회(Wissenschaftsgesellschaft)'에서 경제적으로 재구성된 전문대학 및 프로젝트 대학으로 전환하는 것이다.

이 표어가 의미하는 것은 21세기로 넘어가는 과정에서 이미 물질적 재생산, 즉 경제는 명백히 예전보다 더 높은 정도로 기초 및 특수지식을 요구한다는 점이다. 개인은 시장 참여자로서 그가 투자자이든, 생산자이든, 서비스 제공자이든 아니면 소비자이든 간에 경쟁에서 살아남을 수

그림 6 학문의 전당(Cathedral of Learning), 피츠버그 대학, 1926–37년 건립(사진: E. Gottlieb)

있기 위해서 예전보다 더 많은 지식을 확보해야만 할 것이다. 동일한 사항이 정치에도 해당된다. 정치적 참여와 정치적 리더십은 정치체제 안에서 기능하기 위해서 더욱 제고된 지식역량을 전제하는데, 이렇게 되어야 비로소 정치치제가 작동한다. 또한 사회와 문화 영역에서도 지식의 요구수준은 눈에 띄게 상승했다. 모든 사회적 상승과 상위의 지위에서 이루어지는 모든 주장, 또한 공통의 문화에 대한 모두의 성공적인 참여와 이로써 이루어지는 각종의 문화적 통합은 이에 상응하는 확장된 지식역량을 요구한다. 이런 사태의 역사적 배경은 분명하다. 생산과 원료 및 에너지소비에 중점을 둔 낡은 산업사회에서 현대의 서비스 사회로 전환하는 과정에서 모든 생활사정이 내부적으로 복잡해지고, 새로운 매체와 예전에는 이 정도로까지는 알려지지 않은 정보량의 제공 등이 등장하면서 이 모든 사태의 귀결을 처리하는 것이 문제되고 있다. 나아가 세계 전 지역이 연계되고—특히 유럽화—지구촌화되면서 각 국가들은 더욱 가까워졌다. 그 결과 자국만을 기준으로 설정하는 것은 의미를 상실하고, 한 국가의 독자노선 추구라는 것은 더욱더 불가능해졌다. 끝으로 밀도가 높아진 경쟁 관계로 전체적인 발전이 역사적으로 지금까지 알려진 바가 없는 방식으로 가속화되고 있다.

지식기관이 이 새로운 상황에 부합하려면, 따라서 가능한 한 저비용으로 더 많은 지식—게다가 이는 더욱 빨리 교체되어야 한다—을 종래보다 더 합목적적이고 효율적으로, 다양하고 경우에 따라서는 자주 바뀌는 수요 집단을 위해 생산하고 이들에게 전달해야 한다. 유럽의 지배적인 논쟁에서 대학은 종래의 형태로 이와 같은 요구를 충족시키기에는 오히려 부적절한 것으로 보인다. 이러한 결론을 도출하는 논증을 이 자리에서 간략하게 소개해 보자.

대학은 우선 잘못된 지식을 전달한다. 즉 주어진 생활조건을 최적으로 구성하기 위한 유용한 지식보다 시의에 맞지 않고 쓸모없는 소위 교양지식으로 가득 찬 부담만 전달하고 있다. 둘째로 대학은 그 지식을 비효율적으로 전달하고 있다. 즉 그 전달방식이 너무 느리고 너무 비효율적이다. 더구나 유럽, 그중에서도 특히 독일의 대학 졸업자들은 너무 오랜 기간을 수학하는데도, 그들에게는 배웠으리라고 생각되는 것이 너무 적게 남아 있다. 그리고 그들은 이러한 지식을 사태에 부합하게—이것이 의미하는 바는 직업적으로 그리고 경제적으로 유용하게—응용하는 데는 여전히 무능하다. 셋째로, 이 두 가지 중대한 약점은 대학 내부의 경직된 구조와 대학이 그를 둘러싸고 있는 환경과 단절된 사태에서 연유하는 것이리라. 대학자치의 전통적인 형태는 이제 결정적으로 시대에 뒤떨어졌고, 그 나머지 잔재마저도 폐지되어야 한다. 그러나 대학과 이를 전적으로 지탱하는 교수들로부터는 이와 같은 것은 거의 기대할 수 없을 것이다. 왜냐하면 대학과 교수들은 그 조절과 개혁의 기초가 되는 자신들의 처지에 대한 객관적 진단을 수행하기에도 이미 여전히 무능한 실정이기 때문이다. 넷째로, 대학의 연구조차도, 즉 지식의 생산도 현저한 결함을 보이고 있다. 이는 너무나 느리게 이루어지고 있고, 게다가 각 대학의 내부에서나 대학 간에서도, 또한 대학 외부의 연구기관과도 전혀 조율이 되어 있지 않다. 그리고 그 작업 영역이나 목표의 설정이 최근의 사회적 요구 대신에 너무나도 교수 자신들의 개인적 관심에서 이루어지고 있는데, 그렇기 때문에 자주, 물질적이든(경제적으로 의미 있는 연구) 아니면 비물질적이든(윤리적이며 정치적으로 바람직하면 책임을 떠맡을 수 있는 연구) 간에, 바로 이러한 사회적 요구에 반하고 있다는 것이다. 다섯째로 이 모든 결함에서 반박의 여지없지 제기되는 바는, 바로 대학이 그 성취에 비추어 너무도 비싸다는 점인데, 즉 대학도 경제적 효율성의 기준에 종속되어야 한다는 것이다. 이러한 비판적인 논의는 그동안 특히 유럽에서 고등교육 정책의 개혁을 초래했는데, 이는 실제로 그러한지 아니면 언필칭 그러한지, 미국의 승리자 모델을 지향하거나 아니면 직간접적으로 대학의 완전한 폐지를 추구하고 있다.

잘못되거나 무용한 지식의 전달과 지식전달의 비효율성과 같은 문제는 교육(수학) 방식의 개혁을 통해서라도 극복되어야 할 것이다. 전면에 두드러진 요구는 수업내용에서 이른바 시대에 뒤떨어지거나 '쓸모없는' 지식의 군살을 빼라는 것이다. 그런데 이런 요구는 간과할 수 없는 문제로, 대부분의 서방 국가에서 법률이나 헌법으로 보장된 학문과 교수의 자유라는 원칙과 충돌한다는 점이다. 특히 바로 그렇기 때문에 이 '군살 빼기'는 대개 간접적으로, 즉 수학과정을 분할하거나 특화시킴으로서 달성되어야 할 것이다. 직업능력이 있는 졸업자격의 획득을 목표로 하는 기초과정(Grundstudium)은 3–4년 동안에 단지 그에 상응하는 목표를 지향하는 지식만을 전달해야 할 것이다. 확장된 지식요구는 가장 우수한 학생 및 학문후속세대를 위한 심화과정 및 '대학원 과정(Graduiertenstudium)'[1]에 유보된다. 이에 수반하여 담당교수들의 수업 평가를 통해서 그리고 튜터제도, 중간시험(Zwischenprüfung),[2] 정확한 학습내용 제시, 적절한 매체 활용, 수업계획, 점검사항 목록의 이행을 강화하는 등으로 교수의 개선이 추구되고 있다. 과중한 부담을 지고 있는 과목들이 안고 있는 근본 문제, 즉 소수의 교수자가 과대한 학생 수에 적응하는 문제는 재정적으로 거의 불가능한 정규 교수진의 증가를 통해서가 아니라 기존 교수자들의 담당 수업시간을 늘리거나, 비정규직 교수인력을 투입하는 것으로 해결하려 한다.

대학 자치의 화석화된 구조는 강화된 외부의 통제와 내부적 긴장을

---

1 전통적으로 유럽, 특히 독일의 대학에는 미국이나 우리나라 대학에서와 같이 학부과정과 명백히 구분되는 대학원 과정이 없다. 1990년대 말부터 유럽 대학의 졸업 및 학위수여 체제를 통일한다는 이른바 볼로냐 협정(Bologna Process)에 따라, BA 학위를 취득하고 그 이상의 학위를 수여하는 대학원 과정을 설치하였다. 그러나 그 운영 방식은 미국의 대학원과 꽤 차이가 있다.

2 이는 우리네 대학에서와 같이 모든 과목에서 매 학기 중간에 실시하는 시험이 아니라, 한 전공의 수학과정 중간 지점에서 당해 전공의 학업성취도를 포괄적으로 시험하는 것이다. 이 시험의 당락에 따라 해당 전공의 지속적 수학 허용여부가 결정된다.

통해서 완화되고 혁신되어야 할 것이다. 그리하여 유럽 대륙의 대학들에도 대학이사회(Hochschulrat)[3]가 도입되기 시작했는데, 이는 대학의 경제와 경영에 관한 기획 및 조언 권한과 추가적인 통제기능을 행사하게 되어 있다. 최고의 집행부와 집행직역—총장직, 대학평의회(Senat), 학장직—에게는 추가적으로 개별 교수들과 그들의 합의를 능가하는 결정권이 위임되었다. 총장직과 학장직은 좀 더 전문적으로 행사되어야 하는데, 이는 예컨대 각 직책 보유자들의 추가적인 경영자 수업이나 전문적인 대학 경영인을 임명함으로서 달성된다고 한다.

대학의 연구와 관련해서는 지금까지 어떤 국가도 이를 완전히 폐지하고, 전적으로 사기업이나 대학 외부의 국가 연구기관에 맡기는 것을 환영하지는 않았다. 교육의 요소로서 연구 활동은 그러나 경향적으로 1차 졸업후 과정에 한정되고 있는 추세다. 더욱 대대적으로 연구력을 집중하고 또 전공단위, 학부 및 대학의 연구 활동을 결속할 것이 요구되고 있다. 종국에는 모든 대학이 전체적인 지식과 연구의 스펙트럼을 제공할 것이 아니라, 지역적·국가적·국제적 틀 안에서 중점 및 전문화 대학이 형성되어야 한다는 것이다. 그 밖에도 상응하는 수준을 갖춘 대학 외부 기관과의 강화된 협조가 요구되고 장려되고 있는 경향이다. 이러한 차원에서 또는 개별 대학 전체에 대해서 비국가적 및 국가적 원천에서 유래하는 연구재원의 획득이 결정적인 성취의 척도가 된다는 것이다.

이 모든 활동은 대학을 사회와 그 요구에 완전히 개방할 것을 전제하며 결과적으로 그런 사태를 초래한다. 사회는 이제 예전보다 더 강력하게 상응하는 재정 수단을 투입할 용의가 있다는 것이다. 널리 인정된 바와 같이 신속하고, 1990년경부터 더욱 가속화된 이 사회적 요구에 대응

3 1990년대 말부터 독일과 오스트리아의 대학에 도입된 기구로서, 미국 대학의 이사회(board of trustees)와 유사하게 대학외부자가 다수를 점하고 대학의 운영에 관여, 전통적인 교수회의 권능이 일부 이 기구로 이전되어 총장의 선출, 수학과정의 개폐 등을 결정하고, 기금 모집을 담당한다.

하기 위해서, 마침내 한시적인 조직과 활동에 유리하도록 대학의 제도적인 지속성이 제한되거나 심지어 아예 폐지될 것이 추천되며 요구되는 지경에 이르렀다. 이 부분에 가장 급진적인 발상과 조치가 연계되어 있다. 이에 따르면 대학은 교육기업이 되는 것인데, 이는 결국 단지 우연히, 그리고 이 명칭이 경제적으로 매력적인 동안만 대학(Universität)으로(또는 미국의 모범에 따라 세계화되어가는 추세에서 University로) 지칭된다는 것이다. 그렇지 않으면 대학은 교육회사로 변형되는 과정을 통해서, 아니면 또한 직접 기관으로서의 그 성격을 완전히 상실하는바, 즉 하나의 행사장으로 격하된다는 것이다. 그리하여 이러한 시나리오에 의하면 이미 방학대학이나 하계대학이 존재하듯이 거대한 회사나 아니면 기타의 조직이 비정규적으로 혹은 정규적으로 기회대학을 개설할 것인데, 이는 당면한 상황에서 바로 제기되는 여러 가지 수요에 따른다는 것이다. 또 다른 개혁 노선은 원격교육(long distance learning)의 확대를 목표로 하고 있는데, 여기에서 이를 개설하는 대학은 하나의 작은 본부(Headquarter)로 축소되고, 마찬가지로 단지 행사를 통해서만 그 학생들과 접촉하는 것이다.

기업의 지속교육 센터가 **기업 대학**(Corporate Universities)으로 변환된 것은 이미 현저히 진전되었다. 현재 운영되고 있는 것 중 가장 중요하게 꼽히는 것으로는 예컨대 **다이믈러-크라이슬러 대학**(Daimler-Chrysler University), SAP-University,[4] **베르텔스만 대학**(Bertelsmann University) 또는 **루프트한자 경영대학원**(Lufthansa-School of Business) 등이 있는데, 이들에서 보듯이 대학(Universität)이라는 이름도 이미 포기되고 있는 실정이다. 마찬가지로 특히 거대한 국토면적을 가진 제3세계의 국가들에서도, 새로운 종류의 원격대학이나, 전자 교육(E-Learning), 즉 인터넷 기반의 가상대학

4 SAP—Systeme, Anwendungen, Produkte의 약자—는 1972년 독일 남서부에서 전직 IBM 직원 5인이 창설한 소프트웨어 기업으로서, 오늘날 유럽 최대, 세계 4위의 소프트웨어 기업으로 성장. 기업의 모든 업무과정—회계, 통제, 영업, 구매, 생산, 저장, 인사 등—에 대한 소프트웨어적 솔루션을 개발하여 제공하고 있다.

도 부족하지 않은 실정이다.

적어도 1997년에 창립된 스톡홀름의 죄더퇴른 대학(Södertörn-Institut)과 같은 새로운 대학들은 중간단계의 해법을 이루는데, 이 대학은 2003년까지 박사학위 수여권도 획득한다고 한다. 이 대학은 더 이상 학부(Fakultät)조직을 갖추지 않으며, 단지 프로그램과 부분적으로는 고정적이며(기초), 또 부분적으로는 변경되는 (심화/보충) 전공과목 및 교수직과 강사직을 구비하고 있다. 아직도 존재하는 자치위원회(교수위원회)의 권능은 최적의 교수활동 조직으로 국한되어 있다. 이는 전체 대학활동의 50%에 달한다고 하나, 연구로부터는 더욱 분리되어 있다. 연구는 말하자면 주로 외부로부터 충원된 연구집단이 수행하는데, 이들은 내부의 교수들과 함께 소규모의 자치기구를 한시적으로 구성하며, 특별한 재정지원을 받으며, 구체적인 성과를 목표로 설정된 프로그램을 추구한다. 장래 대학의 작업영역은 아직도 최종적으로 확정되지 않았다. 어떤 경우에서든 전통적인 전공스펙트럼 전체가 구비되는 것은 결코 아니라고 한다.

기타의 개혁조치에서 확인되는 바는, 대학행정과 교육의 혁신이 예거된 바와 같은 기구의 주재 아래 이미 현저히 진전되었다는 점이다. 물론 최초의 문제점도 나타났다. 즉 예컨대 일부의 대학위원회는 그 대학의 사정을 면밀하게 알아보려는 용의가 전혀 없어, 책임 있는 계획수립, 공동관리와 통제가 불가능하다는 것이다. 이에 반하여 관례적인 대학의 연구를 직간접적으로 조절하는 주문연구로 교체하는 것은 아직도 지배적인 정치적 및 사회적 기대에 훨씬 뒤처져 있다. 그럼에도 불구하고 외부로부터의 영향력은 지금까지 생각할 수 없는 정도에 도달했다. 무엇보다 교수들이 과소평가하고 직시하려 하지 않던 생물학적인 인간연구와 동물실험의 문제점에 결부되어 일부 국가에서는 이른바 윤리위원회 및 유사한 위원회 조직이 구성되었다. 이런 기구를 통해서 문제가 되는 연구자들에 대한 공공의 압력이 생겨나고 통제가 가해졌다.

다른 한편으로 더욱더 복잡해지고 조망이 불가능해지는 지식, 유익한 자리와 경력에 대한 학자들의 치열한 경쟁 그리고 대학이 바로 사회에 더욱더 긴밀하게 결속되는 현상은 학문적 자기 통제에 새로운 종류의 혼란과 타기할 사태를 초래했다. 1984년 어떤 유명한 실험에서 미국의 어떤 교수가 지도적인 전문 학술지에 논문 한 편을 투고했다. 이 논문은 당해 학술지에서 그다지 오래지 않은 예전에 이미 출판되었는데, 다시금 성공적으로 출판되었다. 또 다른 교수들은 전문술어로 치장하여 고도로 인위적인 어처구니없는 논문을 전문 학술지에 게재하기도 했다. 1986년부터 1992년까지 매사추세츠 공과대학(MIT)의 생물의학자가 저질렀다고 하는 기만행위에 대한 공식적 조사가 진행되었으나, 이는 아무런 명확한 결론을 내지 못했다. 1997년 헤르만(Herrmann)과 브라하(Brach)의 사건—실험결과를 위조했다고 하여 악명 높은 의학교수들—이 독일의 학계와 일반여론에 충격을 주었다. 각국의 학술 후원기관—미국의 국립과학재단(National Science Foundation)과 독일 연구재단(Deutsche Forschungsgemeinschaft) 등—은 어쩔 수 없이 '양심적인 학문적 실천(guter wissenschaftlicher Praxis)'을 위한 지침을 제시했다. 즉 학문 활동을 위한 윤리 및 명예기준을 공식화한 것인데, 이는 명백히 더 이상 학문 공동체(scientific community) 자체에 의해서, 그들의 실천과 자의식으로 확보될 수 없다는 말이 되겠다. 적어도 그 핵심영역이 이렇게 법제화되는 경향 속에서도 학문은 학문적 작업의 외부적 통제가 필요해졌다는 점을 고백하지 않았을 뿐만 아니라, 상응하는 역량을 갖추고 무엇보다 대학에서 생산되어 세대를 거쳐 전수되는 전통이 더 이상 충분한 정도로 존재하지 않고 있다는 신호도 보낸 것이다.

끝으로 지적되어야 할 것은 늦어도 1970년대 말부터 개화한 문화연구(cultural studies)는 대학이 이를 둘러싸고 있는 사회에 대해 개방할 것을 의미하는데, 특히 젠더 연구, 소수집단 연구, 통합연구 등이 의식적으로 가장 긴급한 문제와 결부되어 있는 곳에서 더욱 그러하다는 점이다. 이러한 연구의 배경에는 자주 이를 넘어서 전문가의 연구와 전문적인 학문에 대해서 일반적인 불신감이 개재되어 있는데, 이는 원래 학문적으로 훈련된 당사자들의 자기 연구 또는 적어도 당사자들의 참여를 통해서 극복되어야 할 것이리라. 이 경우에 대개 동원된 방법과 시도된 해명의 복잡성이 더 넓은 범위의 이해를 돕기 위해 축소되어야 하는 것은 부분적으로 양해되거나 수용되고 있다. 방법적 요구는 일차적으로 대상에 따라 제약되고 단순히 연구자들의 합의에 종속되는 것이 아니기 때문에, 학문의 관점에서 결국 학문성의 과업으로 귀착되는 것은 이러한 시각에서 볼 때 유익한 것으로 간주된다. 왜냐하면 그것은 방법이나 학문성이 아니라, 관련된 당사자 개인들이나 집단에게서는 결과의 설득력과 적합성에 달려 있기 때문이다. 부분적으로 나타나는 사회과학의 방법 과잉은 기타의 정신 및 문화과학까지도 사로잡고 있는데, 따라서 다양하고 변동하는 사회적 요구집단에 더욱 신속하고, 직접적으로 더욱 계발적이며(외견상) 더욱 유용한 진술을 제공하기 위해서 방법적 자의성과 피상성에 굴복하는 경향마저 보이고 있다. 위탁연구와 연관해서 자주 들리는 요구는 이러한 딜레마를 표출하고 있다. "나는 그것이 잘되는 것을 원하지 않는다(I don't want it good) 나는 그것을 지금 원한다(I want it now)!"[5]

그러면 최근의 이런 풍경을 고려할 때 유럽 대학의 역사에 대하여 전체적으로 어떤 대차대조표를 간략하게 뽑아낼 것인가? 우리의 서술이 보여 주는 바에 의하면 유럽의 대학은 외부와 단절된 정신적 천재들이 모인 자유로운 자치의 요새가 결코 아니었으며, 이러한 관념에서 출발하는 모든 종류의 현실비판은 따라서 환상적이라는 점이다. 어느 곳에서나 원칙적으로 유동적인 조합에서 곧 고정적인 기관이 되어 버린 지

---

5 말하자면 대학의 학자들이 추구하듯이, 방법적 및 개념적으로 잘 다듬어지고, 단기적으로 유효할 뿐만 아니라 학문적 비판을 견뎌내는 정도의 결과를 거두는 것.(원주)

식기관은 오히려 처음부터 우선은 강력하게 교회에, 그리고 나서 정치적인—처음에는 군주국가의 그리고 나서는 국민국가의—, 마지막으로는 사회적·경제적 연관관계 및 권력관계에 깊이 얽혀 있었다. 물론 단선적으로 늘 더욱 강력해진 외부의 통제에 이르는 것은 결코 아니었지만, 달라진 것은 순전히 각기의 상황에서 얽혀 있고 복무하는 정도의 문제였다. 그 밖에 이 변동은 대학이나 교수에 적대적인 음험한 세력의 책동에서 초래된 것이 아니라, 각각의 역사적인 전체연관 및 발전의 메커니즘과 역동성으로부터 해명될 수 있는 것이다. 단호하게 역사화할 수 있는 것은 또한 본래적인 대학의 운영자, 즉 교수들의 멘털리티, 태도, 역할 및 업적이다. 이들 역시 늘 이들이 처한 시대의 자식들이었다. 대학의 역사는 다양한 고도의 정신적 성취로 보고할 수 있지만, 그것은 교수가 발휘한 창의성의 역사만은 아니다. 특히 확인할 수 있는 바는 교수와 그들의 역사적 역할은 개인전기적인 것이 아니라 더욱 강력하게 집단적 시각에 놓고 파악해야 한다는 점이다. 이것이 의미하는 바는 또한 각 교수집단의 사회적 이해관계를 합당하게 유의해야 한다는 점이다. 가족대학적 경향은 오늘날에도 완전히 없어진 것은 아니다. 학문의 헌신적인 봉사자라는 유형은 역사적이며 현재적인 실재이기도 하지만, 자주 그렇게 여겨진 것보다는 덜 확산되어 있었다.

바로 이런 배경에서 유럽 대학의 업적결산은 모든 한계에도 불구하고—대체로 새로운 정신, 문화적 조류에 방어적인 것부터 보수적이기까지 한 입장—고도로 의미심장한 것으로 평가해야 할 것이다. 개별적인 몇 개의 단계를 제외하고 모든 시대에서 대학은 현저한 일반 교육과 전문적 역량의 양성이라는 과업을 수행해 왔다. 대학은 시작부터 평등, 즉 지식 앞의 근본적인 평등 및 지식을 향한 업적 경쟁에서 적어도 경향적으로 평등한 출발기회를 배려했다. 이에 상응하여 대학은 벌써 일찍부터 모든 방해에도 불구하고 중요하며, 현재에 이르기까지 거의 지속적으로 강화된 사회적 상승의 기구로 기능해 왔다. 대학과 그 학문은 유럽과 유럽의 국가군 그리고 유럽 밖에 있는 그 파생체와 모방체의 문화적 형성, 정체성 확립 및 자의식 각성에 결정적으로 기여했다. 이로써 대학은 물론 유럽 역사의 유감스러운 측면에도 가담했는데, 무엇보다 근대의 식민주의와 제국주의, 또한 유럽 및 미국의 산업자본주의에 의한 지구의 정복이 그러한 것들이다. 이는 다른 문화권의 고유성과 가치를 거의 존중하지 않는 독특한 경제양식이며 생활양식으로서, 동시에 다수의 인간을 위한 복지와 생태학적 재앙의 야기와 결부되어 있다. 유럽의 문화는 그동안 동시에 고도의 자기비판을 발달시켰으며, 바로 이러한 변명과 비판의 상호작용으로부터 그 역동성을 획득했는데, 이는 두드러진 보편사적, 어찌 됐든 각각의 현재라는 시각의 좁은 지평에 매몰되지 않은 시각을 보여 주고 있다. 이러한 정신의 발달과 각성도 마찬가지로 대학의 덕분으로 봐도 좋으리라. 달리 말하자면, 유럽은 직접적인 목적에서 정복국가적이거나 식민통치를 정당화하고 이를 수탈하는 지식만이 아니라, 또한 포괄적인 지평에 정착한 제국주의 비판, 저항적 사고, 유럽중심주의의 비판, 인권사상 등을 창출해 냈다. 물론 이러한 일에서 대학은 결코 독점적이지 않았으며, 아마도 반드시 결정적이지도 않았지만, 현저한 정도로 참여했다.

대학이 이룬 두 개의 성취, 즉 지식 앞에서의 평등과 이를 통한 사회적 상승의 가능성 부여, 그리고 전체 사회의 생산요소이며 발전동력으로서 연구와 학문에 결정적으로 참여하는 것, 이 두 가지는 21세기의 매우 변화된 조건에서도 지속될 수 있을 것이다. 일차적이며 이차적인(미국식의) 유럽적 대학이 가까운 장래에 완전히 소멸되리라고 볼 수도 없다. 연구와 교수의 자유는 적어도 감소된 형태로 살아남을 것이다. 왜냐하면 이는 동시에 학문적 참여에서 포기할 수 없는 동기유발의 핵이기 때문이다. 자유롭지만 조율된 연구와 교수의 조합적 조직이 완전히 포기되는 것도 그 기능성에 비추어 볼 때 역시 거의 기대할 수 없다. 물론 대학의 작업을 이해시키고, 외부의 통제에 개방하며, 그 중요성을 공격적으로 외부에 제시해야 하는 압력은 증대하고 있다.

반면, 우리의 개관에서 마지막 두 소절은 대학이 거둔 추가적 성취를 보존한다는 점에서 다소의 염려를 불러일으킨다. 말하자면 이 추가적 성취란 사회적 및 개인적 자기반성과 역사적 위치규정을 형성하고 지속적으로 발전시키는 것을 촉진한 것이었다. 최근의 대학사 서술에 나타나는 가장 강력한 경향은 대학의 지평을 현재로 제한하는 것에 목표를 두고 있다. 전체적인 개혁의 모색도 마찬가지로 현재의 필요에 지향되어 있다. 그러나 모든 진지한 문명사적·인문주의적 자기반성과 규범이해는 불가피하게 과거, 현재 그리고 미래를 같이 고려해야 한다. 그리고 인류의 진보에 불가결한 그런 종류의 자기반성은, 허다한 대학 비판자들은 잘못 생각하고 있지만, 정확히 이런 이유에서 결코 언론매체에만 맡겨질 수 없다. 왜냐하면 바로 이러한 언론매체는 그 지평이 더욱이 극단적으로 현재에만 관련되어 있어, 나날의 당면한 문제에 주목하여 불가피하게 일시적이며 피상적이기 때문이다. 달리 말하자면, 대학이 직간접적으로 제기하는 제도화된 사회, 문화, 정치적인 비판적 자기반성이야말로 유럽을 대학사적으로 그렇게도 의미심장하게 만들었던 것이다. 이러한 자기반성은 또한 미래에도 제도적이며, 비교적 현재와 거리를 두고, 자유롭고 믿을 만한 토대를 요구한다. 그러나 이러한 측면은 목하 진행 중인 논의에서 아직 적절히 평가되지 못하고 있는 것도 명백한 현실이다.

부록

• 유럽 대학의 역사 •

약어

AHR	*American Historical Review*
BWG	*Berichte zur Wissenschaftsgeschichte*
HU	*History of Universities*
JKG	*Jahrbuch für Kommunikationsgeschichte*
JUG	*Jahrbuch für Universitätsgeschichte*
ZfG	*Zeitschrift für Geschichtswissenschaft*
ZHF	*Zeitschrift für historische Forschung*

사료 및 문헌

문헌 목록에서는 도입부에 언급된 범위의 주제에 대하여 가장 중요한 서술 및 연구문헌—때때로 사료도 포함하여—만 수록하였다. 체계적인 증거, 심지어 체계적인 서지학적 안내는 의도하지 않았다. 각주를 포기해야만 했기 때문에, 개별적인 저작의 제목에는 괄호로 간략한 설명이나 추가적인 참조가 첨부되었다.

문헌목록 및 기타 자료

현재 수준에서 완결된 문헌목록은 아직 나오지 않았다. 속간되는 연구 문헌에 대한 보고는 위에 언급한 학술지들, BWG, HU 및 JUG가 제공하고 있다.

L. Jilek (ed.), *Historical Compendium of European Universities*, 1984.

World List of Universities and other Institutions of Higher Education, 2000.

International Handbook of Universities, 15th Edition, 2001.

L. Boehm, R. A. Müller (ed.), *Universitäten und Hochschulen in Deutschland, Österreich und der Schweiz*, 1983.

American Universities and Colleges, 15th Edition. Produced in Collaboration with the American Council on Education, 1997.

G. Postiglioni, Grace C. L. Mak (ed.), *Asian Higher Education, An International Handbook and Reference Guide*, 1997.

도입

W. Rüegg, *Was lehrt die Geschichte der Universität?*, 1994.

R. vom Bruch, "Wissenschaft im Gehäuse. Vom Nutzen und Nachteil institutionsgeschichtlicher Perspektiven," in: *BWG* 23 (2003) 37–50.

E. Ashby, "Ivory towers in tommorow's world," in: *Journal of higher education* 38 (Nov. 1967) S. 417.

L Boehm, "Wissenschaft und Bildung. Aspekte zum Verhältnis der beiden Wissensformen in historischen Erfahrungsräumen," in: *BWG* 23 (2000) 83–114.

Th. S. Kuhn, *Die Struktur wissenschaftlicher Revolutionen*, 1969 [engl. 1965].

P. Wagner, *Der Raum des Gelehrten. Eine Topographie akademischer Praxis*, 1993.

M. Herren, "'Die Erweiterung des Wissens beruht vorzugsweise auf dem Kontakt mit der Umwelt' Wissenschaftliche Netzwerke aus historischer Perpektive," in: *ZfG* 49 (2001) 197–207.

St. Shapin, "History of Science and its sociological reconstructions," in: *History of Science* 20 (1982), 157–211.

H. Grössing (ed.), *Themen der Wissenschaftsgeschichte*, 2000.

W. Rüegg (ed.), *Geschichte der Universität in Europa*, 4 vols., 1993–2002.

R. A. Müller, *Geschichte der Universität. Von der mittelalterlichen Universitas zur deutschen Hochschule*, 1990.

R. A. Müller, "Genese, Methoden und Tendenzen der allgemeinen deutschen Universitätsgeschichte," in: *Mitteilungen der Österreichischen Gesellschaft für Wissenschaftsgeschichte* 20 (2000), 181–202.

K. Rückbrod, *Universität und Kollegium. Baugeschichte und Bautyp*, 1977.

제1장: 중세

사료: H. Rüthing (ed.), *Die mittelalterliche Universität*, 1973.

G. Reisch, *Margarita Philosophica* [1503], repr. 1972.

유럽 대학의 비잔티움적 전사에 대해서는, W. T. Treadgold, "The reviral of byzantine learning and the revival of the byzantine state," in: *AHR* 84 (1979) 1245–1266.

Rüegg, vol.1, 1993.

F. Cardini, M. T. Fumagalli Beonio-Brocchieri, *Universitäten im Mittelalter. Die europäischen Stätten des Wissens*, 1991.

W. Steffens, *Die studentische Autonomie im mittelalterlicen Bologna*, 1981.

G. P. Brizzi (ed.), *L'Università a Bologna*, 1988.

St. C. Ferruolo, *The Origin of the university. The schools of Paris and their critics*, 1100–1215, 1985.

A. Patschovsky (ed.), *Die Universität in Alteuropa*, 1994.

J. Miethke, "Die Kirche und die Universität im 13. Jhdt.," in: J. Fried (ed.), *Schulen und Studium im sozialen Wandel des hohen und späten Mittelalters*, 1986, 285–320.

O. Pedersen, *The first universities. Studium generale and the origins of university in Europe*, 1997.

P. Kibre, *Scholarly privileges in the Middle Ages*, 1966.

H. Boockmann, "Ikonographie der Universität," in: Fried, *Schulen*, 565–599.

D. Maffei, H. de Ridder-Simoens (ed.), *I collegi universitari in Europa*, 1991.

J. Miethke, "Die Studenten", in: P. Moraw (ed.), *Unterwegssein im Mittelalter*, 1985, 49–70.

R. Chr. Schwinges, *Deutsche Universitätsbesucher im 14. und 15. Jahrt.*, 1986

A. Seifert, "Studium als soziales System", in: Fried, *Schulen*, 601–619.

W. Allweiss, "Von der Disputation zur Dissertation. Das Promotionswesen in Deutschland bis zum 19. Jhdt.," in: R. Jung, P. Kaegbien (ed.), *Diessertationen in Wissenschaft und Bibliotheken*, 1979, 16–28.

R. Chr. Schwinges (ed.), *Artisten und Philosophen. Wissenschafts- und Wirkungsgeschichte einer Fakultät vom 13. bis zum 19. Jhdt.*, 1999, 9–104.

J. Baumgärtner, "'De privilegiis doctorum', Über Gelehrtenstand und Doktorwürde im späten Mittelalter," in: *Historisches Jahrbuch* 106 (1986) 298–332.

J. A. Aersten, A. Speer (ed.), *Geistesleben im 13. Jhdt.*, 2000.

B. Law, *Rise and decline of the scholastic "quaestio disputata,"* 1993.

F. van Steenberghen, *La philosophie au XIIIe siècle*, 1991.

J. A. Aersten u. a. (ed.), *Nach der Verurteilung 1277. Philosophie und Theologie an der Universität vom Paris im letzten Viertel des 13. Jhdts.*, 2001.

U. Shaefer (ed.), *Artes im Mittelalter*, 1999.

E. J. Polak, *A textual study of Jacques de Dinant's Summa dictaminis*, 1975

H. Kischlat, *Studien zur Verbreitung von Übersetzungen arabischer philosophischer Werke in Westeuropa 1150-1400. Das Zeugnis der Bibliotheken*, 2000.

H. G. Walter, "Die Veränderbarkeit der Welt. Von der Folgen der Konfrontation des Abendlandes mit dem 'Andere' im 13. Jhdt.," in: J. A. Aersten (ed.), *Geistesleben im 13. Jhdt.*, 2000, 625–638.

S. de Rachewiltz, J. Riedmann (ed.), *Kommunikation und Mobilität im Mittelaler, Begegnungen zwischen dem Süden und der Mitte Europas*, 1995.

M. Folkerts, *Euclid in Medieval Europe*, 1989.

K. Herbers, "Wissenskontakte und Wissensvermittlung in Spanien im 12. und 13. Jhdt. Sprache, Verbreitung und Reaktionen," in: Schaefer, *Artes*, 230–248.

N. Siraisi, "Die medizinische Fakultät," in: Rüegg vol. 1, 321–342.

A. Garcia y Garcia, "Die Rechtsfakultät," in: Rüegg vol. 343–358.

M. Asztalos, "Die theologische Fakultät," in: Rüegg vol. 1, 359–386.

H. Graf Reventlow, *Epochen der Bibelauslegung*, vol. 2. 1991.

Aersten/Speer, *Geistesleben*, 2000, 297–393.

M. B. Parkes (ed.), *Medieval scribers, manuscripts and libraries*, 1978.

J. Miethke, *Die mittelatlichen Universitäten und das gesprochene Wort*, 1990.

S. Heinemann–Seebach, "Diagrammatik und Gedächtniskunst. Zur Bedeutung der Schrift für die Ars commemorativa im 15. Jhdt.," in: M. Kintzinger u. a. (ed.), *Schulen und Schüler im Mittelalter. Beiträge zur europäischen Bildungs-geschichte des 9. bis 15. Jhdts.*, 1996, 385–410.

J. Baumgärtner, "An expediat habere mutlos libros? Zum Wert von Büchern oder der Bildungshorizont eines Oldradus de Ponte," in: *Archiv für Kulturgeschichte* 74 (1992) 1–20.

F. Smahel, "Zwei Vorlesungsverzeichnisse zum Magisterium an der Prager Artistenuniversität aus deren Blütezeit 1388–1390," in: *JUG* 4 (2001), 195–207.

J. Verger, *Men of learning at the end of the Middle Ages*, 2000 [franz. 1996].

제2장: 근대 초기

사료: *Der Schatz des Amplonius. Die große Bibliothek des Mittelalters in Erfurt*, 2001.

J. Dury, *The reformed school and the reformed library keeper* [1650], repr. 1974.

Gelegentliche Gedanken über Universitäten, von J. J. Engel u. a. 1990.

Rüegg, vol. 1, 특히 387–410, 및 vol 2.

J. Ijseijn (ed.), *The universities in the late Middle Ages*, 1978.

R. N. Swanson, *Universities, academics and the Great Schism*, 1979.

R. Stichweh, *Der frümoderne Staat und die europäische Universität*, 1991.

P. Moraw, "Einheit und Vielfalt der Universität im alten Europa," in: Patchovsky, *Universität*, 11–28.

J. Miethke, "Die Welt der Professoren und Studenten an der Wende vom Mittelalter zur Neuzeit," in: K. Andermann (ed.), *Historiographie am Oberrhein im späten Mittelalter und in der frühen Neuzeit*, 1988, 11–33.

P. A. Vandermersch, "Die Universitätslehrer," in: Rüegg, vol. 2, 181–210.

D. Kicherer, "Ein Professorenleben im 17. Jhdt. Der Freiburger Jurist Johann Augustin Wild und seine Familie," in: *Freiburger Universitätsblätter* 144 (1999), 5–21.

G. E. Grimm, "Vom Schulfuchs zum Menschheitslehrer. Zum Wandel des Gelehrtentums zwischen Barock und Aufklärung," in: H.-E. Bödeker, U. Herrmann (ed.), *Über den Prozeß der Aufklärung im 18. Jhdt.*, 1985, 14–38.

R. E. Schwinges, "Pauperes an deutschen Universitäten des 15. Jhdts.," in: *ZHF* 8 (1981) 285–309.

M. Kiene, "Der italienische Universitätspalast vom 14. bis 18. Jhdt. [...]," in: H. Durchhardt (ed.), *Stadt und Universität*, 1993, 51–82.

R. Paschke, *Studentenhistorisches Lexikon*, 1990.

St. Sauthoff, *Adliges Studentenleben und Universitätsstudium zu Beginn des 16. Jhdts. Darstellung anhand des Ausgabenbüchleins von Conrad zu Castell*, 1988.

R. A. Müller, "Aristokratisierung des Studiums? Bemerkungen zur Adelsfrequenz an süddeutschen Universitäten im 17. Jhdt.," in: *Geschichte und Gesellschaft* 10 (1984) 31–46.

Chr. Wieland, "Status und Studium. Breisgauischer Adel und Universität im

16. Jahrhundert," in: *Zeitschrift für Geschichte des Oberrheins* 148 (2000) 97–150.

P. Schröder, *Christian Thomasius zur Einführung*, 1999

H. Tietze, *Der Akademikerzyklus*, 1990

J. S. Brubacher, W. Rudy, *Higher Education in Transition. A History of the American College and Universites*, 1996, 3–56.

W. Frijhoff, "Grundlagen," in: Rüegg vol. 2, 53–103.

Schwinges, *Artisten und Philosophen*, 105–248.

M. Kintzinger, "Die Artisten im Streit der Fakultäten. Vom Nutzen der Wissenschaft zwischen Mittelalter und Moderne," in: *JUG* 4 (2001) 177–194.

B. Ceranski, "*Und sie fürchten sich vor niemandem*". *Die Physikerin Laura Bassi* (1711–1778), 1996.

M. H. Markowski, "Universitäre Freiräume im Spätmittelalter als Wegbereiter neuzeitlicher Naturwissenschaft," in: *BWG* 18 (1995) 97–102.

W. Schmdt-Biggemann, "Die Neuordnung der Wissenschaften durch den Naturbegriff der Aufklärung," in: Rüegg vol. 2, 414–423.

N. Hammerstein, *Res publica litteraria. Gesammelte Aufsätze zur frühneuzeitlichen Bildungs-, Wissenschafts- und Universitätsgeschichte*, 2000.

P. R. Blum (ed.), *Sapientiam amemus. Humanismus und Aristotelismus in der Renaissance*, 1999.

U. Stoll, Chr. J. Scriba (ed.), *Nach oben und nach unten. Perspektiven der Wissenschaftsgeschichte*, 2000.

A. Buck, *Humanismus*, 1987.

A. Buck, *Studien zu Humanismus und Renaissance*, 1991.

J. H. Overfield, *Humanism and scholaticism in late medieval Germany*, 1984.

J. Helmrath, "'Humanismus und Scholastik' und die deutschen Universitäten um 1500," in: *ZHF* 12 (1988) 187–203.

L. Boehm, "Humanistische Bildungsbewegung und mittelalterliche Universitätsverfassung," in: Ijsewijn, *Universities*, 315–346.

C. B. Schmitt, *The Aristotelian Tradition and the Renaissance universities*, 1984.

C. B. Schmitt, Q. Skinner (ed.), *The Cambridge History of Renaissance Philosophy*, 1990. 특히 139–451, 713–761, 792–804.

W. Reinhard (ed.), *Humanismus im Bildungswesen des 15. und 16. Jhdts.*, 1984.

W. Reinhard (ed.), *Humanismus und Neue Welt*, 1987.

G. Keil et al. (ed.), *Der Humanismus und die oberen Fakultäten*, 1987.

Ch. Upton, "The Rise and Fall of Humanism in the Scottish Universities", in: A. Romano (ed.), *Università in Europa*, 1995, 347–354.

W. W. Wagar, *The Idea of Progress since the Renaissance*, 1969.

B. Stollberg-Rilinger, *Europa im Jahrhundert der Aufklärung*, 2000.

M. North (ed.), *Kommunikationsrevolutionen. Die neuen Medien des 16. und 19. Jahrhunderts*, 2001.

W. Behringer, *"Die Welt in einer anderen Model gegossen". Der Strukturwandel des frühneuzeitlichen Kommunikationswesens am Beispiel der Reichspost*, 2002.

P. Burke, "Erasmus und die Gelehrtenrepublik," in: ibid., *Kultureller Austausch*, 2000, 74–101.

W. Müller, "Erinnern an die Gründung. Universitätsjubiläen, Universitätsgeschichte und die Entstehung der Jubiläumskultur in der frühen Neuzeit," in: *BWG* 11 (1998), 79–102.

O. Pedersen, "Tradition und Innovation," in: Rüegg Vol. 2, 363–390.

D. R. Kelley (ed.), *History and the Disciplines. The Reclassification of Knowledge in Early Modern Europe*, 1997.

W. Weber, *Prudentia gubernatoria. Studien zur Herrschaftslehre in der deutschen Politischen Wissenschaft des 17. Jahrhunderts*, 1992.

M. Feingold, *The Mathematician's Apprenticeship. Science, universities and*

Society in England 1560–1640, 1984.

A. Krayer, *Mathematik im Studienplan der Jesuiten. Die Vorlesungen von Otto Cattenius an der Universität Mainz (1610/11)*, 1991.

F. Hallyn (ed.), *Metaphor and Analogy in the Sciences*, 2000.

G. Jüttner, "Der Dialog in Phamarzie, Chemie und Botanik," in: *BWG* 3 (1980) 23–34.

J. F. Maas, Novitas mundi. *Die Ursprünge moderner Wissenschaft in der Renaissance*, 1995

A. Grafton, N. Siraisi (ed.), *Natural Particulars. Nature and the Disciplines in Renaissance Europe*, 1999.

A. Grafton, *Defenders of the Text. The Tradtions of Scholarship in an Age of Science*, 1991.

F. Krafft, "Der Weg von den Physiken zur Physik an den deutschen Universitäten," in: *BWG* 1 (1978), 123–162.

D. Goodman, C. A. Russell (ed.), *The Rise of Scientific Europe 1500–1800*, 1991.

C. Maffioli et al. (ed.), *Italian scientists and the Low Countries*, 1989.

A. M. Luyendijk–Elshout, "Der Einfluß der italienischen Universitäten auf die medizinische Fakultät Leiden (1575–1620)," in: G. Kauffmann (ed.), *Die Renaissance im Blick der Nationen Europas*, 1991, 339–354.

W. Clark et al., *The Sciences in Enlightened Europe*, 1999.

R. Vierhaus, *Wissenschaften im Zeitalter der Aufklärung*, 1985.

N. Hammerstein (ed.), *Universitäten und Aufklärung*, 1995.

A. Buck (ed.), *Die okkulten Wissenschaften in der Renaissance*, 1982.

R. Schmitz (ed.), *Humanismus und Medizin*, 1984.

I. Maclean, "Humanismus und Späthumanismus im Spiegel der juristischen und medizinischen Fächer," in: N. Hammerstein, G. Walther (ed.), *Späthumanismus*, 2000, 227–243.

A. Grafton, Cardanos Kosmos. *Die Welten und Werke eines Renaissance–*

Astrologen, 1999.

J. Ferrari, "Public Anatomy Lessons and the Carnival. The Anatomy Theatre of Bologna," in: *Past &Present* 117 (1987), 50–106.

K. E. Rothschuh, *Der Ausklang der wissenschaftlichen Iatromagie*, in: BWG 4 (1981) 51–60.

Th. M. Broman, *The Transformation of German Academic Medicine* (1750–1820), 1996.

H.-R. Hagemann, *Die Rechtsgutachten des Basilius Hagemann*, 2001.

M. J. A. Ashmann, *Collegium und Kollege. Der juristische Unterricht an der Universität Leiden 1575-1630 unter besonderer Berücksichtigung der Disputationen*, 2000.

J. Helm, "'Medicinam aspernari impietas est'. Zum Verhältnis von Reformation und akademischer Medizin in Wittenberg," in: *Sudhoffs Archiv für Wissenschaftsgeschichte* 83 (1999) 22–41.

A. Schindling, "Schulen und Universitäten im 16. und 17. Jhdt. Bildungsexpansion und Laienbildung im Dienste der Konfessionen," in: N. R. Wolf (ed.), *Wissensorganisierende und wissensvermittelnde Literatur im Mittelalter*, 1987, 278–288.

E. Rummel, *The confessionalization of Humanism in Reformation Germany*, 2000.

A. Schindling, "Die katholische Bildungsreform zwischen Humanismus und Barock. Dillingen, Dôle, Freiburg, Molsheim und Salzburg," in: H. Maier et. al. (ed.), *Vorderösterreich in der frühen Neuzeit*, 1989, 137–176.

H. Kerner (ed.), *Humanismus und Theologie in der frühen Neuzeit*, 1993.

H. Graf Reventlow, *Epochen der Bibelauslegung*, Vol. 3, 1997.

M. Feingold et al. (ed.), *The Influence of Petrus Ramus, Studies in Sixteenth and Seventeenth Century Philosophy and Sciences*, 2001.

A. Prosperi et al. (ed.), *Die neue Welt im Bewußtsein der Italiener und Deutschen im 16. Jhdt.*, 1993.

F. Krafft (ed.), *Das Verhältnis der Humanisten zum Buch*, 1977.

A. Buck (ed.), *Der Kommentar in der Renaissance*, 1975.

H. Hotson, *Johann Heinrich Alsted 1588–1638. Between Renaissance, Reformation and universal reform*, 2000.

F. Waquet (ed.), *Mapping the World of Learning. The "Polyhistor" of Daniel Georg Morhof*, 2000.

N. Rhodes, J. Sawday (ed.), *The Renaissance Computer. Knowledge Technology in the first age of print*, 2001.

A. Seifert, "Der enzyklopädische Gedanke von der Renaissance bis zu Leibniz," in: A. Heinekamp (ed.), *Leibniz et la Renaissance*, 1983, 113–124.

J. Berns, W. Neuber (ed.), *Seelenmaschinen. Gattungstradition, Funktionen und Leistungsgrenzen der Mnemotechniken vom späten Mittelalter bis zum Beginn der Moderne*, 2000.

W. W. Menzel, *Vernakuläre Wissenschaft. Christian Wolffs Bedeutung für Herausbildung und Durchsetzung des Deutschen als Wissenschaftssprache*, 1996.

H. Robinson-Hammerstein (ed.), *European Unversities in the Age of Reformation and Counterreformation*, 1999.

J. Helm, A. Winkelmann (ed.), *Religious Confessions and the Sciences in the Sixteenth Century*, 2001.

K. Hengst, *Jesuiten an Universitäten und Jesuitenuniversitäten. Zur Geschichte der Universitäten in der Oberdeutschen und Rheinischen Provinz der Gesellschaft Jesu im Zeitlater der kofessionellen Auseinandersetzung*, 1981.

R. A. Müller, "Zwischen Traditionalismus und Modernität. Das 'Jesuitensystem' im deutschen Universitätswesen der Frühen Neuzeit," in: R. Schieffer (ed.), *Kirche und Bildung vom Mittelalter bis zur Gegenwart*, 2001, 25–42.

R. Schieffer, "Schul-und Bildungsorganisation im 16. Jhdt. Die Canisianische Kollegienpolitik," in: R. Berndt (ed.), *Petrus Canisius (1521–1597),*

Humanist und Europäer, 2000, 259–274.

J. S. Freedman, "Philosophy Introduction within the European Schools and Universities during the Reformation Era," in: *HU* 5 (1985) 117–166.

E. C. Scherer, *Geschichte und Kirchengeschichte an den deutschen Universitäten des 16. bis 18. Jhdts.*, 1927.

L. Boehm, "Die deutschen Universitäten im Sozialgefüge des absolutistischen Fürstenstaates. Zwischen scholastischer Tradition, normativer Wissenschaftsorganisation, adeligen und bürgerlichen Bildungsansprüchen," in: W. Barner (ed.), *Tradition, Norm, Innovation. Soziales und literarisches Traditionsverhalten in der Frühzeit der deutschen Aufklärung*, 1989, 251–276.

J. M. Fletcher, "Change and resistance to Change. A Consideration of the Development of English and German Universities during the sixteenth Century," in: *HU* 1 (1986) 1–36.

W. B. Brockliss, *French Higher Education in the Seventeenth and Eighteenth Centuries*, 1987.

S. Neumeister, C. Wiedemann (ed.), *Res publica Literaria. Die Institutionen der Gelehrsamkeit in der Frühen Neuzeit*, 2 Vols., 1987.

U. Troitzsch (ed.), *"Nützliche Künste". Kultur-und Sozialgeschichte der Technik im 18. Jhdt.*, 1999.

P. Burke, *A Social Hisotry of Knowledge. From Gutenberg to Diderot*, 1998.

R. Wendt (ed.), *Sammeln, Vernetzen, Auswerten. Missionare und ihr Beitrag zum Wandel europäischer Weltsicht*, 2001.

H. Marti, *Philosophische Dissertationen deutscher Universitäten 1650–1750. Eine Auswahlbibliographie*, 1982.

R. A. Müller (ed.), *Promotionen und Promotionswesen an deutschen Hochschulen der Frühmoderne*, 2001.

D. Kerlen, "Protestantismus und Buchverehrung in Deutschland," in: *JKG* 1 (1999) 1–22.

W. U. Eckart, "Zur Funktion der Abbildung als Medium der Wissens-chaftsvermittlung in der medizinischen Literatur des 17. Jhdts.," in: *BWG* 3 (1980) 35–53.

U. B. Leu, "Streifzüge durch vier Jahrhunderte naturwissenschaftlicher Buchillustraitionen," in: *Librarium* 42 (1999) H. 2, 78–119.

Leiden University in the 17th Century. An Exchange of Learning, 1975.

H. Kropfinger-von Kügelgen et al., *Europäische Bücher in Neuspanien zu Ende des 16. Jhdts.*, 1973.

P. Schmidt, *Die Univesität Freiburg i. Br. und ihre Bibliothek in der zweiten Hälfte des 18. Jhdts.*, 1987.

Chr. Coppens (ed.), *Leuven in Books — Books in Leuven. The oldest university of the Low Countrie and its library*, 1999.

Lo Studion e i testi. Il libro universitario a Siena (secoli XII–XVII). Catalogo della mostra, 1996.

G. Schubring, "Kabinett—Seminar—Institut: Raum und Rahmen des forschenden Lernens," in: *BWG* 23 (2000) 269–286.

H. E. Bödeker et al. (ed.), *Wissenschaft als kulutrelle Praxis* 1750–1900, 1999.

H. Zedelmaier, M. Muslow (ed.), *Die Praktiken der Gelehrsamkeit in der Frühen Neuzeit*, 2001.

P. Becker, W. Clark (ed.), *Little Tools of Knowledge. Historical Essays on Academic and Bureaucratic Practices*, 2001.

제3장: 근현대

사료: W. von Humboldt, "Über die innere und äußere Organisation der höheren wissenschaftlichen Anstalten in Berlin [1810]," in: ibid., *Schriften*, 1964, 300–309.

E. Bernheim, *Der Universitätsunterricht und die Erfordernisse der Gegenwart*, 1898.

L. W. B. Brockliss, "The European University in the Age of Revolution, 1800–1833," in: M. G. Brock, M. C. Cuthoys (ed.), *The History of the University Oxford*, vol. VI/I, 1997, 77–133.

S. Höhler, "Wissenschaft und Nation. Universalistischer Anspruch und nationale Identitätsbildung im europäischen Vergleich (19. und 20. Jhdt)," in: *BWG* 24 (2001) 219–223 [학회보고, 논집].

B. R. Clark (ed.), *Academic Profession — national, disciplinary and institutional Settings*, 1987.

M. Sanderson (ed.), *The Universities in the nineteenth Century*, 1975.

R. D. Anderson (ed.), *Universities and Elites in Britain since 1800*, 1992.

P. Slee, "The Oxford Idea of a liberal Education 1800–1860: The Invention of Tradition and Manufacture of Practice," in: *HU* 7 (1988), 61–88.

H. Geitz et al. (ed.), *German Influence on Education in the United States to 1917*, 1995.

R. Brubacher, *Higher Education in Transition*, 1996, 57–226.

M. Shattock, *The Creation of a University System*, 1996.

T. Maurer, *Hochschullehrer im Zarenreich. Ein Beitrag zur russischen Sozial- und Bildungsgeschichte*, 1998.

R. Chr. Schwinges (ed.), *Humboldt International. Der Export des deutschen Universitätsmodells im 19. und 20. Jhdt.*, 2001.

S. Paletschek, *Die permanente Erfindung einer Tradition: die Universität Tübingen im Kaiserreich und in der Weimarer Republik*, 2001.

M. G. Ash (ed.), *German Universities. Past and Future. Crisis or Renewal*, 1997.

H. Röhrs, *Der Einfluß der klassischen deutschen Universitätsidee auf die Higher Education in Amerika*, 1995.

D. M. Reid, *Cairo University and the Making of Modern Egypt*, 1990.

D. Zimmermann, "Hochschulpolitik in Spanien. Neues Hochschulrahmengesetz gegen landesweiten Protest durchgesetzt," in: *Forschung &*

Lehre 5 (2000) 255–257.

J. Büschenfeld et al. (ed.), *Wissenschaftsgeschichte heute. Festschrift für Lundgreen*, 2001.

A. Eckert, "Universitäten, Nationalismus und koloniale Herrschaft. Zur Vor- und Frühgeschichte der Hochschulen in Afrika 1860–1960," in: *JUG* 3 (2000) 238–252.

F. Debus et al. (ed.), *Deutsch als Wissenschaftssprache im 20. Jhdt.*, 2001.

Schwinges, *Artisten und Philosophen*, 255–402.

G. Hübinger, "Geschichte als leitende Orientierungswissenschaft im 19. Jahrhundert," in: *BWG* 11 (1988) 149–158.

J. R. Wilkes, *The development of history as an academic subject at English universities 1840–1870*, 1984.

M. Hagner, "Kulge Köpfe und geniale Gehirne. Zur Anthropologie des Wissenschaftlers im 19. Jhdt.," in: Bödeker et al. *Wissenschaft als Praxis*, 299–333.

P. Moraw, *Der Lebensweg des deutschen Professors*, Bonn–Bad Godesberg 1988.

"Professoren", 1989 (=*Tumult. Zeitschrift für Verkehrswissenschaft*, Vol. 13).

A. -M. Gräfin von Lösch, "Verlierer und Versager. Die Berliner Juristische Fakultät um 1933," in: *JUG* 3 (2000) 227–237.

U. Sieg, "Strukturwandel der Wissenschaften im Nationalsozialismus," in: *BWG* 24 (2001) 255–270.

"Emigration und Immigration von Wissenschaft," in: *BWG* 7 (1984) H. 1.

W. W. Wagar, *Good Tidings. The Belief in Progress from Darwin to Marcuse*, 1972.

H. Tietze, "Von der natürlichen Auslese zur Bildungsselektion 1780–1980," in: *Zeitschrift für Pädagogik* 42 (1996) 389–406.

K. H. Jarausch (ed.), *The Transformation of Higher Learning 1860–1930. Diversification, social opening and Professionalization in England,*

Germany, Russia and the u.s., 1983.

H. Tietze, *Datenhandbuch zur deutschen Bildungsgeschichte*, vol. I/2. *Wachstum und Differenzierung der deutschen Universitäten 1830–1945*, 1995.

D. Langwiesche, "Die Universität als Vordenker? Univesität und Gesellschaft im 19. und 20. Jhdt.," in: *Saeculum* 45 (1994) 316–331.

D. Langewiesche, "Studenten in den europäischen Revolutionen von 1848," in: *JUG* 2 (1999) 38–57.

H.–D. Nägelke, "Gelehrte Gemeinschaft und wissenschaftlicher Großbetrieb. Hochschulbau als Spiegel von Wissenschaftsidee und -praxis im 19. und frühen 20. Jhdt.," in: *BWG* 21 (1988) 103–114.

W. Rudy, Tota*l War and Twentieth–Century Higher Learning: Univesities of the Western World in the First and Second World Wars*, 1991.

C. Fink (ed.), 1968: *The World Transformed*, 1998.

K. Strobel, G. Schmirber (ed.), *Drei Jahrzehnte Umbruch der deutschen Universitäten. Die Folgen von Revolte und Reform 1968–1974*, 1996 [보수적인 평가의 모범].

Chr. König, E. Lämmers (ed.), *Konkurrenten an der Fakultät. Wissen und Univesität um 1900*, 1999.

B. vom Brocke, "Die Entstehung der deutschen Forschungsuniversität. Ihre Blüte und Krise um 1900," in: Schwinges, *Humboldt International*, 367–401.

The Rohkrämer, *Eine andere Moderne? Zivilisationskritik, Natur und Technik in Deutschland 1880–1933*, 1999.

H. Schott, "Die Entdeckung des Unbewußten um 1900: Wissenschaftshistorische Anmerkungen zu Sigmund Freud," *BWG* 20 (1997) 287–295.

D. Ross, *The Origins of American Social Science*, 1991.

R. Stichweh, "Motive und Begründungsstrategien für Wissenschaftlichkeit in der deutschen Jurisprudenz des 19. Jhdts.," in: *Rechtshistorisches*

Journal 11 (1992) 330–351.

H. Schipperges, "Ursprung und Schicksal der Medizinischen Fakultät," in: *Semper apertus. 600 Jahre Ruprecht-Karls-Universität Heidelberg*, Vol. IV, 1985, 49–91.

P. Zische, "Von der Naturgeschichte zur Naturwissenschaft. Die Naturwissenschaften als eigenes Fachgebiet an der Universität Jena," in: *BWG* 21 (1998) 251–263.

K. M. Olesko, *Physics as a Calling. Discipline and Practice in the Königsberg Seminar for Physics*, 1991.

A. Matyssek, "Die Wissenschaft als Religion, das Präparat als Reliquie. Rudolf Virchow und das Pathologische Museum der Friedrich-Wilhelm-Univesität," in: A. te Heesen, E. C. Spray (ed.), *Sammeln als Wissen*, 2001, 63–112.

B. Willink, "On the Structure of a scientific Golden Age. Social Change, University Investments and Germany's discontinuous Rise to 19th Century Scientific Hegemony," in: *BWG* 19 (1996) 35–49 [가장 중요한 도표 자료 포함].

G. Schubring, "Zur Modernisierung des Studiums der Mathematik in Berlin 1820–1840," in: S. S. Dermidov et al. (ed.), *Amphora*, 1992, 649–675.

E. Françoise et al. (ed.), *Marianne — Germania. Deutsch-französischr Kulturtransfer im europäischen Kontext*, 1998.

G. Metzler, *Internationale Wissenschaft und nationale Kultur. Deutsche Physiker in der internationalen Community 1900–1960*, 2000.

H. Holzhey et al. (ed.), *Natur-und Geisteswissenschaften — zwei Kulturen?*, 2001.

H. Mainusch, R. Toellner (ed.), *Einheit der Wissenschaft*, 1993 [문화과학적 관점에서 보충이 요망].

Chr. Bode et al. (ed.), *Univesities in Germany. Univesitäten in Deutschland*, 1995 [통계적 보고 포함].

M. David–Fox, G. Peteri (ed.), *Academia in Upheaval. Transfer and Tranformations of the Communist academic Regime in Russia and East Central Europe*, 2000.

"Universitäten in Osteuropa," 2001 (=*JUG* Jg. 4).

B. vom Brocke, "Wege aus der Krise. Universitätsseminar, Akademiekommission oder Forschungsinstitut. Formen der Institutionalisierung in den Geistes-und Naturwissenschaften 1810–1900–1995," in: König, Lämmert, *Konkurrenten*, 191–215.

S. Lamnek (ed.), *Soziologie als Beruf in Europa*, 1993.

M. Schröter, "Zurück ins Weite: Die Institutionalisierung der deutschen Psycho– analyse nach dem Zweiten Weltkrieg," in: H. Bude, B. Greiner (ed.), *Westbindungen. Amerika in der Bundesrepublik*, 1999, 93–118.

F. Graf Stuhlhofer, "Unser Wissen verdoppelt sich alle 100 Jahre. Grundlegung einer 'Wissensmessung'," in: *BWG* 6 (1983) 169–184.

M. Kölbel, "Wachstum des Wissenschaftsressourcen in Deutschland 1650–2000. Eine empirische Studie zur Anzahl der Hochschulen und Professoren sowie Forschungsausgaben," in: *BWG* 25 (2002) 1–23.

P. Dain, J. Y. Cole (ed.), *Libraries and Scholarly Communication in the United States*, 1990.

B. C. Vickery, *Scientific Communication in History*, 2000, 113–180.

M. Galuzzi et al. (ed.), *Le forme della communicazione scientifica*, 1998.

H.–E. Tenorth, "'Über das Verderben an den deutschen Universitäten'. Kritik der Hochschullehre im 19. Jhdt.", in: *JUG* 2 (1999) 11–22.

H. –J. Apel, "'Das Abenteuer auf dem Katherder'. Die Vorlesung als rhetorische Lehrform," in: *Zeitschrift für Pädagogik* 45 (1999) 61–79.

D. R. Russell, *Writings in the Academic Disciplines 1870–1990. A curricular History*, 1991 [특히 현대 대학에서 글쓰기 교육이 소홀해진 점을 훔볼트식 엘리트 모델의 귀결로 비판].

M. Lynch, St. Woögar (ed.), *Representaion in Scientific Practice,* 1990.

H.-J. Rheinberger et al. (ed.), *Räume des Wissens. Repräsentation, Codierung und Spur*, 1997.

S. Brorson, H. Andersen, "Stabilizing and changing phenomenal worlds: Ludwig Fleck and Thomas Kuhn on scientific literature," in: *Journal for general Philosophy of Science*, 32 (2001) 109–129.

제4장: 현재의 조망과 총 결산

H. Breinig et al. (ed.), *Das deutsche und das amerikanische Hochschulsystem. Bildungskonzepte und Wissenschaftspolitik*, 2001.

B. Raffel, *The Fall of the Ivory Towers*, 1994.

"Lug und Trug in den Wissenschaften," 1998 (=*Gegeworte* Vol. 2).

G. Moran, *Silencing Scientists and Scholars in other Fields: Power, Paradigm Controls, Peer Review and Scholarly Communication*, 1998.

P. Weingart, *Die Stunde der Wahrheit? Zum Verhältnis der Wissenschaft zu Politik, Wirtschaft und Medien in der Wissensgesellschaft*, 2001.

J. M. Braxton (ed.), *Perspectives on scholarly misconduct in the Sciences*, 1999.

B. Hennigsen, "Das Projekt Södertörn. Bemerkungen zur Wissenschafts-politik in Nordeuropa," in: *JUG* 2 (1999) 219–223.

W. Kraemer, M. Müller, *Corporate Universities and E-Learning*, 2001.

연표

중세

12세기 말/13세기 초	볼로냐(공식 창설연도: 1088), 파리, 옥스퍼드 및 몽펠리에 대학의 형성
1208	페루지아 대학 창립
1209–1225	케임브리지 대학 형성
1218–1219	살라망카 대학 창립
13세기 후반까지	중세 대학의 학문으로서 스콜라철학 형성; 신학부의 우위
1290	리스본 대학 창립
1348	프라하 대학 창립. "신"유럽으로 대학의 확산; 휴머니즘의 영향 개시.
1378년 이래	교황청의 분열로 인하여 대학에 대한 교황의 통제력 약화 개시
1400년경	유럽 전역에 약 30개의 대학 존립

근대 초

1400년 이래	"영방군주" 대학의 출현
1425	루벵 대학 창립
1475/77	코펜하겐 및 웁살라 대학 창립, 스칸디나비아 지역으로 대학 확산
1527	마르부르크 대학 창립. 루터파 대학의 시작
1538	아이티 제도에서 도미니쿠스 수도회의 고등교육기관 인가. 유럽식 대학 유럽 외 세계로 확산되기 시작
1559	제네바 대학 창립. 개혁대학의 시작

1650	존 하버드의 기증대학 인가. 북아메리카 대륙에 최초의 대학 설립
1693/94	계몽사상의 영향으로 할레 대학 창립
1701	예일 대학 창립
1720년 이래	철학부의 상승
1724	성 페테르스부르크 대학 창립. 러시아 대학제도의 시작
1733/37	계몽사상의 영향 아래 괴팅겐 대학 창립
1785	뉴 브룬스위크 대학 창립. 캐나다 대학제도의 시작
1791	필라델피아 대학 창립
1793	혁명으로 인하여 프랑스의 대학 폐지
1797년까지	에스파냐령 아메리카 대륙에 20개 이상의 대학 존립
1800년경	전 세계적으로 약 190개 대학 존립

근대

1800년 이후	나폴레옹 전쟁과 국가개조가 진전되면서 남부와 중부 유럽에서 다수의 대학이 폐교; 신학부의 퇴출 및 폐지 개시(중요한 예외: 독일)
1810	개혁대학 베를린 대학 창립; "국가적" 교육 및 연구기관으로 대학체제 변모; 철학부의 전공체제에서 자연과학의 분리 시작
1817	강(Gent) 대학 창립
1829	아프리카 대륙 최초의 대학, 케이프 타운 대학 창립
1836	런던 대학 창립
1850	시드니 대학 창립. 오스트레일리아 대학제도의 시작
1880년 이래	자연과학적·기술적 진보와 산업사회의 역동성에 포섭된 대학: 운영단위, 수학과정 및 졸업과정에서 가속화된 전문화; 분리되어 발전하는 교수들의 역할; 일반 교양교육에 우선하는 직업적 훈련의 장려; "거대과학"으로의 변모
1883년 이후	터키에 최초의 대학 창립(이스탄불)

1898, 1911	중국 최초의 대학 창립: 베이징, 홍콩
1900년경 이래	미합중국 대학의 성장 개시
1908/25	카이로 대학 창립
1914–1918	제1차 세계대전과 유럽 대학의 약화; 10월 혁명과 함께 러시아의 대학이 유럽적 대학전통에서 분리되기 시작
1919	카이로에 American University 창립, 미국 대학의 해외 확산
1920년대 중반 이래	독재와 정치 및 군사적 공격에 말려든 이탈리아, 독일, 남동부 유럽의 대학; 응용학문의 성장
1945/50	제2차 세계대전의 종결; 냉전의 시작, 유럽과 독일의 분열; 미합중국의 모델에 따른 대학 개혁
1960년대 중반부터	전 세계적인 대학 수, 학생 및 교원단 규모의 급증; 대학 외에 설치된 최초의 거대과학분야인 원자력 연구 등장
1968	미국에서 시작된 학생의 항의 및 개혁운동이 유럽 및 유럽 외부의 대학으로까지 확산
1970년대	주로 미국식 모델에 따른 전 세계적인 대학개혁; 교수 우위의 제약; 대학정책을 보편적인 고등교육정책에 통합; 강화된 대학의 자기성찰(학문연구, 대학사연구)
1976	피렌체에 유럽 대학 창립
1980년대 초부터	독일에서 비교회적 사립대학의 인가 및 국제연합 대학(UN-University)의 창립; 생명과학, 정보, 의사소통 및 문화과학의 등장
1990년경	전 세계적으로 약 700–800개의 완전대학 및 약 6,500개의 대학급 고등교육기관 존립; 소비에트 러시아의 붕괴와 유럽 및 아시아에서의 정치변동 이후 미국의 주도하에 가속화된 세계화의 개시

옮긴이의 말

역자는 2006년부터 2018년까지 13년간 매년 2학기에 경북대학교에서 〈세계의 대학: 그 역사와 문화〉라는 제목으로 교양강좌를 개설했다. 이 수업과 관련하여 학부과정 학생들이 참고할 만한 대학 관련서, 특히 대학의 역사를 다룬 서적을 널리 구하였다. 이미 90년대 말 국내의 선학께서 2종의 대학사 개관서를 내놓으셨다. 그 밖에도 오늘날 우리네 대학이 처한 사정과 관련하여 미국 대학의 사정을 알려 주는 번역서와 우리의 대학을 직접적으로 다루는 저작도 몇 종이 나와 있었다. 그럼에도 불구하고 국제학계의 최신 성과를 반영하여 견실한 학문적 자양분을 갖춘 대학 통사에 대한 아쉬움은 여전히 남아 있었다.

우연한 기회에 본서를 발견하고 일독하며 깊은 인상을 받게 되었다. 부족하나마 이 정도의 지식이라도 공유되면 학생들에게만이 아니라, 우리의 대학 문제를 고민하는 분들에게 약간의 도움이 되지 않을까라는 과만한 생각도 하게 되었다. 그러나 그 번역에 대해서는 오랫동안 주저하다가, 수업용 참고자료로 사용해 보자는 의도에서 2012년경에 거친 번역을 하여 〈세계의 대학〉 수강생들에게 일부를 소개해 보았다. 유감스럽게도 초역에 포함된 적지 않은 오류, 독일인 저자 특유의 건조한 문체와 복잡한 개념 활용으로 본서의 내용은 수강생들에게 그다지 환영받지 못하였다. 번역문을 여러 차례 손질하는 과정에서 이 책의 진가를 다시 발견하면서도 그 제한된 분량에 대한 아쉬움은 여전하였다.

저자는 대학사 연구가 오늘날 유럽의 역사학계에서 하나의 공백지대로 남아 있다고 한탄한다. 그러나 국내 학계에서 대학이라는 주제가 역사학 혹은 사회과학의 영역에서 다루어지는 정도는 더욱 빈곤하다. 단지 당면한 대학의 문제, 특히 대학의 평가, 지원 및 구조조정과 관련하여 교육부를 비롯한 정부기관이 발주한 정책연구가 다수 대학인의 시야에서도 벗어난 곳에서 이루어지고 있을 뿐이며, 그 결과도 널리 공표되거나 공유되지 못하고 있다. 나아가 이런 종류의 소위 정책연구가 우리의 대학에 어떤 작용을 하고 있는지도 소수의 대학구성원들만 인지하고 있는 실정이다.

대학사 연구의 빈곤에 대한 저자의 한탄에도 불구하고 막상 관련 문헌을 찾아보면 반드시 그렇지만도 않다는 인상을 받게 된다. 본서에 수록된 적지 않은 수의 참고문헌만 해도 서구에서 이루어지고 있는 대학사 연구의 양적, 질적 수준을 알려 주고 있으며, 더욱이 오늘날 지구촌의 모든 대학이 봉착한 문제와 관련하여 역사학만이 아니라 각종 사회과학에서 대학, 그리고 대학정책을 주제로 하는 연구물의 양은 지속적으로 증가하고 있는 추세이다. 다만 우리네 학계가 이 방면의 국제적 추세와 충분히 발맞추지 못하고 있음이 유감일 따름이다.

오늘날 우리 사회에도 하나의 제도와 기관으로서 확고히 뿌리를 내리고 있는 대학은 저자의 말마따나 명백히 유럽문명의 소산이다. 물론 동아시아 문명국에서도 국가가 오래전부터 고등지식을 전수하는 교육기관을 설립하고 운영한 저마다의 전통이 있었으나 유감스럽게도 이들은 오늘날의 대학과 직결되지 않는다. 대학이 태동하였던 중세 성기(盛期) 유럽사회는 당시 지구상에 존재하였던 여러 문명권 중에서 물질과 정신의 모든 측면에서 결코 선도적인 지위를 누리고 있지 않았다. 그러나 당대의 세계에서 오히려 낙후한 편에 처했던 중세 유럽이 창조한 대학(universitas magistrorum et scholarium)은 오늘날의 지구촌을 덮는 고등교육 및 고등학문기관의 모태가 되었다. 중세 유럽에서 탄생하였을 때부터 서구의 대학은 내부에 분과학문(discipline)체계를 갖추었고, 일정한 수준의 성취달성을 학위로 증명하는 제도적 틀을 마련하였다. 일상적인 지식을 넘어서 분과학문으로 조직된 고도의 지식을 전수하고 그 성취도를 학위수여로 입증하는 것은 오늘날 지구상에 존재하는 모든 대학의 공통 과업이 되었다. 이런 까닭에서 대학은 유럽문명의 발명품이라고 할 수 있으리라. 오늘날 우리의 대학에서 연구, 교수되는 수많은 분과학문의 체계와 내용마저도 대개가 서구문명에서 유래하였다는 점에서 이는 더욱 분명한 사실이 아닐 수 없다. 물론 저자는 유럽의 대학체제가 16세기 유럽인의 대양항해와 더불어 남북아메리카로 전파되고, 이어 19세기 말에 동아시아 여러 나라로까지 전파되는 양상도 놓치지 않아, 사실 본서는 은연중에 대학의 세계사를 추구하고 있다.

저자는 기왕의 대학사 서술에서 찾아보기 어려운 참신한 시도를 하고 있다. 대학의 역사를 다룸에 있어서, 우선 그 제도적 골격의 발달을 비교적 간략하게 서술하고, 대학이라는 거푸집 안에서 이루어지고 있는 학문활동에 많은 주의를 기울인다. 그리하여 중세의 대학에서부터 오늘날의 대학에 이르기까지 각 시기의 대학에 포섭되었던 개별 분과학문의 전개양상을 특히 배우고 가르치는 측면에서 꽤 소상히 다루고 있다.

대학은 출발부터 교육에 중점을 둔 기관이었다. 유럽의 대학은 중세사회의 오랜 침체를 벗어나 상업과 도시가 발달하기 시작할 무렵, 또 이 현상이 가장 발달한 지역 즉 이탈리아에서 일종의 상업적 이익을 추구하는 길드로서 출발하였다. 대학은 그 과정의 이수자에게 좀 더 나은 사회경제적 지위를 획득하는 기회를 제공하였다. 아마도 대학이 오랫동안 존속할 수 있었던 소이가 여기에 있었으리라.

저자는 대학의 역사를 다룸에 있어서, 대학 내부의 제도나 학문활동 못지않게 대학이 외부의 사회적 조건과 호흡하는 양상에 대해서도 유의하고 있다. 즉 대학은 한시라도 그 주변 사회와 격리된 소위 상아탑이었던 적이 없었다는 것이다. 또한 그는 오늘날의 대학에 이르기까지 대학이 문명사회에 기여하였던 정당한 몫을 충분히 강조하고 있지만, 한편 대학의 과오, 어리석음에 대한 주의도 놓치지 않았다. 말하자면 이 책은 대학을 일방적으로 이상화하지 않으며, 대학의 선도적 기여와 함께 대학이 외부 사회의 영향에 굴복하거나 다양하게 적응하는 모습에 이르기까지 모든 양상을 균형 있게 서술하고 있다.

대학은 18/19세기가 경과하면서 독일어권에서 수립된 국가대학에서 비로소 연구의 사명을 추가적으로 띠게 되었고, 이에 따라 그 유지와 진흥에 국가의 정책적 관심이 경주되었다. 나아가 오늘날 대학은 세계 도처에서 바로 이 연구와 교육의 기능을 통하여 국가와 사회의 주요한 발전 동력이 되었기에, 사회적 관심과 국가정책의 중요한 대상이 되기에 이르렀다. 바로 이러한 관심에서 오늘날 세계 도처에서 대학은 그 유용성과 존재가치에 대해 심각한 비판을 받고 있으며 가지각색의 개혁요구에 직면해 있다. 그리고 과거의 대학과는 전혀 다른 형태의 대학 혹은 고등교육기관이 탄생하는 실험도 이루어지고 있다.

그러기에 이 책은 대학이라는 렌즈를 통해서 본 유럽의 문화사, 사상사로서의 특징도 보인다. 대학에서 이루어진 학문활동에 대한 풍부한 서술은 이런 측면을 더욱 돋보이게 한다. 그러나 유감스럽게도 저자는 대학의 학문활동을 비롯하여 대학에 대한 국가와 사회의 관심에 이르기까지 여러 가지 양상을 한정된 분량에 매우 압축하여 다루었기에, 좀 더 상세한 설명이 있었더라면 하는 아쉬움이 있다. 특히 우리에게 여전히 생소한 유럽의 학문적 전통, 그리고 근현대국가의 대학정책에 대한 설명이 좀 더 상세하고 풍부했더라면 하는 안타까움 역시 지울 수 없다. 물론 저자의 말마따나 그렇게 하였다면 이 작은 개관이 감당할 수 있는 범위를 훨씬 초과하였겠지만 말이다.

한편 저자가 첨부한 문헌 목록은 서구의 대학사 혹은 대학(사) 일반의 연구에 뜻을 둔 학도들에게 하나의 길잡이 역할을 할 것으로 기대된다. 오늘날 독일과 영국에서 각기 전문적인 대학사 학술지까지 나오고 있는 실정을 목도하면서 우리 사회와 대학을 위하여 학계에서도 좀 더 많은 대학사 혹은 대학관련 연구가 나오기를 소망한다.

역자는 전공의 일환으로 학문적 흥미에서 대학사 연구에 접근하다가, 우리네 국립대학이 이루 말할 수 없는 곤경을 겪었던 2014/5년 무렵 재직하는 대학에서 교수회 업무에 참여하게 되었다. 이를 계기로 대학 문제에 대하여 학문적 연구 이상의 관심을 갖게 되면서, 학외의 전국적인 교수단체의 일도 거들게 되었다. 이러한 과정에서 우리나라의 대학정책이 허다한 문제점을 갖고 있음을 절감하게 되었고, 또 한편 우리 사회에 대학의 본질과 사명에 대한 성찰을 도와주는 수단이 여전히 부족함도 발견하게 되었다. 이 작은 책이 이와 같은 부족함을 메우는 데 다소라도 도움이 되기를 소망할 따름이다. 그리고 이 번역이 나올 수 있게 격려해 주신 학내외의 여러 동료 교수님들께 감사드리며, 또한 번거로운 교정과정에서 많은 협조를 아끼지 않은 경북대학교출판부의 여러 선생님들께 감사드린다.

2019년 12월

김유경